优｜势｜丛｜书

清代地域学派
《论语》诠释研究

A STUDY OF REGIONAL SCHOOL ANNOTATION
ABOUT THE ANALECTS OF CONFUCIUS IN THE QING DYNASTY

柳 宏 宋展云 著

社会科学文献出版社
SOCIAL SCIENCES ACADEMIC PRESS (CHINA)

教育部人文社会科学研究规划项目"清代地域学派《论语》诠释研究"（13YJA751031）。

国家社会科学基金重点项目"《论语》诠释史论"（16AZX009）阶段性成果。

总　序

　　2014年5月，扬州大学的"文化传承与区域社会发展"学科被江苏省人民政府批准为"江苏高校优势学科建设工程"二期项目。本优势学科以中国语言文学、中国史、法学三个一级学科为依托，由经典诠释与传承研究、文艺理论前沿与区域雅俗文化研究、传统学术与江苏地域文化创新研究、淮扬历史文化遗产研究、法律文化与区域法治发展研究五个主要学科方向组成。

　　本优势学科的宗旨，是紧紧围绕国家文化发展战略和江苏文化强省战略，追踪学科前沿，造就领军人才，面向国家和江苏经济社会发展，大力推进优势学科的建设。首先，是促进相关学科的交叉融合，开辟学科新方向与科研增长点。凸显本学科原有特色，强化质量意识和品牌意识，通过协同合作、跨越发展，显著提升学科的核心竞争力和国际影响力。其次，是充分发挥学科整体优势，产生具有显著效应的高水平学术成果。交叉整合学科现有资源，加强与国内科研院所和地方文化部门的协作，集中力量，协作攻关，纵贯古今学术，会通中西文化，深入把握雅俗文学嬗变与地域文化发展的规律和特点。再次，是强化学术研究的理论意义和应用价值，建构基础研究与应用研究相结合的研究体系。通过对传统文化的传承创新，把握区域社会发展的面貌、特质、形态、规律，进一步开拓区域社会发展的研究路径和研究领域。最后，是探索服务区域社会的运行机制，发挥服务区域社会的实际功能。积极发挥高校人才高地优势，多元探索社会服务途径，提高科研成果转化效应，多方位、多维度、多层次地为区域社会、文化和法治发展服务。

　　在上述诸多工作中，本优势学科建设的一项重要任务就是出版一套系列丛书。拟以两年为一期，每期 15 种；四年两期共 30 种。考虑到与"江苏高校优势学科建设工程"相一致，取名为"优势丛书"。

回顾以往，扬州大学文科的重点学科建设经历了曲折而璀璨的道路：2006 年文艺学学科获批"十一五"江苏省重点学科；2011 年中国语言文学学科获批"十二五"江苏省级重点学科；2012 年中国史学科获批"十二五"江苏省级重点学科。而 2014 年"文化传承与区域社会发展"获批江苏高校优势学科，则是在以往省级重点学科建设基础上更上层楼。其间，扬州大学承担了参照"211"工程二期项目"扬泰文化与'两个率先'"和参照"211"工程三期项目"人文传承与区域社会发展"的建设。在这两期项目中均有大型丛书的建设任务，前者为"扬泰文库"，共四个系列，计 90 种图书；后者为"半塘文库"和"淮扬文化研究文库"两个系列，计 50 种图书。这两套大型丛书的出版，有力推助了扬州大学文科各学科科研质态的优化和学术水平的提高，对主涉学科后来获批江苏高校优势学科功不可没。

如今作为优势学科建设的重头戏，又面临着新的大型丛书"优势丛书"的建设工作。任务艰巨、使命光荣，我们不敢稍有懈怠，矢志全力以赴，将团结学科团队全体成员，像以往一样，出色地完成"优势丛书"的出版工作。

最近，"江苏省'十三五'教育发展规划"指出，到 2020 年，在创建世界一流大学和高水平大学的总目标下，将继续大力支持江苏高校优势学科的建设，以提高江苏省高等教育的综合实力。我们将不遗余力，乘势而上，借助以往学科建设的经验和实践，取得更加辉煌的业绩和卓著的成果，为新一轮优势学科的建设奠定扎实的基础。

"优势丛书"的问世，汇聚着教育部、江苏省教育厅，以及中国社会科学院各位审稿专家的大量心血，凝聚着社会科学文献出版社领导和编辑的辛勤劳动，在此一并表示诚挚的感谢！

扬州大学"优势丛书"编辑委员会

2016 年 8 月

目　录

绪　论

一　研究缘起

《论语》是儒家重要原典，最直接地记录了孔子的言行，最深刻地体现了孔子的道德学问和伦理思想。《论语》不仅对中国的经学史、学术史产生了深远的影响，而且对中国的思想、政治、文化乃至人们的日常生活亦产生了巨大的作用。汉人赵岐《孟子题辞》曰："《论语》者，五经之錧辖，六艺之喉衿。"宋代赵普提出"半部《论语》治天下"。清儒陈澧《东塾读书记》云："经学之要，皆在《论语》之中。"近人徐英则《论语会笺导言》谓："六经之教，交通而互流，如脉络之相贯，而皆见于《论语》，故曰：《论语》者，六经之总义也。"可见，由《论语》一经，能启经学研究之门钥，能握治理天下之器；从《论语》入门，既为治经之初始，亦可领悟群经之要义。

《论语》问世后，从公元前六世纪到公元十九世纪末，在这漫长的历史岁月中，对于中国社会发展影响之大、之长、之深、之广，恐怕找不出第二个人足以与孔子比肩。孔子被尊奉为"大成至圣先师文宣王"，所谓"大成"，所谓"至圣"，所谓"万世师表"，所谓有"王者之道""王者之德"而无"王者之位"的"素王"，所有这些尊称，既反映了孔子的独尊地位，也从一个侧面表明孔子的思想与学说、孔子的品格与行为、孔子所创立的学派和所开创的事业，是怎样深刻地影响着中国传统文化、影响了历代不同社会阶层的日常思维与普遍心态、影响了中国政治与社会规范的确立和演进。

从二十世纪初开始，中国社会、中国文化进入了一个新旧嬗替的剧变时代。而在不同时期对孔子的不同评价，则常常成为每一场思想运动或社会政治变革的先声。因为孔子在造就一代又一代中国式的芸芸众生方面，有着无与伦比的作用。孔子已经死去两千几百年了，但是，他仍然活着，记载着他的言行和思想的《论语》依然远播寰宇。孔子学说蕴含的巨大价值和活力，在他身后漫长的岁月流逝中逐步释放、显露出来，至今没有停息。《论语》的文化精神不仅存在于浩瀚的古代文献中，更存在于个人、家庭、族群、社会的现实生活之中，存在于亿万中国人的潜意识与日常伦理之中。

随着科学的发展和传媒的普及，孔子正逐渐走向世界。世界也愈来愈瞩目孔子。西方文化经过一段时期的繁荣和喧闹之后，开始注意东方文化和儒家文化。尤其近几十年来，儒教文化圈内各国、各地区经济腾飞，社会和合，为世人瞩目和称道。其原因之一，乃儒学体用一源，仁民爱物之道统；自强不息，厚德载物之精神；格至诚正，修齐治平之工夫。《论语》中"和而不同"的思想正逐渐成为世界多极化趋势的理念和外交策略。《论语》中"学而时习之""三人行必有我师""有朋自远方来不亦乐乎""己所不欲，勿施于人"等箴言式的语录将逐渐被不同地区、不同民族、不同肤色的人们所认同和接受。

孔子和《论语》是一个丰富博大的世界，立体多维的世界，斑斓神秘的世界。而创造这一世界的不仅仅是孔子和他的弟子，还有历代的统治者、儒者和注家。设想一下，没有了历代统治者的青睐，没有了历代儒者的传诵，没有了历代注家的皓首穷经，仅有一万四千多字的《论语》文本，早已销声匿迹，灰飞烟灭。当然，这种设想是荒诞的，因为《论语》本身的价值决定了这种设想的不可能。《论语》是闪光的瑰宝，它让一代代人目不转睛。《论语》是丰富的矿藏，它让一代代人辛勤开采。正是历代儒者注家的辛勤耕耘，才创造了《论语》诠释的大千世界。

纵观历史，《论语》为何在经书中、在文化传统中、在中国人的社会生活和日常生活中，会有如此重要的地位、产生如此重大的影响？

为何在不同的历史时期，孔子与孔学曾被涂抹上各种色彩，如神学化的色彩，玄学化的色彩，经学化的色彩，理学化的色彩？

为何同一时期或不同时期的儒者，对《论语》会作出不同的评价，乃至为了特定的需要而作出特殊的评价？孟子、荀子、董仲舒、韩愈、程颐、程颢、朱熹、陆九渊、王阳明直至康有为、章太炎、孙中山所阐释的孔学，都不完全是原来面目的真孔学。

为何孔子与《论语》在不同时代放射出不同的色彩、不同的亮度？为何其在不同社会阶层与不同学术派别那里，会适应它们不同的需要、不同的视角与不同的透视力，而分别释放出自己某一侧面或某些层面的潜能？

今天，在全球化浪潮下，在社会主义文化大发展大繁荣进程中，在国家实施创新战略的关键时期，中国传统作为一种创造未来的优质资源的意义正在日益显现，我们不可能割断历史，不可能无视优秀的传统文化，我们必须确立古为今用、洋为中用的理念，坚持去其糟粕、取其精华的原则，认真思考《论语》在现代化进程中具备哪些参照意义，能够发挥何种作用，以及如何发挥作用。

我们知道，在社会发展和文化融合的进程中，精神文化的起伏盛衰殊难避免，但只要不妄自尊大或妄自菲薄，传统文化常常能够在通变的过程中获得新生和复兴。文化的发展与融合最关键的是要保持精神文化的连续性，肯定其"卓然自立"的价值，只有这样，文化融合才能"相得益彰"。

如何认识中国文化与新的时代的融合功能？如何保持传统文化在当代的连续性与生命力？《论语》之意义与价值如何与现代化对接？最重要的是要梳理中国文化演进之轨迹，清晰《论语》诠释之进程。当我们度过近代以来在西方武力压迫下而导致文化融合中的被迫、压抑、保守时期后，我们再次触摸到传统文化中民本、自由、大同的因子，聆听到"周虽旧邦，其命维新"的转型呼唤。只要深入了解中国历史，就能做出中国传统并不保守的判断。钱穆指出："故求深切体会中国民族精神与其文化传统，非治中国史学无以悟入。"其对传统与创新的关系做出如下概括："新必依于旧，乃成其为新。"充分肯定传统是创新的基础。进而推之，"能掌握传统，始能有现代化"。强调传统是实现现代化的基础。

因此，要思考《论语》在现代化进程中的作用，必须深入了解《论语》诠释的历史，从《论语》诠释之文献典籍中求圣哲、立人极、参天地，从《论语》注疏进程中"究天人之际，通古今之变"。只有真正清晰了《论语》诠释的规律，把握了传统精神的内蕴，才能开展面向未来的文化建设，并从中发展出新的时代精神。

凡此种种，这对每一个涉足《论语》世界的人，都是一个富有召唤性和挑战性的领域，同时也是一个十分刺激和具有诱惑力的课题。故此，本人2001年攻读博士学位后，依然选择古代《论语》诠释作为研究对象。后因卷帙浩繁，工程巨大，不得不先从清代《论语》诠释切入，于2004年完成博士论文《清代论语诠释史论》，经修改充实后于2008年由社会科学文献出版社出版。此书研究范围界定在1640～1911年清代社会270多年的时间内，研究对象主要以《论语》或《论语》篇目命名之《论语》诠释著作。大体分为初期、中期、晚期这三个阶段进行阐述。通过对这三个阶段《论语》的有关注家和著作的陈述、分析，从而在宏观上勾勒清代《论语》研究的全貌，描绘清代《论语》学的体系；揭示清代《论语》研究的规律、特点、方法；分析清代不同时期《论语》研究在价值取向、研究方法上发生变化的原因；思考西学东渐对清代《论语》研究产生的影响。

二　研究现状

《清代论语诠释史论》出版后，在海内外及学术界产生了一定的反响。《儒学中心电子报》（台湾）第二期、《儒学评论》第三辑、《中国儒学年鉴》2009年"论著选介"、《中文新书通报》2008年第六期、《2008年清史研究综述》分别做过介绍和评价。这些鼓励我更深入地研究《论语》，尤其是攻读博士及撰写《清代论语诠释史论》时获得的体会或未曾清晰的问题，常常在我脑海盘旋萦绕，激发我阅读的兴趣，驱使我思考的冲动。以至让我极力远离或放下《论语》研究而转型文学文体研究的念头一直无法摆脱，始终不能实现。我决定将清代《论语》诠释研究向前延伸，在更大时空中思考古代《论语》诠释的有关问题。

1. 古代《论语》诠释进程概述

古代的《论语》诠释萌芽于孟子。因《孟子》中有不少话语无疑是对《论语》的诠释。先秦诸子文献中亦有零散的论述，但毕竟是星星点点，一鳞半爪，真正形成气候的是在两汉时期。汉代的《论语》研究，涉及《论语》的作者、成书时间、流传版本等，产生了一批注家。

魏晋南北朝时期，是《论语》诠释史上非常重要的阶段，出现了重要的《论语》集注本，即何晏等人的《论语集解》。同时，也打破了汉代只注经文正文的模式，产生了重要的《论语》注疏本，即既疏解正文，又疏解注文，这就是皇侃的《论语义疏》。另外，此一时期援道入儒的现象出现。《论语集解》《论语义疏》的问世标志着集解体、义疏体诠释新体例的诞生，并开始有规模地对前人的研究成果加以总结。魏晋南北朝时期创造了《论语》诠释史上辉煌的篇章。

隋唐时期的《论语》研究呈现冷落趋势，未能出现产生轰动效应的注家和著作。其《论语》诠释主要有柳宗元的《论语辨》，韩愈、李翱的《论语笔解》，陆德明的《论语音义》。

北宋最有影响的《论语》诠释著作，当为邢昺的《论语注疏》。庆历年间，刘敞《七经小传》对《论语》之评论，打破了庆历以前多尊章句注疏之学的格局，在宋代经学发展中具有学风转变的作用。

南宋最有代表性且影响最大的《论语》注本是朱熹的《论语集注》。《论语集注》考辨、义理并重，考据史实较为确凿，吸取各家之长而不专主一说，成为宋代经学的集大成之作。

元明两朝《论语》学以朱学为宗，其著述亦多为阐发、羽翼朱注而作。《四书》成为学者必读之书目，《四书》地位更加巩固。明代学术至陈献章、王阳明始有明显改变。陈献章最著名的弟子湛若水著有《四书训测》，解经追求"核诸实事以求其旨"。明中叶以后，在王学"主观臆断、心为准的"之流弊冲击下，反而刺激了明末考据学的勃兴。有学者致力于对经典的文字音义、名物制度进行考订。如陈士元的《论语类考》"较明代诸家之书，殊有根柢"。

清代《论语》研究是古代《论语》学的高峰之一。其社会政治结构与学术风尚构成《论语》学的特殊背景；今文经学和古文经学、汉学和宋学的相激相荡、融合兼采，构成了独特的《论语》学特色；吴派、皖派、常州学派、扬州学派、浙东学派描绘了《论语》研究的异彩纷呈；其不同师承、不同需要、不同倾向、不同目的又形成了《论语》研究错综复杂的格局。清代《论语》学是以前各个朝代所有成果的总结，无论在研究的深度、广度上，还是在研究的思想、方法上，都是以前各朝代无法比拟的。

2.《论语》诠释研究概述

迄今为止，《论语》研究承前启后，源远流长。古代的《论语》诠释主要呈现三大特征：诠释模式上分为今文学、古文学及汉学、宋学等，诠释体例上有章句、训诂、注疏等，诠释方法上有辑佚、辨伪、考据、义理等。在时代风潮推动下及思想文化的引领下，《论语》诠释不断变异转型，推向新的高峰。

新中国成立后，大多数研究者告别过去烦琐考据、资料堆积的陈规旧习，对孔子思想学说进行了全面、深入、系统的研究，其内容涉及哲学、政治、文化、伦理、教育、经济、学术、文学等多种向度。前三十年，《论语》研究几乎随着思想政治运动升降沉浮，成为伦理道德的附庸和阶级斗争的工具。后三十年，在"实事求是，解放思想"的旗帜下，《论语》研究挣脱了阶级斗争、泛政治化的枷锁，跨越了意识形态的藩篱，开始沿着实事求是的多元化学术路径探索前进，取得了巨大的成就。主要表现在以下几方面。

第一，涌现了若干专人专书研究的单篇论文。如《王弼〈论语释疑〉研究》《何晏〈论语集解〉研究》《何晏〈论语集解〉的思想特色及其定位》《何晏〈论语集解〉的成就及影响》《朱熹〈论语集注〉探研》《论包咸〈论语章句〉的学术成就》《论颜师古〈论语〉注在唐初的学术转型意义》《论程颐〈论语解〉的理学特色》《论马融〈古文论语训说〉的学术价值》《论朱熹〈论语集注〉的特点及贡献》等。

第二，诞生了一大批《论语》注释训译类学术著作。如《论语译注》《论语疏证》《论语新解》《论语别裁》《论语通译》《论语类纂》《论语新编》《论语体认》《论语名句选译》。这些著述有的按照《论语》篇章顺序进行全注，有的打破原书顺序，按新的主题进行编排。还有一些是对《论语》的名句选译。

第三，产生了某一范畴、某一角度的专题研究。如《何晏〈论语集解〉所反映的玄学思想》《何晏〈论语集解〉版本考辨》《何晏〈论语集解〉训诂研究》《论朱熹〈论语集注〉的训诂价值》《刘宝楠〈论语正义〉比喻认知研究》《论刘宝楠〈论语正义〉的训诂方法及特点》《刘宝楠〈论语正义〉征引说文解字略论》《〈论语〉中的和谐思想及其意义》《〈论语〉中的治国思想及其现代转换》《〈论语〉的"孝"思想及其当代意义》《〈论语〉的文学价值》《〈论语〉及孔子形象的刻画》《〈论语〉的语言价值》等。

第四，出现了不同注家或不同注本乃至跨文化的比较研究。如《朱熹和刘宝楠论语解释之比较》《〈论语〉郑玄与朱熹解释之比较》《朱熹〈论语集注〉与刘宝楠〈论语正义〉比较研究》《〈论语集注〉与〈论语集解〉训诂比较研究》《〈论语集解〉与〈论语集注〉的比较研究》《有关〈论语〉的五种英语译文比较研究》《理雅各、庞德〈论语〉译本比较》《从〈论语〉两个英译本比较看翻译的文化转向》。

第五，随着考古工作的展开，学者们重视《论语》出土文献的研究。如《定州〈论语〉分章考》《定州西汉中山怀王墓竹简〈论语〉释文选》《定州西汉中山怀王墓竹简〈论语〉介绍》《定州西汉中山怀王墓竹简〈论语〉选校注》《定县竹简论语与〈论语〉的成书问题》《关于定州汉墓竹简〈论语〉的几个问题》《新出竹书与〈论语〉成书问题再认识》《几件敦煌写本〈论语〉白文残卷缀合研究》《吐鲁番出土唐景龙二年写本〈论语郑氏注〉校勘》等。

第六，出现了相关述评研究。如《敦煌及吐鲁番出土唐写本〈论语〉注本研究概述》《中国学者近半个世纪以来的〈论语〉研究》《台湾学者刘宝楠〈论语正义〉研究述评》《近年来英语世界有关孔子与〈论语〉的研究》《20年来的〈论语〉英译研究》《对〈论语〉中的孝悌仁爱精神的评述》等。

可见，新中国成立以后，《论语》研究从摆脱极左思潮影响逐渐走向多元开放。研究范围涉及文献学、训诂学、版本学、人物形象、语言艺术、现代价值、海外传播等众多领域，呈现出蓬勃发展的趋势。从数量上讲，根据中国国家书目数据库的统计数字，1980年以来出版的有关《论语》的专著就达430多种。根据中国期刊全文数据库所提供的数字，1979年以来发表的有关《论语》的研究论文有两千余篇。仅在《论语》章句注释方面发表的学术论文就有 759 篇。①

上述丰富浩瀚的《论语》诠释研究，呈现如下特征。

一是体式多样。涌现出译注体、集注体、心得式、通俗化等多种研究形式，这些著作的侧重点或训诂，或义理，有的列出原文，然后进行注释和译文，列出原文文句再进行翻译，最后从字音词义等方面进行注释。有的对原文作出真实阐发时也有自己的发挥。其研究成就对《论语》的传播、文化的发展发挥了重要作用。杨伯峻的《论语译注》，是中国第一部白话文《论语》译本。南怀瑾的《论语别裁》，生动有趣，深受海峡两岸各层次读者的喜爱。

二是诞生了若干有分量的著作。如《论语学的形成、发展与中衰》《六朝论语学研究》《清代论语简论》等，提升了《论语》研究的系统性和整体感。如单承彬的《论语源流考述》则是目前国内对《论语》源流问题阐释比较系统详尽的一部著作。如美国学者艾尔曼、张灏等，对清代《论语》研究背景的揭示较为具体；台湾学者陈鸿森、林庆彰、张清明等对清代《论语》研究的考证较为深入；日本学者林泰辅的《论语年谱》产生较大影响。但有的论述话语片段、分散，学术现代性不明显，有的未能从社会文化的建构嬗变中，揭示其复杂内涵和多元特点。

三是将诠释学理论引入《论语》的探索实践显得薄弱。尽管成中英、景海峰、傅伟勋等呼吁建构以经典为对象的中国诠释学，汤一介、黄俊杰亦将西方诠释学理论应用于儒家经典的诠释实践，但与建构本土化的诠释学理论尚有距离，应用于具体对象如《论语》的研究也是凤毛麟角，检索结果显示仅有《两宋的论语诠释与儒学重建》《民国时期论语的多元诠释》《清代论语诠释史论》等，不外是局部断代的研究，目前唯一作通史式研究的《论语学史》，亦主要运用史学方法以点带面式地描摹其注疏特点及演进轨迹，并未真正在诠释学视域下展开全面、系统、深入的研究。

通过较长时间的浏览关注，思考分析，在笔者对古代《论语》诠释做出上述归纳梳理后，也许是积累不够的原因，也许是学力不足的因素，

① 郑子慧：《新时期论语研究述评》，曲阜师范大学硕士学位论文，2008。

笔者觉得自己目前无法解决上述问题，无法进行古代《论语》诠释通史般的研究。经过一段时期的犹豫徘徊后，笔者又重新关注清代《论语》诠释有关问题，或许是对清代《论语》诠释研究的熟悉，或许是清代《论语》研究还有一些没有理解透彻的问题，或许是向前延伸拓展后，更有信心、更有把握将清代《论语》研究推向深入。于是依然将研究重点聚焦在清代《论语》诠释领域。

三 切入视角

学术界对清代《论语》学的研究远远称不上活跃、充分。稍早时期的文献有《四库提要》及《续修四库提要》，前者收录清代《论语》著述仅毛奇龄《论语稽求篇》、江永《乡党图考》二部，存目则有三部。后者共收录三十六部，署名江瀚撰述提要者十八部，伦明月者十六部，未署名者二部。此类文字皆为典籍之总览介绍，只能提纲挈领，很难深入细致。据笔者检索，专门的清代《论语》学著述寥寥无几，仅有《清代论语学》《清代论语诠释史论》两部，主要是历时式的线性勾勒。海峡两岸有 5 位博士做过论文，另有一些有关清代《论语》著述研究的单篇论文，但数量不多。二十世纪最后十年间，海峡两岸学者有五十篇左右论文，主要集中于扬州学派和常州学派的研究，涉及毛奇龄、李光地、阮元、焦循、刘逢禄、宋翔凤、刘宝楠、康有为等人，这些均为吉光片羽，难以反映清代《论语》研究的整体面目和丰富内涵。

如何打破清代《论语》诠释现状？如何寻求清代《论语》诠释的新突破？不能主观臆断，不能盲目折腾，需要从传统学术、治经实践、现代学术需求等多维角度观照辨析，进而找准定位，大胆切入，为清代《论语》诠释吹来新风，输入活水，获得新见。

第一，传统学术视角之局限。

传统经学研究大致沿着两条路径曲折前行，一条是版本文字、训诂考据的汉学路径，另一条则是社会变革、义理阐述的宋学或公羊学路径。值得注意的是，两条路径常常在强烈的经世致用的终极关怀下，与社会发展、学者主体个性与学术宗尚、学术自身发展理路等各种因素交错互动，激荡嬗变，聚焦为主要针对"社会政治事件""学术相关事件"的历史式经学诠释模式。因而传统经学的研究目标一是反思现在及过去的、改善将来的或可能出现的社会政治问题，二是围绕这一目标解读疏解文本、接受发挥或纠偏驳斥既有学术观点。

目前出版的关于清代《论语》研究的专著大致可以列入传统学术视角的产物。《清代论语学》是最早系统论述清代《论语》研究的专著。全书第一章对清代以前的《论语》注疏予以"述略"，第二章从明清之际学风转变、经学兴盛、清代《论语》注疏类别三个方面对清代《论语》研究加以"综述"，以下从第三章到第八章则为分论部分，对应综述部分的第三节，颜元和王夫之属于清初经世致用派，陆陇其为清初理学家，翟灏为汉学家的《论语》诠释，刘宝楠当为汉宋兼采派，宋翔凤、康有为则为公羊学的代表人物。全书构架上是典型的总论专论结合，总论部分综述清代学风转变及经学兴盛的背景，从社会政治学视野梳理清代《论语》诠释进程，归纳清代《论语》注疏之类别，专论部分从文本解读切入，具体分析注家注本的特点、价值、倾向，为总论部分提供实证支撑。《清代论语诠释史论》虽然有所不同，但总体框架上亦是典型的总分结构，只是前者为先总后分，后者为先分后总。全书从"正统与异端之撞击""统一与多元之格局""新变与衰退之态势"三章，以具体注家及注本深入分述清初、乾嘉时期、晚清时期《论语》诠释之特点，最后从清代《论语》诠释的反思路径、繁荣与发展、转型与超越等层面总论清代《论语》诠释之发展进程。足可见出其鲜明的社会学视野及历史式经学诠释范式。

这种范式下的《论语》诠释著作，有整体的思路和清晰的演变轨迹，但难以看到丰富多彩和摇弋多姿，显得单调古板、程式僵化。

第二，现代学术启发下的视角超越。

学术随时代的发展而发展，随社会的变化而变化。中国学术经过两千多年的发展，在西方学术影响及思想解放的潮流下，在继承传统经学的基础上，研究视野更加开阔，研究范围和方法趋向立体和多元。开启了从传统向现代的转换与裂变。比如近代学者关注的焦点无疑是乾嘉学术，大多学人认为乾嘉时期吴皖两派的学术形态将崇尚形上义理建构的"理学"转型到重视训诂义理的"朴学"路径，并进一步影响了嘉道以后扬州、常州、岭南等其他地区的学术走向。现代学者则缘此思路，结合特定时空学者的共同特色，从学术认同、治学方法、生长地域等角度对乾嘉学者予以分门别派，如梁启超将其分成以惠栋为首的吴派和以戴震为宗师的皖派，支伟成将其分成了吴派、皖派、常州派、湖南派、浙粤派等，张舜徽《清代扬州学记》对扬州学派进行了系统深入的研究，这些以地域特征划分学术疆域的路径，拓展了学术研究的空间，提出了许多独到的见解，凸显了地域经学研究的独特品格。在现代学术视野的观照下，从诠释主体的生长地域角度将清代的《论语》诠释分类切割，深入比较不同时期、不同地域《论语》诠释的异同，能够超越传统学术视野下历史式的叙述，祈求更整体直观地描画清代《论语》诠释的版图，更深入透彻地分析不同地域《论语》诠释的独特个性及形成原因。

然现代学术已经开启的方向，长时间处于概念悬置状态，至今较少从地域视角深入具体论述清代《论语》诠释的论文，更遑论从地域角度系统研究清代《论语》诠释的专著了。现代学术的理性追求需要个案的实证支持。

第三，从地域视角切入的治经实践。

现代学术的启发呼喊，打破传统学术范式的欲望冲动，与笔者迫切需要解决久久萦绕脑海的疑问困惑十分切合匹配。笔者在撰写《清代论语诠释史论》时遇到的一些问题，较长时间仍然滞留胸中，如吴、皖两派的联系与区别是什么？刘恭冕是否可以划归常州学派？常州学派在阐述公羊学思想之外是否具有其他贡献？扬州学派"通"在何处、何以能通？凡此等等。经过近两年的阅读、梳理、分析，于2009年在《孔子研究》发表了《会通古今实事求是——刘恭冕〈何休注训论语述〉诠释倾向新论》，于2012年在《文学评论》发表了《清代常州学派论语诠释特点新论》，大有云开月霁之感，思路更加清晰，目标更加明确，决定从地域学派视角，论述分析清代《论语》诠释特点及规律。

学术界论及常州学派《论语》诠释时，或将刘恭冕纳入常州学派，或认为其"以何休《公羊》义说《论语》"①。刘恭冕与常州学派没有结

①　参见黄开国《析刘逢禄〈论语述何〉及治经方法》一文，《四川大学学报》2007年第5期。

友关系及师承关系，其学术宗尚是否与常州学派一致？治经特点是否与常州学派诸家相近？即能否将刘恭冕与刘逢禄、宋翔凤、戴望、王闿运、康有为等人相提并论？这是不宜轻率结论的复杂问题。带着这些疑问，通过文献爬梳、文本阅读，得出了十分清晰的认识。

首先，刘恭冕否定何休作《论语注》之陈说，且将刘逢禄《论语述何》所据《北堂书钞》之唯一孤证亦一并予以否定，这完全背离常州今文派《论语》诠释倾向。

其次，刘恭冕著《何休注训论语述》，主要目的是将何休引《论语》注疏《春秋公羊传》之有关内容辑录考证出来，完全是本着实事求是的精神，还学术史之本来面目。

再次，刘恭冕在《何休注训论语述》中，并没有以公羊义解《论语》，既没有直接阐发托古改制、变法维新的思想，也没有尊奉孔子为受命之素王，大肆推阐"三世""三统"等微言大义。

刘恭冕之治经思想及诠释方法深受家学的熏陶及扬州学派的泽润。叔祖刘台拱重视考证训诂，反对虚词臆说。所著《论语骈枝》，"精深谛确"，"惟是之求"。父亲刘宝楠知识广博，视野开阔，完成了《论语》研究的集大成之作《论语正义》。这种独特的成长环境，铸造了刘恭冕《何休注训论语述》之主要方法是辑录和考据，主要倾向是不主一家，实事求是，具有扬州学派会通博洽的典型特征。故将刘恭冕纳入常州学派显然是牵强附会、不能成立的。

清代之《论语》诠释，至常州学派风气为之一变，其显著标志是从乾嘉考据学向今文义理之转型。开风气之先者无疑是"今文学启蒙大师"庄存与①，将其充实完善、推向深入者当为刘逢禄、宋翔凤、戴望等。常州学派《论语》诠释之转型具体表现在集中阐述公羊学大一统思想。公羊学大一统思想是今文经学的中心，主要由三科九旨、张三世、通三统、正名分、异内外等微言大义构成，刘逢禄《论语述何》、宋翔凤《论语说义》、戴望《论语注》等均有集中深入的阐述。

长期以来，研究清代学术，人们习惯于在公羊学视阈下观照常州学派

---

① 梁启超：《清代学术概论》，上海古籍出版社，1998，第74页。

的《论语》诠释，常州学派强烈的经世意识被聚焦凸显，乃至被放大，为人们普遍接受。这种定格确能强烈聚焦常州学派《论语》诠释的现实期待和政治寄托，但在一定程度上束缚了人们的发散思维和创新探索，以至遮蔽了常州学派《论语》诠释其他方面的特点。实际上，常州学派的《论语》诠释并不固陋狭隘，拘泥一端，而是胸襟博大，视野开阔。

常州学派向今文学转型的同时，还能够会通诸家，诸经兼治，不辨古今，折中义理、考证，综汇训诂、经世之学于一体。[①] 无论在诠释观念还是在诠释方法乃至诠释途径上，均显示出兼采会通的特点。其会通之结果是将一个想象的理想的命题演绎成为一个历史的现实的图景，由义理阐述层面具体到考据实证层面，使《论语》的义理内涵增强了可信度和权威性。

常州学派还拓展了《论语》的文本世界，敞开了《论语》的意义结构。《论语》是儒家的重要经典，但其意义并不单一、封闭，体现出立体、多元、开放的特点。其与墨家、道家甚至佛家思想都有不同程度的关联。而且《论语》的传播阐释过程就是一个不断建构和解构、不断拓展和变异的过程，《论语》诠释正是在这种否定之否定的过程中，不断地拓展与超越，实现着效果历史价值。常州学派追求从"对作者原意的把握"向文本的"意义的创生"的拓展。如宋氏将孔子"一以贯之"之"一"与《易》乾之初爻之"一"及《老子》道生一之"一"联系起来予以解释，确实能将《论语》放在更广阔的时空中玄思幽想，带来更多的启发。让人们体会到"一以贯之"是一种方法论，是一种整体观，是一种境界，是一种智慧。[②] 如果仅从《论语》文本理解则难有这样的体验，感受不到孔子此语的幽远博大、深邃绵长。《论语》诠释史上，何晏、皇侃、朱熹、邢昺没有带来这样的体验，是宋氏翔凤打开了这扇独特的窗户，完成了一次《论语》文本意义的拓展创造过程，这在《论语》诠释史上无疑有着重要意义。

这样的分析和思考，与以往不同的视角转换，解决了笔者困扰已久的

---

① 艾尔曼著《经学、政治与宗族》，赵刚译，江苏人民出版社，1998，第87页。
② 参见柳宏《清代常州学派论语诠释特点新论》一文，《文学评论》2012年第1期，第112页。

难题，也改变了学术界长期以来的固有判断。可见，从地域学派切入，抓住文本分析，能够打破标签式理解、概念化判断。从地域学派出发，不仅能够捕捉到地域学派的主要特色，能够辨析出不同地域学派之间的联系与区别，还能够深刻认识到，地域学派的治经风格或地域学者的学术宗尚很少纯粹的天生丽质，常常与历史传统、社会发展、学术转型、个性特点等多种因素密切相关。

第四，从地域视角切入的意义。

迄今为止，经学界已经分别诞生了经学与文化互动、经学与社会政治关联的研究成果，但还未出现将儒家某一时期的经典诠释与地域学派综合考察的研究范式，故本课题的研究在某种程度上具有一定的原创意义。

本课题在经学与地域学派的互动关联中，深度审视清代《论语》诠释的特点和规律。从清代《论语》诠释文本细读出发，注重地域学派形成发展及相互影响变异的比较观照，故其得出的判断分析较以往注重政治事件的历史式范式大异其趣，故本课题对清代《论语》的诠释研究必然会呈现出有别于传统的新的观点、新的形态、新的问题，这对拓展经学研究领域大有裨益，对传统经学的现代转型提供参照。

本课题建立以考据与义理结合、文本分析与理论概括结合、地域文化与社会发展结合的多元开放的研究体系，注意在相关学科的联系中，对清代《论语》诠释的种种形态和复杂问题作出新颖阐释和深度揭示，为创建具有中国特色的诠释学理论提供案例支持和理论借鉴。

清代《论语》诠释是古代《论语》研究的高峰，既有前朝各代《论语》研究的累积沉淀，又有西学东渐产生的重要影响，其研究成果超迈以前各个朝代。故从地域学派视角切入，思考地域文化在社会进程中的延伸或变异，关注地域学人在时代风潮中的灵魂颤动与经学追求，对当代繁荣和文化建设具有参照意义。

四　研究方法

方法是一种媒介，是为了实现既定目标的手段，是追求动机和效果互相统一的策略选择，就学术研究而言，它是研究过程中以最有效、最合理、最科学的设计而取得最佳结果的操作程序。故任何研究都应该讲究方法，讲究方法是一种智慧，体现出一种科学精神和理性精神。

在学术研究中，研究方法受研究内容的制约，所以，确定研究内容是一项十分严肃和认真的工作，它没有太大的自由度和灵活性。研究内容决定研究方法，研究方法直接影响研究的水平和质量，关系到能否实现研究的预期和目标。本课题的研究内容主要包括以下几个方面。

梳理审视国内外清代《论语》研究的现状及主要成果，对其取得的成就及局限做出简要分析，指出以地域学派视角考察清代《论语》诠释，较之关注社会事件、追求复原历史真相的单一平面的传统模式，在方法、目标、价值上的意义。

具体考证清代《论语》诠释的作者、著述时间、地域分布，辨明著者的籍贯和占籍，了解著者的游历及相互之间的交往，提取地域学术群体，为本课题的全面研究提供数据支撑和实证材料。

研究不同地域的文化环境，包括学术传统、人文积淀、地理交通、经济基础、宗族家学等，思考不同学术群体《论语》诠释特点与地域文化的关联，关注西学东渐对不同地域文化产生的作用与影响，重视对超越自身文化传统案例的研究和分析。

总论清代《论语》诠释地域学派的多元态势。在清代地域文化或不同学术群体的纵坐标与清代社会发展的横坐标中画出清代《论语》诠释的曲线，观察和描绘清代社会发展、地域文化、学者人格、学术理路在清代《论语》诠释演变、《论语》诠释特点形成中的互动态势和消长景观。

上述研究内容决定了本课题的研究方法。古代经学研究经过几千年的发展，积淀了不少行之有效的传统方法，本课题除常见的一般方法之外，主要运用下列三种方法。

第一，文本细读。

文本细读是 20 世纪 40 年代英美新批评流派的重要范畴。文本细读以文本为中心。强调文本语言和思想的关系，认为文本语言的功能和意义可以体现为意思、感情、语气和意向等四个方面，如果能够准确把握语言的这些因素，我们就能够解读作品的意义。文本细读认为语境对于理解文本词汇的深层意义十分重要，正是文本中某个词、句或段与上下文之间的联系，确定了特定词、句或段的具体意义。文本细读还将文本解读重点聚焦到文本内部的组织结构上。在文学批评的语境下，文本细读的目的和旨归被牢牢锁定在文学批评上，它是为文学批评服务的。

中国古代的经学研究虽然没有建构文本细读的形上理论，但有着最丰富、最具体的文本细读实践。经学研究成果是从哪里来的？是从阅读、理解、分析经典文本及诠释文本的艰苦劳动中诞生的。文本永远是第一性的。如果说经学史是一条线，是一张网，那么连成这条线、织成这张网的无疑应该是历史上的经学家和经学著作，一旦离开了经学家和经学著作而撰成的论著，肯定不能称之为经学史。因此，经学史研究绝不能离开经学家和经学著作，经学文本的研究是经学研究的基础和前提，经学文本的细读是经学研究的物质保障。

当然经学研究的文本细读与文学毕竟有所区别。文学研究的根本目标是最大限度地提高人们阅读欣赏文学作品的能力和水平，深化人们对社会人生的诗意感受与认知把握；而经学研究的根本目标是培养人们的人格操守和理想追求，提高人们在社会生活和人生体验中如何创造和谐的环境、准确地定位角色、积极地经世进取；文学文本的阅读，常常是晶莹剔透的"自由体验"，然经学文本的阅读，则是疲惫的"精神苦旅"；文学研究主体重视体验作家的情感律动和个性张扬，它是一个丰富多彩、摇曳多姿的世界，经学研究主体则更多的是理性审视和意义分析，是枯燥的训诂和烦琐的考据。但无论如何，文学研究和经学研究有一个亘古不变的定律，两者都必须抓住文本。在某种程度上，文学研究可以从哲学、美学、心理学、社会学等角度去阐述，有时候离文本远一点问题不是很大。但是经学研究有其特殊性，绝对离不开文本。经学，在某种程度上可以说由经典文本和经典诠释文本构成，诠释文本包括对原典加以诠释的诠释文本，还包括对诠释文本再进行诠释的诠释文本。而且，经学研究的文本细读，涉及文献、版本、校勘、辨伪、考据、义理，其细读需要细致入微，百读不厌，爬梳剔抉，考镜源流。再者，经学研究方法深深植根在细读基础上，如经内互证需要对经典的了然于胸，烂熟于心，以经证经、以史证经，需要大量的文献资源和丰厚的学术功力。因此，经学研究的文本细读任务更加艰巨，要求更加严格，素质更加全面。

通过文本细读，我们可以避免经学研究中一味盲从固有的认识或判断，减少空洞的总体分析和宏观描述，改变只见树木，不见森林的局面，真切感受到经学家的生命律动和独特个性。如，细读陈廷祚《论语说》，可以窥见陈氏雪后山行、须臾不忘思考经义的痴迷执着之情。① 细读赵良猷《论语注参》，从其"语自有味""论自新警""论自明豁""最有意味""此节极好""此说极好""此说最好""此论破千古之惑"等极具个性化的按语中，完全可以感受到诠释主体解经过程中的审美体验和创造参与。反之，没有毛奇龄《论语稽求篇》的文本细读，就不可能发现毛氏新颖而富有生气的诠释，没有惠栋《论语古义》和江声《论语俟质》的文本细读，就难以把握二人之间的师承关系和吴派《论语》研究的特点。

　　通过文本细读，我们可以抛开先验的模式、既定的经验、权威的观点，产生新颖的论述和独特的发现。比如，学术史上常常将刘恭冕纳入常州学派，通过对刘恭冕《何休注训论语述》的文本细读，将会发现：第一，刘恭冕对常州今文派之注解并不盲从，完全采取客观公允、实事求是之态度。当褒则褒，当贬则贬，当是则从，当非则斥。毫无今文家穿凿发挥之倾向。第二，刘恭冕不分古今，不辨汉宋，在治经思想上体现出兼采融合的特点。当然，值得注意的是，被刘恭冕引用较多者，不是今文派，而是古文家。第三，刘恭冕之诠释方法亦与常州今文派不同。主要运用考据学之方法。引证博洽，考据翔实。如直接训诂文字者就有两条。即第21条"公羊昭十二年"辑出："子绝四：毋意，毋必，毋固，毋我。"后指出"此引'毋意'，谓意度之也。意与億同义。"第46条"公羊僖四年"辑出"敏则有功。"后指出："徐彦《疏》云：'敏，审也。'"此外，引用了大量的文献及诸多注家的解说，涉及的文献有《春秋繁露》《白虎通》《盐铁论》《史记》《汉书》《后汉书》《礼记》《左传》《五经异义》《韩诗内传》《拜经日记》等，涉及的注家包括刘逢禄、宋翔凤、戴望及郑玄、许慎、包咸、刘向、李善、徐彦、臧庸、江永、包慎言等。由此。我们完全可以否定前人的既有判断，刘恭冕的主要方法是辑录和考据，主要倾向是不主一家，实事求是，具有扬州学派会通博洽的典型特征。故将刘氏纳入常州学派十分牵强。

① 《丛书集成续编》一三册，上海书店，1995，第882页。

第二，内外结合。

内外结合，就是入内与出外的结合，做到既能入乎其内，又能出乎其外。要对学派作出论断，必须跳出学派之外；要对某个注家作出评价，必须跳出注家之外；要对某部著作作出评价，必须跳出著作之外。否则，就事论事，只能流于肤浅和平庸。

王国维云："入乎其内，故有生气，出乎其外，故有高致。"内外结合，实际上就是感性与理性、具体与抽象、生动与高远、局部与整体的关联融合。内外结合，向来是经学诠释的重要方法。如焦循释"微子篇"第1章"殷有三仁焉"条，先引何晏《论语集解》注："仁者爱人，三人行异而同称仁，以其俱在忧乱宁民。"焦循按曰：

> 孔子以管仲为仁，不取召忽之死，以为匹夫匹妇之谅自经于沟渎而人莫之知。又云有杀身以成仁，死而成仁则死为仁死，而不足以成仁则不必以死为仁。仁不在死，亦不在不死。总全经而互证之可见也。三人之仁，非指去、奴、死为仁也。商纣时天下不安甚矣，而微、箕、比干，皆能忧乱安民，故孔子叹之，谓商之末有忧乱安民者三人，而纣莫能用而令其去、令其奴、令其死也。不能忧乱安民而徒能死。石之纷如、徒人费，其人忠于所事则然不可谓之杀身成仁，不能一匡天下，而藉口于管仲之不死，则又不如召忽，不如石之纷如、徒人费矣。[①]

焦循此处将《论语》经文与何晏《集解》结合，将个别经文章句训解与"总全经而互证"相结合，特别是其将"成仁"与"为仁"作出了具体的区分，前者是结果，后者是目的，强调"仁不在死"，"亦不在不死"，关键是能否经邦济世，一匡天下，将"仁"之生死与"忧乱安民"密切关联，富有辩证法思想，富有新意。正是焦循内外结合，往来于百家之间，贯通于群书之内，见广识高，心游万仞，作出了富有哲理的解释，给人留下深刻印象。

---

① 《无求全备斋论语集成》第二二函，第18页。

　　再如，宋翔凤在解释《子罕》第 1 章"子罕言利与命与仁"时，又以《易》乾卦"元亨利贞"与仁义礼智作比，每每将"乾"与"元"与"仁"结合起来。宋氏还引《老子》诠释《论语》，进一步拓展了《论语》诠释视野，丰富了《论语》的意义世界。宋氏诠释《里仁》第 15 章时，宋氏将孔子"一以贯之"之"一"与《易》乾之初爻之"一"及《老子》道生一之"一"联系起来予以解释，展示了一个丰富而又神秘的远古文化背景，犹如一幅色彩斑斓的水墨图画，深深感受到孔子思想的幽远博大、深邃绵长。

　　注意内外结合，有助于我们从个别到一般，避免就事论事、鼠目寸光的尴尬。清代《论语》诠释，有些注本可能在某一个局部或一段时限内，作用不够明显或者没能显示出来，但它对未来可能具有某种特殊的引领作用，对另一个时段的有关事件可能产生重大影响。如果没有内外结合的考量，就极有可能使这些在此时段内本来并不重要的内容显得更加平淡和没有意义。但是，如能简要分析，精辟论述，既能给人加深印象，又能启发人们从不同的角度、不同的时段去观照和思考问题，并注意用发展的、联系的观点去认识和分析客观事物。比如，考证学在清代初期并不醒目和突出，但它对乾嘉考据学却起到引领作用和先河作用，如此对顾炎武、毛奇龄在清初的《论语》诠释作出析论，此二人之形象则更加光辉，并能驱使人们在更广阔的时空中思考和分析问题。仅仅就事论事，不能从更广阔的学术背景中拓展阐述，不会产生如此效果。

　　通过内外结合，有助于我们对学术史上有关已有定论但未有确解的话题产生更加明晰、更加深入的判断。如扬州学派何以最通、何以能通？张舜徽只是在总体上作出这一判断，并未做出深入阐述和具体论证。如果我们抓住扬州学派的《论语》诠释文本，结合学术理路、学术条件、时代需求、个性气质等因素综合分析，当会产生更加独特的精辟的认识。比如王念孙为求吏治清廉可以不顾一切地弹劾和珅；焦循为了学术可以不要家产、绝意仕进，其妻子可以变卖首饰，如此率性、如此气概，完全进入无可无不可的境界，还有什么能够阻挡他们献身学术的担当？比如，既吴皖两派之后，学术壁垒逐渐松动，学术资源更加丰厚，整合集成的条件渐趋成熟，扬州学派具有了会通的条件。再如，扬州学人会通诸家、群经皆治，具备了贯通的素质。经过如此内外结合的思考，大致廓清扬州学派为何最通、何以能通的思路。

第三，比较互参。

不怕不识货，就怕货比货。一事物的特殊性只有在与他事物的比较中才能清晰地凸显。从事《论语》诠释史研究，比较是不可缺少的重要方法。《论语》注疏有一个累积、沉淀的过程，有广泛的学术群体和大量的学术著作，这些构成了比较研究的物质基础。具体到清代《论语》研究，我们可以就空间关系域做横向的比较，即我们可以根据不同的空间关系进行比较，如南学与北学的比较，汉学与宋学的比较，皖派与吴派的比较，不同文化身份的比较，不同治经主张的比较。我们也可以在时间关系域做纵向的比较，如某经学家不同时期治经思想、治经方法的比较，某经学流派不同时期诠释特点的比较。我们还可以作时空纵横的平行研究与影响研究，如不同地区、不同时期义理派、考证派的比较等。值得注意的是：我们不仅要在比较中探索其相同点，更要发现其特殊性，这是比较的真正价值所在。

通过互参比较，对有些问题可能有更具体、更准确的理解。比如颜李学派，一般认为其治学特点、经学思想基本相近。但有何区别？学术界不甚明了。但通过比较互参，就可发现，李恕谷较为开明，没有颜元那样极端和偏激。例如，他能够持平汉宋，他对旧注能够认真研究，适当变化，微易其辞。就其《论语》研究而言，我们认为：李氏能够打破门户壁垒，做到汉宋兼采。但颜元则绝不能作如是观。颜李之区别，可能与其交游有关，颜氏一生几乎未离直隶，与学界交往甚少。李氏则不同，屡次南下，与南方诸儒屡有交往，对其学风无疑产生一定影响。

通过互参比较，有些原来不甚明了、比较笼统的问题可以做出更深入的思考、更清晰的昭示。如吴皖两派同样受到顾炎武的影响，但何以发展路径、治经倾向不同？再如，吴皖两派同样尊古崇汉，但为何吴派走向"凡古皆好，凡汉必真"的嗜古、泥古的胡同，而皖派过渡到不别古今、不主一家的兼采汉宋的坦途？若从地域上看，吴派在南，皖派偏北，按照刘师培的观点，地理环境对学术个性、学术宗尚当有一定的影响；若从时间上看，吴派在前，皖派在后，面对的学术环境、学术资源不同；再从源头上看，吴派可追溯到明清之际吴中名士丁宏度。其首次尝试汉儒经说的系统研究，并在他的带动下，苏州地区形成了一个不小的汉学研究群体，而惠周惕是其中的佼佼者。皖派的源头可上溯到新安理学。新安理学以朱熹为宗。朱熹反对"学者但守注疏"，但也反对空谈义理。朱熹对名物训诂的重视，为其后的新安理学家所发扬。新安理学家治经，讲究求真求是，直接滋养了皖派朴学，培养了徽州文化深厚的理性主义传统。经过如此多维度的互参比较，对吴皖两派的有关联系与区别便会产生更加深入具体的认识。

第一章 清代《论语》诠释地域
分布与学派归属

　　清代《论语》诠释文本众多，大家辈出。本章共涉及清代《论语》注家五十八家，按时代先后顺序分为前期、中期、后期三个时期。学者排列顺序按照生卒年先后排序，生卒年不详者按著作刊刻年代排序，生平及著述参阅严文郁编《清儒传略》等书。在对注家占籍、生平及著述考索的基础上，阐述地域学派划分依据及意义，进而探讨清代《论语》诠释地域学派归属问题。

一　注家及著述概述

（一）前期：顺治-雍正（1644～1735）

　　顾炎武（1613～1683），字宁人，江苏昆山人。生于明万历四十一年（1613），卒于康熙二十一年（1682）。初名绛，国变后易名炎武。早年曾参加当时政治性学术团体——复社，议论朝政，反对宦官权贵。明亡后，曾在苏州、昆山等地参加抗清斗争。其后半生多在旅途，遍历华北各地，结交豪杰，观察山川形势，念念不忘明室，遵母嘱"勿事二姓"。康熙时征召博学鸿儒，开明史馆，都曾尽力网罗他，但顾氏累次拒绝，他说："绳刀具在，勿速我死。"是富有民族气节的学者。青年时代留心经世致用之学，阅读经史及全国各郡县志书。中年以后，一意撰述。其主要著作有《音学五书》《日知录》《天下郡国利病书》《顾亭林诗文集》等。

　　从顾炎武的著作目录上，虽不见其《论语》研究专著。然其著述中多涉孔子思想之要旨。如为改造士林风气，提出"博学于文，行己有耻"的口号，其经典根据是《论语》。再如，其《日知录》书名也是源于《论语》。《日知录》题记云："愚自少读书，有所得辄记之。其有不合，时复改定。或古人先我而有者，则遂削之。积三十余年，乃成一编，取子夏之言，名曰《日知录》，以正后之君子。东吴顾炎武。"①

尤侗（1618～1904），字同人，一字展成，号悔庵，又号艮斋，晚自号西堂老人，江苏长洲人。生于明神宗四十六年（1618），卒于清康熙四十三年（1704）。明诸生，入清，为顺治三年（1646）副榜贡生。九年授永平推官，在任三年，后辞归。康熙十八年（1679）举博学鸿儒，授翰林院检讨，参与修《明史》，分撰《列传》300余篇、《艺文志》5卷，二十二年（1683）告老归家。四十二年（1703）康熙帝南巡，晋为侍讲。尤侗才情敏捷，文名早著，著有《西堂全集》。《论语诗》一卷三十首，《西堂全集》本，卷首有王崇简题序及尤氏自序。

王夫之（1619～1692），字而农，号姜斋，湖南衡阳人，生于明万历四十七年（1619），卒于清康熙三十一年（1692）。清兵南下时，曾在衡山举兵抵抗。后隐遁衡阳之石船山，筑土室曰"观生居"，潜心著述四十年，不仕清朝，得"完发以终"，世称"船山先生"。

王夫之对经学、史学、文学、天文、历法等都有贡献。主要著作有《周易外传》《尚书引义》《张子正蒙注》《读四书大全说》等。其《读四书大全说》约在1665年（康熙四年）最后修订完成。全书十卷。自称是为了反对"异端"和"俗学"。"异端"指佛家和道家，"俗学"指"淫于异端"的"俗儒"之学。力图总结历代王朝特别是明王朝灭亡的教训，提出自己的政治改革主张。

《读四书大全说》，以读书札记形式，按《四书》原来的篇章次序，对《四书》本文提出自己的解释，同时对《四书大全》中的各家注解再作分析。王夫之的《读四书大全说》卷一说《大学》，卷二、三说《中庸》，卷四、五、六、七说《论语》，卷八、九、十说《孟子》。

此书说《论语》部分共分四卷，每卷五篇，计二十篇。每卷五篇按《论语》篇序列出篇名，按篇解说。每篇分成若干部分，不用小标题，仅以"一、二、三、四、……"序数序出。但每一部分并不和《论语》篇

---

① （清）顾炎武：《日知录集释》，黄汝成集释，岳麓书社，1994。

下各章对应，即王夫之并未对《论语》每篇各章逐一论说。如卷四"学而篇"共分"七"个部分，其中一、二部分对应《论语》第一章，三、四部分对应第二章，第五部分对应第七章，六、七部分对应第十二章。而《论语》"学而篇"共有十六章，王夫之只对其中四章加以论说，其余十二章则未加阐述。且对论说各章原文不作完整具体的标引，不作逐句、逐字的具体解说，而是标出关键语、词，加以论述。如卷四第四部分我们可从"鲜也""未之有也"等关键词及论述要旨而识别其对应于"学而篇"第二章；又如卷五"雍也篇"第一、二、三、四部分，我们可从"居敬""行简"等关键词来判断它的论述对象是《论语》"雍也篇"第二章。可见，王夫之是抓住问题，有感而发，严加裁别，深入析论。

在《读四书大全说》中，王氏不仅对《论语》提出自己的见解，同时还对《论语大全》之各家注解再作论析。

毛奇龄（1623~1716），字大可，又字齐于，号晚晴，别名西河，浙江萧山人。生于天启三年（1623），卒于康熙五十五年（1716）。四岁，母口授《大学》，即成诵。总角，陈子龙为推官，拔之冠童子军，遂补诸生。康熙十八年（1679）应试博学鸿词科，列二等，授翰林院检讨，充《明史》纂修官。后以假归，得疾不复出。卒后，门人蒋枢编辑遗集，分经集、文集二部。经杂著凡二百三十四卷，《四库全书》收先生所著书多至四十余部。先生淹贯群经，所自负者在经学，著有《西河全集》。《论语稽求篇》七卷，《毛西河集》本，卷首有毛氏自序。

李光地（1642~1718），字晋卿，号厚庵，别名榕村，谥文贞，福建安溪人，生于崇祯十五年（1642），卒于康熙五十七年（1718）。康熙九年进士（1670），累官至文渊阁大学士。先生学博而精，以朱子为依归，而不拘门户之见。康熙朝儒学大兴，左右圣祖者，孝感熊赐履、安溪李光地。后先相继皆恪奉程朱而深究天人，研求经义性理，旁及历算、乐律、音韵。圣祖所契许而资赞助者，安溪独多。先生学以濂洛关闽为门径，以六经四子为依归，尤深于《易》。卒谥文贞，雍正元年追赠太子太傅，祀贤良祠。著有《周易通论》四卷、《尚书解义》一卷、《读论语札记》二卷等。《读论语札记》，绿猗堂钞本，是编之作以义理为宗，不主训诂名物。

李塨（1659~1733），字刚主，号恕谷，直隶蠡县人。生于顺治十六年（1659），卒于雍正十一年（1733）。康熙二十九年（1690）举人。父明性，学行为乡里所式，颜习斋严事之，先生遂受学于习斋，以三物、六行、六艺为学之本，期于致用。学数，学射御，学书，又从王五公学兵法，从毛西河学乐律。先生屡馆京师，远游西至关中，南及吴越，遍交贤豪，上接公卿，下至驵卒，言必称习斋，故习斋之名，亦因之远播。在陕西、浙江，佐执友治县，皆有声。先生学行闻于当世，而淡泊名利，屡辞官职。晚铨授通州学正，不满一月，即以母老告归。迁居博野，建习斋祠堂，收召学者，治农圃以终。

先生为学，始终一守习斋家法，所辑《小学稽业》《大学辨业》及《学规》《论学》，以补习斋所未备。习斋于程、朱学说多出争议，毛西河著书于朱子亦多攻击，先生自从西河游，北面称弟子，遍序其书，服膺其说，注经考典多取之。与方苞交最笃，方苞恪守程、朱，断断相辨。及先生卒，望溪为志墓，言与论朱子节概政略诸端，先生亦是之，后于所著书不满程、朱者有所删削。然遗书具在，固未屈于其说也。主要经学著作有《周易传注》七卷，《诗经传注》八卷，《春秋传注》四卷，《大学传注》一卷，《中庸传注》一卷，《论语传注》二卷，《论语传注问》二卷等。《论语传注》二卷，颜李丛书本，卷首有康熙五十七年（1718）李塨自序及凡例。

（二）　中期：乾隆－嘉庆（1736~1820）

江永（1681~1762），字慎修，安徽婺源人。生于康熙二十年（1681），卒于乾隆二十七年（1762）。岁贡生。生六岁，读书日记数千言。尝见明邱氏《大学衍义补》征引《周礼》，爱之，求得其书，朝夕讽诵，自是遂研覃十三经注疏。凡古今制度及钟律声韵舆地，无不探赜索隐，测其本始，而于天文地理之术尤精。年二十一，为县学生，三十三补廪膳生。先生为学陋于比勘，明于步算、钟律、声韵，而于三礼尤深。婺源江氏与元和惠氏同时并起，其后治汉学者皆奉为先河。婺源之学，一传而为休宁，再传而后金坛高邮，其学派传衍比于惠氏为尤光大矣。主要经学著作有《周礼疑义举要》七卷，《深衣考误》一卷，《乡党图考》十卷等。《乡党图考》十卷，皇清经解本。

程廷祚（1691～1767），初名石开，字启生，号绵庄，又自号青溪居士，江苏上元人。生于康熙三十年（1691），卒于乾隆三十二年（1717）。曾为诸生。先世本歙人，迁江宁。少好辞赋，从外舅陶氏得颜元、李塨之书，读而好之。年十四，作《松赋》七千余言，惊其长老。先生独好治经，十三经、二十二史、诸子百家书无不读，而于天文、舆地、食货、河渠、兵农、礼乐之事，皆能竟委探源。性端静迂缓，人见之如临高山，气为肃。乾隆十六年（1751），诏举经明行修之士，先生被荐入都，复报罢。自以家近青溪，其出处与刘巘兄弟相类，乃自号青溪居士云。

其学出入于黄宗羲、顾炎武，而以习斋为主，古书极博，皆归于实用。少时见毛奇龄《古文尚书冤词》祖护梅氏书，乃为《古文尚书冤词辨》以攻之。又著《晚书订疑》，推拓其说。晚年作《彖爻求是说》，自成一家言。其于古今笺疏家钩贯融会，如素所蓄物，取而别其精粗良楛以进退位置之，领以神悟，发前人未发之覆；徐而按之，于理辄无纤悉违也。尝言："墨守家学已非，墨守汉学者尤非，孟子不云'深造之以道欲其自得之'乎？"又曰："宋人毁孙复疏经，多背先儒；夫不救先儒之非，何以为孙复？"其持论大旨若此。同时方望溪、钟励暇皆盛推之。主要经学著作有《易通》六卷，《大易择言》三十卷，《彖爻求是说》六卷，《尚书通议》三十卷，《鲁论说》四卷，《论语说》四卷，《春秋识小录》三卷，《礼说》二卷等。《论语说》四卷，金陵丛书本，卷首有程氏自序。

宋在诗（1695～1777），号野柏老人，山西安邑人，生于康熙三十四年（1695），卒于乾隆四十二年（1777）。康熙六十年（1721）进士，授吏部郎中，雍正五年（1772）任四川提督。著有《论语赘言》二卷，《山右丛书初编》本，卷首有乾隆十七年（1752）宋在诗自序。

惠栋（1697～1758），字定宇，号松崖，江苏元和（今江苏吴县）人。三世传经。祖父惠周惕、父士奇都是经学名家。"其学尊古而信汉，最深者在《易》。"[①] 早年随其父至广东提督学政任所，父卒归里，课徒著述，终身不仕。其学沿顾炎武，一生治经以汉儒为宗，以昌明汉学为己任，尤精于汉代《易》学。治《论语》，有《论语古义》一卷，约7000

---

① 钱穆：《中国近三百年学术史》，商务印书馆，1997，第351页。

字。共辑出《论语》原文 55 条加以训解。用力虽微，著述虽短，但在清代《论语》研究上，具有非常鲜明的汉学特征。

《论语古义》，为《九经古义》第十六卷。惠栋曾解《周易》《尚书》《毛诗》《周礼》《仪礼》《礼记》《左传》《公羊》《谷梁》《论语》十经，其《左传》六卷后更名曰《补注》，刊版别行，故惟存其九，曰《九经古义》。吴江人沈楸德、翠岭曾辑出录入《昭代丛书甲集补》卷十一，世楷堂藏版。《四库全书》第 191 册及《丛书集成续编》第 13 册并收录。

牛运震（1706~1758），字阶平，号真谷，别名空山、文定，山东滋阳人，生于康熙四十五年（1706），卒于乾隆二十三年（1758）。雍正十一年（1733）进士。荐试博学鸿词，以文逾格报罢。选授甘肃秦安县知县，惠农通商，以经术饬吏治。设陇川书院，与诸生讲习，县人由是向学。兼摄徽县、两当诸县知县，镇抚兵民，甚有威惠，上官称其能。既罢官，留主皋兰书院，教学得士心。及归里，闭门治经，日与乡先生讲论文义，搜考金石。尝出主讲晋阳、河东两书院，晋、豫当道皆推重焉。主要经学著作有《周易解》九卷、《诗志》八卷、《春秋传》十二卷、《论语随笔》十七卷、《中庸注》一卷、《大学注》一卷、《孟子论文》七卷等。《论语随笔》十七卷，空山堂藏本。卷首有嘉庆六年（1801）七月朔日涵斋张焘撰序。又目录附有次男钧识文，略述本书刊刻缘由，并言及"其中阙《乡党》者，以欲作《乡党考》而未逮也。而《微子》《尧曰》二篇则岁暮解馆未终讲也"。故其书目录虽列二十卷，实有三卷阙如，应为十七卷。《清儒学案》作十九卷，只察书尾缺卷二十《尧曰》，未详察书内尚缺卷十一《乡党》及卷十八《微子》。

江声（1721~1799），字鲸涛，号叔沄，晚号艮庭，江苏吴县人。生于康熙六十年（1721），或作康熙六十一年（1722），卒于嘉庆四年（1799），年七十九。因性不谐俗，取艮背之义，学者称艮庭先生。兄筼字震沧，乾隆壬午举人。博雅好古，长于"三礼""三传"。师事惠栋，与王鸣盛、王昶、毕沅友善。宗汉儒经说，精研古训，兼好《说文解字》，长于旁搜博引。生平不作楷书，与人书札，皆用篆书。少与其兄筼同学，不事帖括。幼读《尚书》，即怪古文与今文不类。年三十师事惠栋，受《古文尚书考》，又读阎若璩《尚书古文疏证》，因益专力于

《书》。又为惠氏刊正经文，疏明古注，论者谓其足补阎、惠所未及。念唐贞观时为诸经正义者，自《诗》《礼》《公羊》外，皆取晋人后出之经，而汉儒专家师法反不传，松崖既作《周易述》，搜讨古学，于是亦撰《尚书集注音疏》，以存二十九篇，而别梅氏所上二十八篇之伪造。嘉庆元年（1796），诏举孝廉方正，苏抚费文属公首以先生荐，赐六品服。主要经学著作有《尚书集注音疏》二十卷、《经史子字准绳》《论语俟质》三卷、《尚书经师系表》一卷、《尚书逸文》二卷等。《论语俟质》三卷，琳琅秘室丛书本，卷首有江氏嘉庆四年自序。

赵良猷（1727～1762），号竹坡，安徽泾县人。生于雍正五年（1727），卒于乾隆二十七年（1762）。年三十五岁。少时每"读书灯下，反复不已，又无力购书，多借人书手抄，日夕不倦"。著有《论语注参》二卷，共拈出《论语》189 条有关内容加以著录。泾川丛书本。

《论语注参》卷末有其子绍祖嘉庆四年识跋。《跋》云："今年（嘉庆四年）夏四月，先慈见背，呼天抢地，无以为心，检点栖楗，以无忘口泽，乃得手批《论语》二本，于衾具中各以小纸条粘于各章之下，而以蝇头小楷书之。盖凡古注与儒先之有异说者，无不萃于其中。因愈以知先君之好学不倦，非不肖等之所能继述。……痛复思痛，较之痛定思痛者，更何如耶？相对涔涔，匍匐苦次，谨逐条录出，以质世之好学者。"可见，是书在作者辞世三十七年后才被发现。后"刊入泾川丛书中。然则《注参》之名，亦绍祖所定也。录而存之，不没其心力而已"。①

余萧客（1732～1778），字仲林，别字古农，江苏吴县人。生五岁，父客游不归，母颜教以四子书五经，夜则课《文选》及唐宋人诗古文。十五，通群经，即知理气空言，无补经术。缘目疾复作，举戴东原自代，遂南归，以经术教授乡里，闭目口授，生徒极盛。卒年四十有七。著有《古经解钩沉》三十卷，卷二十五《论语》。

翁方纲（1733～1818），字正三，号覃溪，晚号苏斋，直隶大兴人，生于雍正十一年（1733），卒于嘉庆二十三年（1818）。乾隆十七年（1752）进士，改庶吉士，以一等一名授编修，历典江西、湖北、江南、

---

① 《续修四库全书总目提要》，中华书局，1993，第 857 页。

顺天乡试，督学广东、江西、山东。累擢内阁学士，左迁鸿胪寺卿，预千叟宴，重预鹿鸣宴、琼林宴。先生迭司文柄，英才硕彦，识拔无遗。生平精研经术，不为汉宋门户之见，尝谓考订训诂，始能究义理，立论持平，不为风气所囿。性嗜金石，考订精审，物色摹揭，收藏宏富。主要经学著作有《经义考补正》十二卷、《诗附记》四卷、《礼记附记》六卷、《论语附记》二卷、《孟子附记》二卷、《礼经目次》一卷、《春秋分年系传表》一卷，《十三经注疏姓氏》一卷、《通志堂经解目录》一卷等。《论语附记》二卷，《畿辅丛书》本。

崔述（1740~1816），字武承，号东壁，直隶大名人，生于乾隆五年（1740），卒于嘉庆二十一年（1816）。乾隆二十七年（1762）举人。选授福建罗源知县，革弊俗，修文庙，诸生讲学。于经学之兴废，圣道之明晦，古书之真伪，旧说之是非，娓娓不倦。未几归，卜居彰德，闭门著述。成书三十余种，曰《考信录》。《考信录》谓："自读书以来，不以传注杂于经，不以诸子百家杂于经传，传注所言，有不尽合于经者，百家所记，往往有与经相悖者。于是历考其事，汇而编之，以经为主，传注与经合者著之，不合者辨之，而异端小说不经之书，咸辟其谬而删削之。"山阳汪文端称："其书为古今不可无之书，其功为世儒不可及之功。"《论语余说》一卷，凡二十四则，每则下间有小注，以明此则要旨，或四五则同一旨趣者。

钱坫（1744~1806），字献之，字篆秋，号十兰，江苏嘉定人，生于乾隆九年（1744），卒于嘉庆十一年（1806）。乾隆三十九年（1774）副榜贡生，官陕西乾州、直隶州判，摄兴平、韩城、大荔、武功知县，乾州、华州知州。在华州、武功教匪犯境，有全城功。得末疾归，卒于苏州。先生通小学，博览群书。在毕制府沅陕幕最久，与洪亮吉、孙星衍研讨训诂舆地之学，著《史记补正》，详于音训及郡县山川。将归，总督松文清笃求著述，先生出此付之，曰："三十年精力尽于此书矣。"工作篆，既病瘫，以左手书，尤为世所珍。主要经学著作有《诗音表》一卷、《论语后录》五卷、《尔雅释地以下四篇注》二卷等。《论语后录》五卷，乾隆四十年（1775）汉阴官舍刊钱氏本，卷首有钱氏自序。

刘台拱（1751~1805），字端临，号江岭，别名子阶，江苏宝应人，生于乾隆十六年（1751），卒于嘉庆十年（1805）。乾隆三十六年（1771）举人。先生幼不好戏，六岁母朱氏殁，哀毁如成人，既而事继母钟亦尽孝。年十五从同里王洛师学，及见王予中、朱止泉两先生书，遂笃志程朱之学。乾隆二十一年试礼部、以次艺偶疵被放，朱文正惜之。时方开四库馆，海内方闻宿学，云集辇下，若朱彝尊、戴震、任大椿、王念孙辈，并为昆弟交。先生齿最少，每发一议，诸老先生莫不折服。先生之学，自天文、律吕、六书、九数、声韵等靡不贯洽，诸经中于《三礼》尤精研之。不为虚词穿凿，能发先儒所未发，当世者撰书多采其说。所著《论语骈枝》，精深谛确，有功经训。其他经学著作有《经传小记》三卷、《汉学拾遗》一卷等。《论语骈枝》一卷，广雅书局刊本。是书仅十六则，虽辩说无多，但持论精核。

陈鳣（1753~1817），字仲鱼，号简庄，别号河庄，浙江海宁人。嘉庆元年（1796）举孝廉方正，嘉庆三年（1798）举人。学使阮元称其经学在浙西诸生中为最深，特手摹汉隶"孝廉"二字以颜其居。陈鳣博学好古，长于记诵，尤专心训诂之学。治经宗康成，尝与钱大昕、翁方纲、段玉裁诸先生游，研究经义，质疑问难以为乐。辑有《孝经郑注》一卷、《六艺论》一卷。又以何晏《论语集解》尚未详尽，乃为《论语古训》十卷，凡汉人之注及皇侃《义疏》无不采取。晚客吴门，闻黄丕烈收藏诸多异本，于是欣然定交，互携所藏，往复易校，疏其异同，必使详确精审。暮年归隐紫微讲舍，手自抄撮，成《经籍跋文》一卷。其余尚有诗集十卷，缀文六卷，《诗人考》三卷，《恒言广证》六卷，《续唐书》七十卷，《石经说》六卷，《声类拾存》一卷，《埤苍拾存》一卷，《简庄疏记》十八卷，《陈仲鱼文集》八卷，《河庄诗抄》一卷，《对策》六卷等。《论语古训》十卷，乾隆五十九年（1749）浙江书局刊本，卷首有阮元序及陈鳣自序。

徐养原（1758~1825），字新田，号饴庵，浙江德清人，生于乾隆二十三年（1758），卒于道光五年（1825）。凤承家学，读书有深识。年十三，随父宦入京师，从一时名士问业，于学术之源流派别靡不晓贯。嘉庆六年（1801）副贡生。父母先后卒，遂无意攻制举业。初，阮元抚浙，筑精舍西湖上，选高材生数十人讲肄其中，先生及弟养灏与焉。又集诸儒校勘《十三经注疏》，先生任《尚书》《仪礼》。先生兼通三礼、六书、古音、历算、舆地、氏族之学。母程氏善鼓琴，因研究音律。著有《周官五礼表》《论语鲁读考》等。《论语鲁读考》一卷，湖州丛书本，卷首有徐氏自序。

焦循（1763~1820），字里堂，江苏甘泉人，生于乾隆二十八年（1763），卒于嘉庆二十五年（1820）。嘉庆六年（1801）举人。曾祖源，祖镜，父蔥，世传《易》学。先生学行诚笃，弱冠与阮文达齐名。文达督学山东、浙江，俱招先生往游。性至孝，丁父及嫡母谢艰，哀毁如礼。一应礼部试，后以生母殷病，不复北游。殷殁服除，遂托足疾，不入城市者十余年。葺其老屋，曰"半九书塾"，复构一楼，曰"雕菰楼"，读书著述其中。尝叹曰："家虽贫，幸蔬菜不乏，天之疾我福我也，吾老于此矣。"嘉庆二十五年卒，年五十八。先生博闻强记，识力精卓，每遇一书，无论隐奥平衍，必究其源，以故经史、历算、声音、训诂无所不精。所著《易学三书》及《孟子正义》，皆专家之业。与扬州学者江藩，并称"二堂"之目，而精卓过之。另有《毛诗地理释》四卷、《论语通释》一卷、《论语补疏》二卷、《雕菰集》二十四卷等。《论语通释》一卷，木犀轩丛书本，卷首有焦循自序。

阮元（1764~1849），字伯元，号云台，谥文达，江苏仪征人，生于乾隆二十九年（1764），卒于道光二十九年（1849）。乾隆五十九年（1794）进士，改庶吉士，授编修，大考第一，超擢少詹事。历官至内阁学士，户、礼、兵、工诸侍郎，浙江、江西、河南巡抚，两湖、两广、云贵总督，体仁阁大学士。累主文衡，督山东、浙江学政。嘉、道间，两充会试总裁。先生为政崇大体，所至兴学教士，在浙立诂经精舍，在粤立学海堂，选才隽诸生肄业，学风手振。论学宗旨在实事求是，自经史、小学、历算舆地、金石、辞章，巨细无所不包，尤以发明大意为主。所编《经籍纂诂》《十三经注疏校勘记》，传布海内，为学者所取资。所辑《皇清经解》，为言汉学者之总汇，嘉惠后学。主持风会者五十余年，士林尊为山斗，为万流所倾仰。说经之精义，载于《揅经室集》尤多。主要经学著作有《论语论仁论》一卷、《孟子论仁论》一卷、《诗书古训》十卷等。《论语论仁论》一卷，皇清经解本。

金鹗（1771~1819），字风荐，号诚斋，浙江临海人，生于乾隆三十六年（1771），卒于嘉庆二十四年（1819）。优贡生，阮文达选入诂经精舍肄业，精《三礼》之学，继受知于山阳汪文端，至京师居文端邸中，元和陈硕甫往见之，与语，相见恨晚。所著《求古录》一书，取宫室衣服郊祀井田类，串汉唐诸儒之说条考而详辨之，镕铸古训，为一代大作手。另有《乡党正义》一卷、《四书正义》若干卷。《乡党正义》一卷，皇清经解续编本。

梁章钜（1775~1849），字闳中，号茝林，别名退庵，福建长乐人，生于乾隆四十年（1775），卒于道光二十九年（1849）。嘉庆七年（1802）进士，改庶吉士，散馆授礼部主事，入直军机处，官至江苏巡抚，以病乞归。先生自言髫龄时即有志著作，既通籍官京师，日与通儒硕士，上下其议论，服官中外垂四十年，未尝一日废书不观。凡所撰著，皆足以资考证，备劝惩，于承学之士良多裨益。主要经学著作有《论语集注旁证》二十卷、《孟子集注旁证》十二卷等。《论语集注》二十卷，同治十一年刊本，书首有阮元题名，及同治癸酉六月俞樾序。

沈涛（1775~1861），初名尔政，字西雍，号匏庐，浙江嘉兴人，生于乾隆四十年（1775），卒于咸丰十一年（1861）。嘉庆十五年（1810）举人，选授江苏如皋县知县，历官直隶、大名、宣化、正定知府，江西盐法粮储道，福建兴泉永道，有政声。生平治考订之学，兼嗜金石。《论语》孔注之伪，自段茂堂发之，陈仲鱼昌言之，至先生乃设为五证，抉摘尽致，作《论语孔注辨伪》二卷。又作《说文古本考》十四卷，亦有根据，与妄以他书改本书者不同。其关于金石学之书，则有《常山贞石志》二十四卷。读书所得，加以考辨，有《铜熨斗斋随笔》八卷、《瑟榭丛谈》二卷、《交翠轩笔记》四卷。其余尚有《紫珶亭诗集》四卷，《十经斋文集》四卷，《匏庐诗话》三卷，并刊行。《论语孔注辨伪》二卷，功顺堂丛书本，卷首有道光辛巳年沈氏自序。

刘逢禄（1776~1829），字申绥，号申甫，别名思误居士，江苏武进人，生于乾隆四十一年（1776），卒于道光九年（1829）。嘉庆十九年（1814）进士，改庶吉士，散馆授礼部主事，在部十二年，恒以经义决疑事，为时所推重。先生为庄述祖之甥，幼时及见外祖庄方耕（存与）先生，赏其早慧。长闻从舅珍艺（述祖）先生绪论，学益进，尽得其外家之传，于《春秋》独发神悟。著有《春秋公羊经何氏释例》、《四书是训》、《论语述何》、《尚书今古文集解》等。《论语述何》二卷，皇清经解本，书后有嘉庆十七年刘氏自叙。

宋翔凤（1776～1860），字于庭，江苏长洲人，生于乾隆四十一年（1776），卒于咸丰十年（1860）。嘉庆五年（1800）举人，官湖南新宁县知县，以老乞归。咸丰九年，重宴鹿鸣，加知府衔。十年卒，年八十五。先生亦庄氏（庄述祖）之甥，其舅氏珍艺（庄述祖）先生谓："刘甥（刘逢禄）可师，宋甥可友"，宋甥即先生也。先生通训诂名物，志在西汉家法。微言大义，得庄氏之真传。尝以《论语》二十篇，素王之业备焉，自汉以来，诸家之说不能画一，因综核古今，为《论语说义》十卷。又汉初传《论语》者凡三家，北海郑君尝就鲁论之篇章，考之齐、古以为之注，其书亡于五代之季，乃刺取古籍中所征引者，为《论语郑注》二卷。主要经学著作有《论语说义》十卷、《论语郑注》二卷、《孟子赵注补正》六卷、《孟子刘熙注》一卷、《小尔雅训纂》六卷、《周易考异》二卷、《尚书略说》一卷等，又有《论语发微》《经问》《朴学斋札记》等，统名为《浮溪精舍丛书》。《论语说义》十卷，皇清经解续编本，卷首有道光二十五年宋翔凤自序。

刘开（1781～1821），字明东，号孟塗，安徽桐城人，生于乾隆四十六年（1781），或作乾隆四十九年（1784），卒于道光元年（1821）。曾为诸生。幼孤贫，母吴忍守饥寒，仅得相活。为人牧牛，闻乡塾诵书，窃听尽记其句。塾师留之，许妻以女。年十四，以文谒姚鼐，有国士之誉，尽授以诗古文法，游客公卿皆敬礼之。受聘修《亳州志》，卒于佛寺，年四十。主要经学著作有《论语补注》三卷、《周易绪言》二卷、《诗经补传》一卷、《孟子拾遗》一卷等。《论语补注》三卷，同治七年刊本，卷首有刘氏自序。

冯登府（1783～1841），字云伯，号柳东，浙江嘉兴人，生于乾隆四十八年（1783），或作乾隆四十五年（1780），卒于道光二十一年（1841）。嘉庆二十五年（1820）进士，改庶吉士，散馆，授福建将乐县知县。抵任方两月，闻母病，即辞官归里。后改就教职，选补宁波府教授。在任数年，大吏重其才，将荐举之，力辞，因病乞归，寻卒。先生劬书力学，于两汉、唐、宋诸儒之经义，旁及诸子百家传注，靡不强识博通，而声音训诂尤为深邃。先生治经搜集遗说异文，疏证精密，于石经致力尤勤，荟萃历代诸刻及诸家考订之说，折中求是，可谓集成之书。主要经学著作有《三家诗异文疏证》六卷、《补遗》三卷，《三家诗遗说翼证》二十卷，《论语异文考证》十卷，《十三经诂答问》十卷，《石经考异》十二卷等。《论语异文考证》十卷，石经阁五种本，卷首有嘉庆二十二年马应潮序、嘉庆二十一李富孙序、道光十四年洪颐瑄序及道光十四年冯氏自序。该书蒐罗遗轶，并援前人之说，稽其同异，以阐明古义，诠释精审。

黄式三（1789~1862），字薇香，号儆居，浙江定海人，生于乾隆五十四年（1789），卒于同治元年（1862）。岁贡生。父与梧，性严。先生事亲至孝，先意承志，恒得欢心。尝赴省试，母暴卒于家，归而号恸几绝，誓不再应举。以岁贡终。每值父母祭日，涕泣哀思不能自已，终身如一日。同治元年卒，年七十四。于学不立门户，博综群经，尤长三礼，谨守郑学而遵朱子，尝谓读书不治心，犹百兵而自乱之。其说匠人明堂之制，阐发郑义尤精。子以周、从子以恭、孙家岱俱能传其学。东南称经师者，必曰黄氏盛矣！主要经学著作有《论语后案》二十卷、《易释》四卷、《尚书启蒙》三卷、《诗丛说》一卷、《诗传笺考》二卷、《春秋释》二卷、《儆居集经说》四卷等。《论语后案》二十卷，光绪九年浙江书局刊本，卷首有《论语管窥》叙，黄式颖《论语后案》叙，《论语后案》自叙以及黄以周《论语后案》跋文。

刘宝楠（1791~1855），字楚桢，号念楼，江苏宝应人，生于乾隆五十六年（1791），卒于咸丰五年（1855）。父履恂，举人，国子监典簿，著有《秋槎杂记》。先生五岁而孤，母乔氏教育之。始从端临（刘台拱）请业，以学行闻乡里。为诸生时，与仪征刘文淇齐名，称扬州二刘。道光乙未成进士，授直隶文安县、元氏县、三河县等地知县，颇有政绩。咸丰五年卒，年六十五。先生于经，初治毛氏诗、郑氏礼，后与刘文淇及江都梅植之、泾包慎言、丹徒柳兴恩、句容陈立各治一经，先生发策得《论语》。病皇、邢疏芜陋，乃搜辑汉儒旧说，益以宋儒长义，及近世诸家，仿焦循《孟子正义》例，先为长编，次乃荟萃而折中之，著《论语正义》二十四卷。因官事繁，未卒业，命子恭冕续成之。其他经学著作有《毛诗注疏》、《礼记注疏》、《经义旁通》、《郑氏释经》等。《论语正义》二十四卷，今存有淮南书局刊本、续清经解本、世界书局排印本等。卷首有其子恭冕所述凡例一篇，卷末有后序一篇。

丁晏（1794~1875），字俭卿，号柘唐，别名柘堂，江苏山阳人，生于乾隆五十九年（1794），卒于光绪元年（1875）。道光元年（1821）举人。阮文达为漕督，延江藩主讲丽正书院，发策问汉魏《易》十五家。先生条对万余言，江藩称其好学深思。摭群籍之精，抉象之奥，时尚未冠也。中举人后，官内阁中书。早岁治经，复熟于《通鉴》，故经世优裕。尝在籍办堤工，司赈务，修府城，浚市河，皆有功于乡里。咸丰中治团练，以守城功加三品衔。先生笃好郑学，与《诗》笺《礼》注，致力尤深。晚年治《易》，尤嗜程传，为《述传》一书，最得汉师遗意，论者谓道、咸以来，唯先生能以汉学通宋学焉。主要经学著作有《三礼释注》八卷、《毛诗陆疏校正》二卷、《周易述传》二卷、《尚书余论》二卷、《左传杜集解正》八卷、《论语孔注证伪》二卷等。《论语孔注证伪》二卷，合众图书馆丛书本。卷首有道光元年王引之序及嘉庆二十二年丁晏自序，丁氏并有发凡以明是编之体例。卷末且署有"道光元年仪征刘文淇、宝应刘宝楠校读"二行及民国三十四年吴县顾廷龙跋，王引之于序中盛赞此编"举千数百年之愚惑，一朝而尽解之，其识卓矣！"刘文淇、刘宝楠则有清一代二硕儒也，皆为其校读而首肯之，由此足见是编之可取资也。

梁廷枏（1796~1861），字章冉，号藤花亭主人，广东顺德人，生于嘉庆元年（1796），卒于咸丰十一年（1861）。道光十四年（1834）副贡生，官澄海县训导。先世好聚图籍。先生少孤，性颖悟，成童时即尽读父书，下笔有奇气。稍长，益肆力于学，阮文达督粤时，深为器重。道光中叶，海氛不靖，大吏聘修海防汇览。乃采集海外旧闻，著《粤道贡国说》六卷、《耶稣教难入中国说》一卷、《兰仑偶说》四卷、《合众国说》四卷。侯官林文忠则徐自两湖移节来粤，耳其名，下车拜访，询以筹防守战事宜，先生为规划形势，绘海防图以进。后历任粤督者，并聘入幕中，襄办团练。咸丰元年（1851），保荐内阁中书，加侍读衔。咸丰十一年卒，年六十六。主要经学著作有《论语古解》十卷等。《论语古解》十卷，藤花亭十五种本，卷首有道光三年梁氏自序。

刘忠，生卒年未详，字尽侯，河南桐柏人。年方四十，即弃举子业而专研四子之书。虽贫病交攻，会不少懈，直欲集宋明以及清朝诸儒之说，统会融贯而折其衷。《增订二论详解》四卷，光绪间状元阁刊本。卷首有乾隆四十一年刘修柱序。

方观旭，生卒年未详，字升齐，浙江钱塘人。嘉庆十六年（1811）进士，改庶吉士，散馆授广西武缘县知县。为诸生时，尝肄业诂经精舍，为阮文达元所契重。于诸经皆有研究。而《论语》一书，致力尤勤。著有《论语偶记》，曾刻入《皇清经解》。《论语偶记》一卷，皇清经解本。

（三）后期：道光－宣统（1821～1911）

胡夤（1812～?），字伯寅，号止三，又号子珊，浙江定海人，生于嘉庆十七年（1812），卒年未详。清道光参将、抗英战将胡德耀长子。邑人晚清经学家黄式三弟子。夤天资聪颖，性行纯朴，事亲孝，济人急。年十四，遂初试第一，后优拔乡闱。后因世乱，变故多端，不得志，以乡贡士终。为学实事求是，不分汉宋，凡经、传、子、史，无不精研淹贯。年四十余，自以数奇，遁世家居，惟主讲书院数年，肄业者多获谙经义。年五十四，患目疾，经医治，幸双目重明，遂号"明明子"。次年，矢志撰《明明子论语集解义疏》，越五载乃成，计二十卷。《明明子论语集解义疏》二十卷，四明丛书本。是编盖成于同治九年，然久未付梓，迨民国二十五年张寿镛刊刻于四明丛书，始行于世。

王肇晋（1816～1885），字捷之，号榕泉，直隶深泽人。幼英毅特达，稍长益励于学。其为文，浩瀚无涯，见者辟易。弱岁，补县学生员，以优等领。道光十九年（1839），乡荐三试礼帏，不第，遂弃举业，选授吴桥县教谕，因疾未赴。家居益自刻励，尤嗜宋五子书，老而益笃。然生平未尝自著书，尝手抄程、朱主敬存诚之语为服膺集尔佩习之，旁涉诸家，一以朱子为衡。其所施于家与乡者，务取验于古人之言与所为，必尽合，然后行。肇晋性孝友，昼夜事亲侧，数年如一日。平生好义，有大志，持家二十余年，恩义兼至，素有威望。曾国藩督直隶，一谒见之，国藩语人曰："王君有学有识，君子人也。"有《论语经正录》二十卷存世，收入《续修四库全书》，是一部较重要的儒学著作。《论语经正录》二十卷，光绪二十年刊本，卷首有光绪辛卯肇晋子用皓之序例一篇。

俞樾（1821~1907），字荫甫，号曲园，浙江德清人，生于道光元年（1821），卒于光绪三十二年（1907）。道光三十年（1850）进士，改庶吉士，授翰林院编修，咸丰五年（1855）为河南学政，七年以御史曹登庸奏劾罢职。既返初服，一意著述。先生罢官后，主讲苏州紫阳、上海求是书院，而主杭州诂经精舍三十余年，课士一依阮文达成法，著籍门下者甚众。自少即有著述之志，中岁以后，纂辑尤勤。先生说经之作甚多，而于《易》尤深，尝说："治经之道，大要有三：正句读、审字义、通古文假借，三者之中，通假借为尤要。"先生之学以高邮王氏为宗，发明故训，是正文字，而务为广博，旁及百家，著述闳富，同光之间，蔚然为东南大师。所著凡五百余卷，统曰：《春在堂全书》。俞樾于《论语》用力甚勤，著有《论语郑义》《续论语骈枝》《论语平议》《论语小言》《论语古注择从》等。《论语郑义》一卷，俞楼杂纂本，卷首有俞氏小序。《续论语骈枝》一卷，俞楼杂纂本。《论语小言》，第一楼丛书本，卷首有俞氏自序。《论语古注择从》一卷，俞楼杂纂本，卷首有俞氏小序。

桂文灿（1823~1884），字子白，号昊庭，广东南海人，生于道光三年（1823），卒于光绪十年（1884），或作光绪十二年（1886）。道光二十九年（1849）举人，拣选知县。同治元年，献所著《经著丛书》，旋奉谕云："所呈诸书，考证笺注，均尚详明。《群经补证》一编，于近儒诸经说多所纠正，荟萃众家，确有依据，具见潜心研究之功。"光绪九年选授湖北郧县知县。履任后，无幕客，无家人，事无大小，皆躬亲之，以积劳卒于官。岭南自嘉、道中阮文达设学海堂，经学日兴，人才彬彬辈出，而其后承学之士喜立门户。尊朱者轻郑，尊郑者薄朱，驯致有失本意。独文灿追述阮公遗言，谓："周公尚文，范之以礼；尼山论道，教之以孝。苟博文而不能约礼，明辨而不能笃行，非圣人之学也。郑君、朱子皆大儒，其行同，其学亦同。"因著《朱子述郑录》二卷。学说以博文、明辩、约礼、慎行为宗。生平潜心经术，著述甚丰。主要经学著作有《易大义补》一卷，《毛诗传假借考》一卷，《毛诗郑读考》一卷，《诗古今文注》二卷,《毛诗释地》六卷,《周礼通释》六卷,《春秋左传集注》一卷,《四书集注笺》四卷,《经学辑要》一卷,《经学博采录》十二卷,《论语皇疏考证》十卷等。《论语皇疏考证》十卷,庚辰丛书本,卷首有道光二十五年桂氏自序。

刘恭冕(1824～1883),字叔俛,号勉斋,刘宝楠次子,江苏宝应人,生于道光四年(1824),或作道光元年(1821),卒于光绪九年(1883),或作光绪六年(1880)。光绪五年(1879)举人。父官文安、三河,先生皆从过庭,时陈质经义。入安徽学政朱兰幕,为校李贻德《春秋贾服注辑述》,移补百数十事。曾文正克复金陵,首辟书局,朱以先生荐。文正素闻名,相见益祈合。校勘诸史,为世所重。后主讲湖北经心书院,传课经训,湖北人士争兴于学。黄州、汉阳、沔阳、黄冈诸志,并出其手。念楼治《论语正义》,未成而卒。先生蚤夜厘定,爬罗诸家异说,必求其是,凡十余年,讫刊书成。著有《何休论语注训述》一卷、《广经室文钞》等。《何休论语注训述》一卷,皇清经解续编本,卷首有刘恭冕同治癸酉年自序。

蒋曰豫(1830～1875),字佑石,江苏阳湖人。生于道光十年(1830),卒于同治十四年(1875)。历署元氏知县、蔚州知州,有《问奇室集》。《论语集解校补》一卷,清刊《蒋佑石丛书》本。收于《滂喜斋学录》卷六。

王闿运(1833～1916),字壬秋,一字壬父,号湘绮老人,湖南湘潭人,生于道光十三年(1833),卒于民国五年(1916)。补诸生,举乡试,才名渐著。笃志苦学,致力于诗礼春秋。时值洪、杨事起,走依曾国藩军,后与其疏离,以课徒著书为务。自后历主尊经、校经、船山诸书院,及江西大学堂讲习,从游者甚众。宣统间岑春煊上其所著书,赐翰林院检讨,晋侍读,入民国尝任国史馆馆长,寻卒。主要经学著作有《周易说》十一卷、《尚书笺》三十卷、《尚书大传补注》七卷、《诗经补笺》二十卷、《礼经笺》十七卷、《周官笺》六卷、《礼记笺》四十六卷、《春秋公羊传笺》十一卷、《论语训》二卷、《尔雅集解》十九卷,凡皆简要,而兼采令古。《论语训》二卷,湘绮楼全书本,卷首有王氏自序。

戴望(1837～1873),字子高,浙江德清人,生于道光十七年

（1837），卒于同治十二年（1873）。曾为诸生。一赴秋试，遂弃举业。好读先秦古书，受业陈南园，继从宋翔凤为庄、刘之学，皆两汉今文也。性倨傲，门户之见持之甚力，论学有不合家法者，必反复辨难而后已，人故忌之。先生亦不妄交，交则必全始终。所学在《论语》，作《戴氏注论语》二十卷，凡三易稿而成。《戴氏注论语》二十卷，南菁书院丛书本。是本未附叙，然《清儒学案》卷一百四十八（《南园学案·附戴望》）有《注论语叙》一篇。

潘衍桐（1840～1899），原名汝桐，字峯廷，号嶧琴，广东南海人。同治七年进士，入翰林，授编修，由编修累官侍读学士。光绪间督浙江学政，以振兴文教为务。曾继阮元编辑《两浙辀轩续录》，著有《朱子论语集注训诂考》二卷、《灵隐书藏纪事》一卷，另有《尔雅正郭》《缉雅堂诗话》等。《朱子论语集注训诂考》二卷，浙江书局刊本，卷首有光绪十六年潘氏自序。

王渐鸿（1842～1897），字仪堂，山东黄县人，生于道光二十二年（1842），卒于光绪二十三年（1897）。同治元年（1862）举人。生有至性，家贫授读以养亲，母没后，父老且病，劝父纳妾以侍父，不从，乃纳老妇命为继室，不数日而父没。终身奉继母如父命，盖不忍伤亲意也。勤苦力学，读一经兼淹贯诸经以会其通，尤潜心于《三礼》，皆汇萃诸家书，以定其从违。又以江氏《乡党图考》，学者所必读之书而未尽缜密，故补正之。以学行与修县志，光绪八年选授观城敦谕，光绪二十三年卒。著有《乡党图考补正》《三礼条辨》等书。《乡党图考补正》六卷，光绪三十四年海隅山馆刊本，书首有光绪三十四年潍县宋书升叙及于鸿恩叙，另有光绪二十年王氏自叙及张庭诗撰王仪堂传，卷末则有光绪三十四年丁树桢跋。

刘光蕡（1843～1903），字焕唐，号古愚，陕西咸阳人，生于道光二十三年（1843），卒于光绪二十九年（1903）。光绪元年（1875）举人。幼孤贫，弱冠避回寇醴泉、兴平间，而读书不倦。赴春官不第，乃退居教授，数十年终其身，究心汉宋儒者之说。先交咸阳李寅，长安柏景伟，究心汉、宋儒者之说。尤取阳明本诸良知者，务通经致用，灌输新学、新法、新器以救之。先生讲学关中，本诸良知，遂之经术，欲使官吏兵农工商，各明其学以捍卫国家。关中学风，廓然一变。自谓今日讲学宜粗浅，不宜精深，可见其学旨已。所成书数十种，取便学者，非以自名，颇散佚。主要经学著述有《大学古义》一卷、《孝经本义》一卷、《论语时习录》五卷等。《论语时习录》五卷，民国十年苏州刊烟霞草堂遗书本，卷首有刘氏自序。

康有为（1858～1937），原名祖诒，字广厦，号长素，广东南海人，生于咸丰八年（1858），卒于民国十六年（1937）。祖赞修，官连州教谕，治程朱学，有为亲受教，有志为圣人，里党戏号之曰："圣人为"。光绪十四年，有为年三十一，初至京师，上书请变法，格不达。二十四年戊戌变作，出亡海外十六年，足迹所至，遍十三国。组保皇党，与革命党相抗衡，民国六年结张勋谋复辟，事败避居美使馆。盖当前清时力主维新，举国目之为狂，至是力主守旧，举国又目之为怪云。所著书有《新学伪经考》《孔子改制考》《春秋董氏学》《春秋笔削大义微言考》《论语注》《孟子微》《大学中庸礼运注》《大同书》等。《论语注》二十卷，万木堂刊本，卷首有光绪二十八年（1902）康氏自序。

姚永朴（1861～1939），字仲实，安徽桐城人，生于嘉庆五年（1800），卒于民国二十八年（1939）。姚文然、姚范、姚鼐是其先辈，祖父姚莹，清文学家，父姚濬昌，同光诗人，姊丈马其昶。光绪七年（1881），赴湖口县授经。光绪二十年，顺天乡试举人。客凤阳王鼎丞观察署中，修《两淮盐法志》。光绪二十六年，其父病逝。次年，远赴广东信宜县，任起凤书院山长。宣统二年二月，应北京大学之聘，任文科教授。赵尔巽聘为清史馆纂修，1917年辞去北京大学教职。入萧县徐树铮创办的正志学校讲学。1921年南归。1926年，应国立东南大学（1928年改名中央大学，1949年改名南京大学）之聘任教授。1928年秋，安徽大学聘为教授。1939年7月16日，姚永朴卒于桂林寓舍。主要经学著作有《尚书谊略》二十八卷、《群经考略》十六卷、《十三经述要》六卷、《论语解注合编》十卷、《论语述义》十卷等。《论语述义》十卷，咸丰十年（1860）刊本。卷首有弟永概序，卷末有永朴叙录。

聂镐敏，生卒年未详，字丰阳，号京圃，湖南衡山县人。聂焘孙。嘉庆六年（1801）进士，选庶吉士，授编修。累官至太子洗马、安徽学政，改兵部郎中。后迁严州知府，在任多惠政。以母老乞致仕。平生博学多识，尤工诗文，著述颇丰，有《松心居士诗文集》《赐书堂经进初稿》《馆阁诗赋》等书传世。尝受业长沙张忍斋门，作《论语说约》二卷。《论语说约》二卷，道光元年（1821）衡山思诚室刊本，卷首有聂氏自序。序中多言鲁论、齐论、古论之分合异同也，又详列陆氏《释文》载鲁论二十条，皆一一录之，甚觉其冗也。而是编之成因仅略及耳，盖聂氏受业张忍斋之门，张为讲说四书五经，于《论语》尤津津焉，后其师去世二十二年乃成此《论语说约》，以为就正有道之资也。唯观其内容多旧说传钞，罕见发明也。

陈潏，生卒年不详，字华哲，号心泉，福建闽人。道光二十七年进士，父宸书，以举人宰湖南，有循声。潏以编修改御史，转给事中。在谏垣，言事不避权贵。咸丰之季，津沽构难，指陈利害尤切。显庙将驻跸热河，连章谏诤，同列相顾震慑。显庙怜其忠，不之罪也。旋出官安徽、湖北府道。时值频年兵燹，清苦自励，而专力民事，以勤劳卒湖北盐法道。潏说经兼汉、宋，讲学颇主姚江。然归本慎独，则于程、朱穷理居敬之功，固未尝悖也。著述宏富，尤以羽翼经传为多，有《论语话解》十卷传世。《论语话解》十卷，光绪癸卯湖南洋务局刊本，卷首有同治十三年同邑林寿图序。

潘维城，生卒年未详，字阆如，江苏吴县人。初从同里夏文焘游，继受业于李四香锐，为潜研（钱大昕）再传弟子。得闻经师绪论，谓"《论语》为何晏所乱，而何氏所采孔安国注，多与说文不合，知其为伪。惟郑康成兼通古今文，集诸儒之大成"。乃细去孔、何，搜辑郑注，又采汉、魏古义及近儒之说，仿阮文达《经郛》之意，为《论语古注集笺》十卷，又为《论语考》一卷附之。尝注《鲁诗述故》《群经索隐》《说文索隐》《寿花庐偶录草》各二卷，《述故》已轶，余未写定。又尝以《左氏传》杜氏多窃古注为己说，而自为说则多谬，亦欲纂辑诸家说作笺，命子锡爵为之，未成。《论语古注集笺》十卷，皇清经解续编本，卷首有同治壬申年其子潘锡爵序。

徐天璋，生平未详，字睿川，号曦伯，江苏泰州人。《论语实测》二十卷，民初排印本，书首有咸丰九年（1859）徐氏自序。略云孔子生当春秋，或因政治感言，或为君相托讽，质之《史记》世家年表年谱、弟子列传、春秋三传，管晏诸子、大小戴记、《家语》等书，蛛丝马迹，皆可寻绎，因著此书。"所谓实者，经史子集显有明征；所谓测者，比例参观若合符节。实以为注，测以为按。"此即是编成书之由并其体例也。

姚绍崇，生卒年未详，字桂轩，湖南益阳人。家贫，不能多购书，早岁学制艺，四十后连困场屋，夙志渐灰，课读村塾。咸丰戊午年（1858），胡文忠公相招下鄂戎幕，佐胡幕辑所与切磨之论说，以成《论语衍义》十卷。《论语衍义》十卷，民国三十一年刊，姚氏墨君轩藏本。书首有民国三十一年张历生《重印论语衍义序》、同治十一年（1872）郭嵩焘序、同治十二年（1873）李庆序、同治十三年裴荫森序、同治壬申锺谦钧序，及卷末姚氏自序。

王景贤，生平未详，字子希，福建闽县人。著有《论语述注》十六卷，同治十三年（1874）闽县王氏家刊本，卷首有余潜士序。

毕梅，生卒年未详，字雪庄，晚号睡隐，河北滦州人。生有夙慧，诗、画、词曲，见辄精能。《论语说》二卷，光绪二年（1876）刊本，卷首有毕氏自序及门生史梦兰序。

沈道宽，生卒年未详，字栗仲，河北大兴人。嘉庆年间进士，官湖南桃源知县，书室名话山草堂，著有《话山草堂文钞》。《论语比》一卷，光绪三年（1877）刊本。是编原入于《话山草堂杂著》，盖沈氏平日研读《论语》之札记也，凡二十三则。观其所述，大抵皆阐发义理，持论则宗王而反程朱也。于历代诸儒，自孔子以下惟推重孟子与董仲舒二人，其余皆不屑也，尤于伊川以下诸讲学家多所非诋矣。

秦东来，生卒年未详，字受川，号紫函，山西寿阳人。自幼潜心绩学，情殷好古，不屑雕绘之技。家贫不能多购书，或以借荆而取于人，或以质衣而得于市，每获一部，默识心融，必期有所得而后已。尝为同邑祁文端公所器重，特蒙推荐，奉旨微僻而不乐仕进，惟是优游林下教授生徒，专意著述。曾作《易象致用说》，大畅厥言，又作《论语赘解》。《论语赘解》二卷，光绪十三年（1887）刊本，卷首有同治五年秦氏自序及同治六年王平格序。

谢崧岱，谢崧岷，生卒年俱不详，崧岱字佑生，崧岷字晋卿，昆仲也，湖南湘乡人。《论语章数字数表》二卷，光绪十四年（1888）研经榭谢氏刊本。卷首有光绪十三年洪良品序，及十二年崧岱自序。是编原为崧岱令其季弟崧岷校《论语》章字，以为温书之课，用心之法。表成之后，崧岱复细为详核，友人见之，谓有益童蒙，遂令付梓焉。

刘名誉，生平未详，字嘉树，广西桂林人。《论语注解辨订》二十一卷，民国七年桂林排印本。书首有光绪三十二年（1906）刘氏自序，书末有光绪三十年跋，另有卷首载录"圣迹考、何晏集解叙、朱子要义叙、义疏论语说、论语考、论语本末、读论语之法，学者用力之方、论语汇言"，可作《论语》概论读也。

二　学派划分依据

（一）清代汉学学派划分之学术史回顾

有关清代汉学流派的划分及其学术特色的探讨，成为学者关注的话题。清代学者在《汉学师承记》《文史通义》等论著中有所涉及。江藩《汉学师承记》中所收学者大体按师承、学风及地域排列，如卷2至卷4为苏南惠栋、沈彤、余萧客、江声、王鸣盛、钱大昕、王昶诸人，卷5卷6为皖南江永、金榜、戴震、程瑶田，以及师承戴震者王念孙、王引之、段玉裁等，包括学风相近者卢文弨、纪昀、邵晋涵、任大椿、洪榜、孔广森诸人，卷7则为扬州程晋芳、贾田祖、李惇、江德量、汪中、顾九苞、顾凤毛、刘台拱以及凌廷堪诸人。其卷帙排列顺序实际上已具备汉学流派区分之雏形，清代学术吴派、皖派及扬州学派的划分标准已初见端倪。章学诚《文史通义》单列一章专论浙东学派，其中对浙东学派的学术源流、代表人物及学术特点等加以总结。江藩及章学诚意识到地域学派划分对于清代学术研究之重要性，二人所分四大地域学派也为后世学者提供了很好的参照。

近、现代学者对于清代汉学学派划分有了更加明确的标准，对于地域学派学术特点的评价也更加精当。章太炎的《检论·清儒》、梁启超的《清代学术概论》《中国近三百年学术史》以及张舜徽的《清儒学记》《清代扬州学记》等为其中的代表之作。清末学者章太炎开始正式提出汉学流派的划分及其代表人物，并对其师承渊源、治学宗旨和学风特色作了初步的论析。章太炎明确指出："其成学著系统者，自乾隆朝始。一自吴，一自皖南。吴始惠栋，其学好博而尊闻。皖南始江永、戴震，综形名，任裁断。此其所异也。"在章氏看来，属于吴派的学者有江声、余萧客、王鸣盛、钱大昕、汪中、刘台拱、李惇、贾田祖、江藩诸人，属于皖派的学者有金榜、程瑶田、凌廷堪、胡匡衷、胡承珙、胡培、任大椿、卢文弨、孔广森、段玉裁、王念孙、王引之、俞樾、孙诒让诸人。在分别列举其著述、评论其学术的基础上，章氏认为，吴派"皆陈义尔雅，渊乎古训是则者也"；而"戴学数家，分析条理，皆密严瑮，上溯古义，而断以己之律令，与苏州诸学殊矣"。① 章氏对吴、皖两派的界定及其学术风格特色的揭示，可谓开近代以来汉学流派研究之先河，对后世产生了极大的影响。梁启超对章太炎的说法有所继承并发挥，他认为："汉学派中也可以分出两个支派，一曰吴派，二曰皖派。吴派以惠定宇（栋）为中心，以信古为标帜，我们叫他做'纯汉学'。皖派以戴东原（震）为中心，以求是为标帜，我们叫他做'考证学'。"同时，梁启超也列举了与章太炎所论大体相同的隶属于吴派和皖派的学者，并进一步分析了两派的区别与特色，指出"惠氏之学，以博闻强记为入门，以尊古守家法为究竟"，其治学方法"得以八字蔽之，曰'凡古必真，凡汉皆好'"。戴氏之学则以实事求是为特色，"盖无论何人之言，决不肯漫然置信，必求其所以然之故，常从众人所不注意处觅得间隙，既得间，则层层逼拶，直到尽头处，苟终无足以起其信者，虽圣哲父师之言不信也"。② 现代学者中较早倡导吴、皖、扬三派之说，论述其学风特色，并进行系统研究的学者，当推张舜徽，其《清代扬州学记·叙论》有言："余尝考论清代学术，以为吴学最专，徽学最精，扬州之学最通。无吴、皖之专精，则清学不能盛；无扬州之通学，则清学不能大。然吴学专宗汉师遗说，屏弃其他不足数，其失也固。徽学实事求是，视夫固泥者有间矣，而但致详于名物度数，不及称举大义，其失也偏。扬州诸儒，承二派以起，始由专精汇为通学，中正无

---

① 刘梦溪主编《中国现代学术经典·章太炎卷》，河北教育出版社，1996，第 255~256 页。
② 梁启超：《中国近三百年学术史》，见《饮冰室合集》第 10 册，中华书局 1989 年影印本，第 22 页。

弊，最为近之。"① 张氏进而用"能见其大，能观其通"八字来概括扬州学派独具的特色和风格，并在其专著中，对扬州学派最具代表性的学者，诸如王懋竑、王念孙、王引之、汪中、焦循、阮元、刘文淇、刘师培等人的生平事迹、治学方法及其学术成就作了比较全面的研究。此外，张舜徽先生在《清儒学记》中对吴派、皖派、扬州学派、浙东学派、常州学派代表人物及学术特点做了较为系统的考察，为后世清代地域学派研究奠定了基础。

80 年代以后，有关清代地域学派研究日益繁盛。大多数学者都主张对清代学术进行分派研究，其中少数学者不主张分派。② 在前贤时哲有关论述基础上，进一步阐发吴、皖、扬三派之说并使之趋于系统深入的是黄爱平。在《18 世纪的中国与世界·思想文化卷》《清代汉学的发展阶段与流派演变》等论著中，作者直接将清代汉学流派划分为三个流派，并进而把汉学流派的划分与汉学自身的发展演变联系起来，动态地考察了吴、皖、扬三派所代表的清代汉学发展的三个主要阶段，文章认为："以惠栋为首的吴派学者在汉学发轫之初，主要致力于汉儒经说的发掘、钩稽和表彰，以恢复、弘扬汉学为己任；以戴震为首的皖派学者在汉学发展阶段，则以寻求圣人之道为目标，他们大力倡导实事求是的学风，以走出吴派学者泥古、佞汉的误区，使汉学获得更为广阔的发展空间；而以阮元为代表的扬派学者在坚持汉学治学宗旨，推阐实事求是学风的同时，已然洞观学术源流，评骘前人是非，试图总结一代学术，寻找一条超越汉宋，会通古今的途径。如果说，吴派的特点是尊汉崇古，皖派的特点为实事求是，那么，扬派的特点就是通贯总结。三派学者后先相承，渊源有自，基本反映了一代学术产生、发展、变化乃至终结的过程。"③ 戴逸发表《吴、皖、扬、浙——清代考据学的四大学派》一文，明确提出清代考据学四大流派的划分，认为"吴、皖、扬、浙四个学派实际上代表清代考据学发展的四个阶段，即：乾隆前期、乾隆中期、乾嘉时期和晚清时期。吴皖

---

① 张舜徽：《清代扬州学记》，上海人民出版社，1962，第 2 页。
② 参见黄爱平《清代汉学流派的历史考察及其评析》一文，《中国文化研究》2008 年第 3 期。
③ 黄爱平：《清代汉学的发展阶段与流派演变》，《中国文化研究》2001 年第 1 期。

扬浙时代先后不同，各为其一个阶段"。其中，"吴派以苏州惠栋为代表，皖派以休宁戴震为代表，其后又有扬派，以高邮王念孙王引之、仪征阮元为代表，他们都属扬州人"。至晚清，"传统的考据之学在社会变动以及与西方文化的撞击中衰落蜕变，但尚未完全消歇，浙派学术即其嫡传。其代表人物有俞樾、黄以周、孙诒让、章太炎、王国维"。在划分吴、皖、扬、浙四大流派的基础上，作者进而分析了各派的学术特点，认为"吴派的特点是'尊古'，皖派的特点是'求是'，而扬派的特点则是'通贯'"，至于晚清时期的浙派，"因受西方学术的影响，力求与西学沟通，其杰出代表能够中西兼纳，推陈出新，故其特点在'创新'"，堪为"从传统走向近代的桥梁"。①

也有一些学者反对分派研究，如暴鸿昌发表《乾嘉考据学流派辨析——吴派、皖派说质疑》一文，也对吴、皖分派的问题提出了不同意见，认为吴派、皖派之分，"于事实甚为不符，更无科学根据"。作者逐一辨析以往学界所列两派之间的学术差异，诸如吴派治学特点是"凡古必真，凡汉皆好"，皖派则以"实事求是"为宗旨；吴派好博闻，皖派善裁断；吴派重考据，皖派重义理等，认为这些差异只能用以区分其中的一些学者，比如惠栋与戴震，而不能用以概括被人们归于吴派或皖派的众多汉学家。作者以戴震反宋儒的人性论和理欲观为例，说明其说"既别于其师门，又异乎其弟子，而却与惠栋及其弟子同出一辙"。因此，作者认为："乾嘉考据学派（或称汉学）乃历史客观存在，以此一派称之，足矣！"至于"乾嘉考据学之所以未形成若干个独立的流派"的原因，在作者看来，是由于汉学家们具有共同的学术风气，即相互推崇；不立门户，唯从所是；互为师友，相互影响，取长补短。因此说，吴派、皖派之分，不过是"门户之见"而已，甚至对人们认识乾嘉考据学"造成了很大混乱"。② 反对分派者的意见对于地域学派研究起到了很好的借鉴作用，在分派研究时，应当避免简单归类研究，而要综合考虑，做到同中求异、异中求同。

① 戴逸：《吴、皖、扬、浙——清代考据学的四大学派》，《人民政协报》1999 年 9 月29 日。

② 暴鸿昌：《乾嘉考据学流派辨析——吴派、皖派说质疑》，《史学集刊》1992 年第 3 期。

（二）地域学派划分之依据

学术史上有关清代地域学派的划分及其反对分派的意见，对于地域学派研究有着较好的参考价值。一般而言，清代学术按其时间先后以及地域分布，可以分为吴派、皖派、扬州学派、浙东学派以及常州学派五大学派。地域学派的划分依据是综合考虑占籍、师承、地域风貌、治学主张、学术特点等诸多因素而形成的。清代疆域幅员辽阔，经济、文化发展的地域不平衡性依旧存在。相对而言，安徽、江浙一带经济发达、文化繁盛，这也导致清代学术的繁荣区域主要集中于这些地区。除了地域经济、文化发展的不平衡，地域学术传统、家族文化传承之差异，也要求以地域视角透视清代学术。此外，各地域学派之家存在的交游、互相影响，学者也会进行区域迁移，这些都使清代学术呈现出诸多复杂的特点。清代学术除了上述五大学派之外，还有一些学派的治学特点也较有个性，如岭南学派、湖湘学派等，这两个学派在近代学术及社会演进中所发挥之影响力也很突出。

从地域学派视角研究请代学术有其切实意义。一方面，清代学术的地域特色较为明显，这就需要总体把握地域学派特色。大体而言，吴派尊古崇汉、皖派融通求实、扬州学派精大博通、浙东学派经史兼治、常州学派托古致用，地域总体治学风貌的形成与特定地域的学术渊源、文化风貌、师承关系、经济基础、时代特色等皆有所关联。例如，从时间上看，吴派在前，皖派在后，面对的学术环境、学术资源不同；再从源头上看，吴派可追溯到明清之际吴中名士丁宏度等人。其首次尝试汉儒经说的系统研究，并在他的带动下，苏州地区形成了一个不小的汉学研究群体，而惠周惕是其中的佼佼者。皖派的源头可上溯到新安理学，新安理学以朱熹为宗。朱熹反对"学者但守注疏"，但也反对空谈义理。朱熹对名物训诂的重视，为其后的新安理学家所发扬。新安理学家治经，讲究求真求是，直接滋养了皖派朴学，培养了徽州文化深厚的理性主义传统。经过如此多维度的互参比较，吴皖两派的有关联系与区别便会产生更加深入具体的认识。通过对同一地域学派之间总体学术特点的总结以及不同地域学派之间的相互比较，可以更加细微地把握清代学术的传承与流变。因此，在具体考证清代《论语》诠释的作者、著述时间、地域分布，辨明著者的籍贯和占籍，了解著者的游历及相互之间的交往等情况的基础上，对地域学术群体进行分派考察，研究不同地域的文化环境，包括学术传统、人文积淀、地理交通、经济基础、宗族家学等，思考不同学术群体与地域文化的关联，将对清代学术研究走向精微化有所裨益。

另一方面，虽然特定地域学派的学术特点存在共性，但不同地域学派之间、不同学者之间的学术渊源、治学范围和学风特色也存在差异，即使是同一学派的学者其学术个性仍有不同。这就要求既要把握整体地域共性，又要区分不同地域的差异，同一地域学者之间的差异，做到同中有异、异中有同。通过比较互参、分派、分时段、分地域研究，势必可以透视出清代学术诸多隐而不显的问题。通过地域坐标，对清代主要地域流派的研究范围、治学风格、学术特色的阐发，学者的师承渊源及隶属归类，乃至对清代汉学产生、发展、衰落各个阶段的理解和认定等相关问题进行探讨，将比单纯各个学者的个案研究更加立体、丰富。

（三）地域学派研究之意义

作为清代学术重要组成部分的《论语》诠释，从地域学派视角加以研究也大有必要。首先，清代《论语》诠释受到地理环境、学术师承、文化传统、学者交游等诸多地域因素影响，其地域特点也较为明显。例如皖派朴实考证的《论语》诠释宗旨、实事求是的治学态度对皖派代表人物赵良猷有较大影响，这可能与他们所生活的自然地理环境有一定的关联。文献记载徽州之地理环境，或云："吾徽居万山环绕中，川谷崎岖。"[①] 或云："（吾歙）地隘斗绝，厥土骍刚而不化。"虽然徽州地理环境之险恶，但它积淀铸就了皖派的学术风格，所谓："江永、戴震起徽州，徽州于江南为高原，其民勤苦善治生，故求学深邃，言直核而无蕴藉。"[②] 此处直以皖学之"深邃""直核"归结为徽州地理环境的影响。刘师培曾以"山国""泽国"之地区分学术，认为"山国之地，地土硗瘠，阻于交通，故民之生其间者，崇尚实际，修身力行，有坚忍不拔之

① 张海鹏、王廷元主编《明清徽商资料选编》，黄山书社，1985，第6页。
② 章太炎：《检论》卷四《清儒》，《中国现代学术经典·章太炎卷》，第257页。

风。泽国之地，土壤膏腴，便于交通，故民之生其间者崇尚虚无"。① 钱穆亦云："徽人群居山中，率走四方经商为活，学者少贫，往往操贱事，故其风亦笃实而通于艺。"这些地理因素对地域民风、文风及学风有潜移默化的影响。因此，研究清代《论语》诠释，首先要在地域分派的基础上，对特定地域自然风貌、文化传统、学术渊源等问题加以考察。

其次，在地域学派研究的基础上，重新审视清代《论语》诠释的历史进程。例如作为清代《论语》诠释成就最为突出的扬州学派，其治学特点为"通"，为何而通，通在何处？此类问题需要加以详细考察。通过对扬州学派重要成员以及与其他学派的比较研究可以发现，扬州学派虽有直接师承戴震的巨儒，如王氏等人，也有自学苦读的大家，如汪中、焦循，亦有较苏州惠氏更加持久的家学渊源，还有盘根错节的姻亲关系。此外，扬州优越的地理位置、深厚的文化积淀，凡此种种，铸成扬州学派独特风格和鲜明特色。扬州学派是乾嘉汉学的重要分支，其学术渊源远绍顾炎武，近承吴、皖两派并有所改进创新。扬州学派把辑佚、校勘、注释等研究手段熟练地加以综合利用，兼顾训诂与义理，注重经世致用，贯通群经，精深邃密，在经学、小学、校勘学等方面都取得了突出的成就，将乾嘉汉学推向巅峰。

最后，综合考虑地域、师承以及血缘关系，可以揭示学术史诸多问题。例如，学派归属问题历来为学术史研究争议较多的话题，从地域视角分析清代《论语》诠释特点与规律，那么地域特点或学人的出身占籍则为学派划分的第一核心要素，其次是师承关系，再次是血亲关联。在"地域——师承——血亲"视野下，分析判断特定地域学术群体和主要成员，一些问题可以看得更加透彻。学术史上，对吴派学术群体的认识不尽统一。如有学者指出："所谓吴派，实际上是清代乾嘉之际以工业苏州地区为核心的由江南学者组成的汉学研究群体。"这一范围涵盖偏广，不利于将常州学派、浙东学派独立出来。有学者认为吴派的起源可以上溯顾炎武、黄宗羲，乃至到明清之际吴中名士丁宏度首次尝试汉儒经说的系统研

---

① 刘师培：《南北诸子学不同论》《南北学派不同论》，《中国现代学术经典·黄侃、刘师培卷》，第 732 页。

究。顾炎武在为学宗旨、治学方法、研究领域等方面，对清代朴学范式的建立可谓有开启山林之功。丁宏度，苏州人，明末儒生，以研究《周易》《春秋》而称名一时。时人尊之曰经圣，惠周惕曾师之。这说明在惠氏之前，苏州地区已形成了研究汉学的学术氛围。这些均为吴派产生的学术渊源和文化背景。还有学者将吴派扩大到松江府的王鸣盛、钱大昕，下推到扬州府的江藩。江藩与余萧客有师承关系，王鸣盛、钱大昕主要成就在史学领域，且占籍在浙江，纳入浙东学派似乎更有助于学术研究。

综上所论，本书在地域学派划分的基础上，对清代《论语》诠释进行重新审视。本章试图在清代地域学派的纵坐标与清代社会发展的横坐标中画出清代《论语》诠释的曲线，观察和描绘清代社会发展、地域文化、学者人格、学术理路在清代《论语》诠释演变、《论语》诠释特点形成中的互动态势和消长景观。

三　学派归属

所谓地域学派，是指某一地域学者群体治学特点有其共通性。纵观清代《论语》诠释，其地域性特征较为明显。吴派之尊古、皖派之求是、扬州学派之贯通、常州学派之转型今文、浙东学派之经史兼治、岭南学派之开新改制、湖湘学派之独立根性等。缘此，本章将清代《论语》诠释划分为以上七大地域学派。当然，学派之间之个性特点并不完全纯粹，时有交叉互参景观。因此，地域学派划分只能是相对的。因为从学者籍贯、血缘、师承、交友、治学特点及活动地点等众多因素中，只能抓住决定性的关键元素。确立地域学派，籍贯、血缘、师承无疑是重要指标和关键要素。在这一视域下，前述有关《论语》诠释学人，大多可以自然划归相关地域学派，有些则无法被纳入有关地域学派之中。

（一）吴派《论语》诠释

1. 吴派简介

吴派是清代乾嘉时期纯汉学研究的地域性学派，因其代表人物惠栋为苏州吴县人而得名。作为地域性学派，吴派的主要成员大多来自隶属清代苏州府籍的学者，如沈彤、江声、余萧客等。尚有非苏州籍学者，如常州洪亮吉、太仓孙星衍、王鸣盛、钱大昕、王昶等分别隶属清代、松江州府的阳湖、嘉定、华亭等县。其空间涵盖面较为宽泛，实际上是清代乾嘉之际以苏州地区为核心的由江南学者组成的汉学研究群体吴派的汉学研究，学界一般都上溯到清初顾炎武、黄宗羲等学者提倡的实事求是地研究古经汉疏的学风。多数学者将吴派的学术渊源追溯到苏州惠氏，清代学者任兆麟曰：“吴中以经术教授世其家者，咸称惠氏。惠氏之学大都考据古注疏之说而疏通证明之，与六籍之载相切。传至定宇先生，则尤多著纂，卓卓成一家言，为海内谈经者所宗。”① 治学一尊汉经，是吴派的学术宗旨。正如惠栋所言：“汉人通经有家法，故有五经师。训诂之学，皆师所口授，其后乃著竹帛。所以汉经师之说，主于学官，与经平行。”② 出自对汉儒的尊信与固守，致使吴派治经强调从研究古文字入手，重视声音训诂，以求经书意义的方法。张舜徽先生指出：“吴学最专”，吴派学者在《周易》《尚书》《论语》史学等方面皆有成就。吴派的开创者惠栋一生致力于汉代《易》学的探讨，著有《周易述》《易汉学》《易例》《九经古义》《古文尚书考》等书。江声有《尚书集注音疏》十二卷，王鸣盛有《尚书后案》三十卷、孙星衍《尚书今古文注疏》三十卷。史学方面，惠栋撰有《左传补注》《后汉书补注》，王鸣盛撰有《十七史商榷》等。

2. 吴派《论语》诠释代表人物

吴派《论语》诠释代表人物有顾炎武、惠栋、江声、余萧客、陈鳣、潘维城、俞樾等。

顾炎武，字宁人，江苏昆山人。学者称亭林先生，学术界常视其为吴派的源头。顾炎武虽没有《论语》研究专著。然其思想武器来自《论语》。为了改造士林风气，提出“博学于文，行己有耻”的口号，其出自《论语》。其《日知录》书名也是源于《论语》。《日知录》卷七论述《论语》共 24 条，虽篇幅较短，但在清初的《论语》研究中却彰显个性。

惠栋，字定宇，号松崖，江苏吴县人。作为吴派经学的奠基人，惠栋著有《论语古义》一卷，该书大多“缀次古义，鲜下己义”，充分体现其

---

① 任兆麟：《有竹居集》卷十《余仲林墓志铭》。
② 惠栋：《九经古义·述首》。

尊古崇汉、好古嗜博的经学主张，对后之学者颇有影响。

江声，字鲸涛，号叔沄，晚号艮庭，江苏吴县人。江声师事惠栋，与王鸣盛、王昶、毕沅友善。为学宗汉儒经说，精研古训，兼好《说文解字》，长于旁搜博引。江声著有《论语俟质》三卷，其自序云："两汉诸儒传《论语》者不下数十家，今其全注皆亡，其轶乃仅见于何晏《集解》及裴骃《太史公书集解》。而何晏所采诸儒之注，往往取其糟粕而遗其精英。自晏至下己说，率皆悖谬荒诞。于戏！《论语》之学不其殆哉！"此编重在勘定文字，博通精审，体现出吴派经学"专"的治学特点。

余萧客，字仲林，号古农，江苏长洲人。师从惠栋，学习汉唐注疏之学。余萧客嗜古籍，擅辑佚，编成《古经解钩沉》三十卷，其中《论语沉钩》一卷。其序录云："余则自诸家经解所引，旁及史传类书，凡唐以前之旧说，有片语单词可考者，悉著其目。虽有人名而无书名，有书名而无人名者亦皆登载。又以传从经，钩稽排比，各著其所出之书，兼著其书之卷第，精校而成。"此为吴派"凡古皆好"思想之体现。

陈鳣，字仲鱼，号简庄，别号河庄，浙江海宁人。陈鳣虽非苏州人士，但治经宗康成，尝与钱大昕、翁方纲、段玉裁诸先生游，晚年客居苏州，因此划归吴派。陈鳣博学好古，长于记诵，尤专心训诂之学。著有《论语古训》十卷，其自序云："郑康成，汉世大儒，故《集解》之外，搜辑郑说独多，且以愚意疏通证明之，所以补疏家之未备也。"

俞樾，字荫甫，号曲园，浙江德清人。俞樾虽非苏州人士，但曾主讲苏州紫阳、上海求是书院，治学特点亦与吴派相似，因此归入吴派。著有《论语郑义》《续论语骈枝》《论语平议》《论语小言》《论语古注择从》等。尝言："治经之道，大要有三：正句读、审字义、通古文假借"，此于《论语》注疏中亦有所体现。

潘维城，生卒年未详，字阆如，江苏吴县人。初从同里夏文焘游，继受业于李四香锐，为潜研（钱大昕）再传弟子。著有《论语古注集笺》十卷，其子潘锡爵序云："闻海宁孝廉鳣《论语古训》本于《集解》外，增列郑注，求而得之，又得长洲宋大令翔凤、武进臧上舍庸《郑注辑本》三书，于郑义皆有证明。"此编发明郑义，于陈鳣《论语古训》有所增补，当为吴派经学余脉。

(二) 皖派《论语》诠释

1. 皖派简介

皖派是清代乾嘉时期与吴派并称、纯汉学研究的地域性学派，因其主要代表人物戴震为安徽休宁人而得名。皖派经学家可以分为两种，一种属于皖籍经学家，学问路数以考据、文字音韵训诂为根底；另一种为非皖籍，但传授皖派汉学，或与皖派经学有关。皖籍经学家又可以分为三类：第一类是江永和江永的弟子，包括江永、戴震、金榜、程瑶田、洪榜等。第二类是歙中后辈经学家，包括汪龙、俞正燮、凌廷堪、胡匡衷、胡培翚等。第三类是倾慕歙中经学的其他皖籍人士，包括皖南胡承珙、胡世琦、姚配中、包世荣、桐城人马宗琏及子马瑞辰。而非皖籍学者则主要包括戴震再传弟子及受其影响的经学家。代表人物有任大椿，孔广森、段玉裁等。皖派学术特点为"事实求是"，具体治学方法为"由字以通其词，由词以通其道"，由文字、音韵、训诂入手的实证精神为皖派的典型标志。皖派学术博通精审，成就卓然，于小学、礼学，舆地学等诸多方面皆有成就。代表人物戴震少受学婺源江永，治小学、《礼经》、算术、舆地，皆深通；复从定宇游，传其学。著《东原集》《孟子字义疏证》《方言疏证》《考工记图》《声韵考》《声类表》《尔雅文字表》等，而关于历算、水地之著述犹多。其乡里同学，有金榜、程瑶田，后有凌廷堪及三胡匡衷、承珙、培翚，咸善治《礼》，而程瑶田尤明水地、声律、工艺、谷食之学，而皆取师资于戴震。其弟子著者有任大椿、卢文弨、段玉裁等，任大椿之《小学钩沈》，卢文弨之《大戴记》，段玉裁之《说文解字注》皆为皖派学术代表著作。

2. 皖派《论语》诠释代表人物

皖派《论语》诠释代表人物有江永、赵良猷、金鹗、王渐鸿等。

江永，字慎修，安徽婺源人，婺源江氏与元和惠氏同时并起，其后治汉学者皆奉为先河。著有《乡党图考》十卷，其自序云："予既选择雅一帙，欲其花萼附根干，复辑《乡党图考》十卷，自圣迹至一名一物，必稽诸经传，根诸注疏，讨论源流，参证得失。"此编本于名物训诂，复加以图表，析理绵密，每获一义，及参互考之，开皖派实事求是之学风。

赵良猷，号竹坡，安徽泾县人。著有《论语注参》二卷。赵良猷与皖派虽没有直接的师承关系，但皖派朴实考证的经学宗旨，实事求是的治学态度天然地镌刻在赵氏的血液里，因此归入皖派。《续修四库全书总目提要》评价为："是书自汉注以来各家参用。……择善而从，亦存异说，全无义法。每条之下，间亦略附己意。"可见，《论语注参》体现出吴派"实事求是，不主一家"的治学特点。

金鹗，字风荐，号诚斋，浙江临海人。所著《求古录》一书，取宫室衣服郊祀井田类，串汉唐诸儒之说条考而详辨之，镕铸古训，为一代大作手。另有《乡党正义》一卷。金鹗虽非安徽人士，但其《乡党正义》显然受到江永《乡党图考》影响，作者精于三礼之学，能够辅翼群经，秉承了皖派"实事求是"的治学精神。

王渐鸿，字仪堂，山东黄县人。著有《乡党图考补正》六卷，以江氏《乡党图考》，学者所必读之书而未尽缜密，故补正之。张庭诗序云："江氏《图考》博矣、详矣，而精神偶不照处，亦不无疏误。吾友王仪堂校官，为之补其缺、证其误。征引经典参考焉，以会其通；汇萃众家精则焉，以求其当。洇读《乡党》者，不可不读之书，而为江氏之诤友也。"王渐鸿《乡党图考补正》为补正江永《乡党图考》之作，充分体现其不宗名家、求精求实的考据学精神，因此归入皖派。

（三）扬州学派《论语》诠释

1. 扬州学派简介

扬州学派是以扬州地域为中心，以王念孙、王引之、汪中、阮元、焦循、刘宝楠等为主要代表人物的汉学研究地域性学派。其学术渊源远师顾炎武，近承乾嘉学派的吴派、皖派两方面，形成于清乾隆、嘉庆时期，在经学、小学、校勘学等方面都取得了突出的成就。其研究将乾嘉汉学推向巅峰，并在历史转折时期开了近代学术之先河。张舜徽先生评价"扬州之学最通"，扬州学派学者在治学方法上较之吴、皖两派有很大改进，他们将辑佚、校勘、注释等研究手段熟练地加以综合利用，兼顾训诂与义理，解经更具精确性。他们不仅讲究贯通群经，而且追求经学与诸子学及史学的融会。注重经世致用，为晚清经世派之先驱。扬州学派在小学、诸子学、《周易》《论语》《春秋》等方面成就斐然。王念孙、王引之父子在扬州学派中受到特别推崇，在文字、音韵、训诂方面贡献杰出。其中最著名的著作为《广雅疏证》《读书杂志》及《经义述闻》等。汪中著有《经义知新录》《大戴礼记正误》《春秋释义》等。阮元位居台辅，于经史小学、天算、舆地、金石、校刊都有很深的造诣，著有《揅经室集》《十三经注疏校勘记》等。焦循从训诂入手以求通达义理，于《论语》《周易》《尚书》《毛诗》《左传》《礼记》都有补疏，尤其对《周易》一书的研究更为独特。刘宝楠著有《论语正义》，为《论语》注疏集大成之作。

2. 扬州学派《论语》诠释代表人物

扬州学派《论语》诠释代表人物有阮元、焦循、刘台拱、刘宝楠、刘恭冕等。

阮元，字伯元，号云台，谥文达，江苏仪征人。论学宗旨在实事求是，自经史、小学、历算舆地、金石、辞章，巨细无所不包，尤以发明大意为主。著有《论语论仁论》《论语注释校勘记》《论语解》《论语一贯说》等。此以训诂明义理的治学方法，为扬州学派经学特点之典型。

焦循，字里堂，江苏甘泉人。于经史、历算、声音、训诂无所不精。所著《易学三书》及《孟子正义》，皆专家之业。著有《论语通释》一卷，《论语补疏》二卷。此编兼采贯通、证实运虚，体现出扬州学派博大精通、汉宋兼采的治学精神。

刘台拱，字端临，号江岭，别名子阶，江苏宝应人。诸经中于《三礼》尤精研之。不为虚词穿凿，能发先儒所未发，当世者撰书多采其说。所著《论语骈枝》，精深谛确，有功经训。是书共仅十六则，虽辩说无多，但持论精核。

刘宝楠，字楚桢，号念楼，江苏宝应人。病皇、邢疏芜陋，乃搜辑汉儒旧说，益以宋儒长义，及近世诸家，仿焦循《孟子正义》例，先为长编，次乃荟萃而折中之，著《论语正义》二十四卷。陈立序云："故其疏《论语》也，章比句栉，疏通知远，萃秦汉以来迄国朝儒先旧说衷以己意，实事求是。"

刘恭冕，字叔俛，号勉斋，刘宝楠次子，江苏宝应人。刘恭冕著有《何休注训论语述》一卷。刘恭冕之治经思想及诠释方法深受家学的熏陶及扬州学派的泽润，他以实事求是的精神，辨章学术、考证源流，欲还学术史之本来面目，与常州学派治学思想不符，因此归属扬州学派。

（四）常州学派《论语》诠释

1. 常州学派简介

常州学派是清代乾隆、嘉庆年间出现的，以庄存与、庄述祖、庄绶甲、刘逢禄为代表的，研究《春秋公羊传》今文经学的地域性学派。由于他们都是清代常州府人，故得名。常州学派以庄存与为先导，刘逢禄奠基。与吴派、皖派一样，其涵盖面不局限于常州府。如曲阜孔广森、吴县宋翔凤、江都凌曙、句容陈立、仁和龚自珍和邵阳魏源等，他们推崇西汉今文经，研究兴趣在《春秋公羊传》，援用常州学派的公羊学理论，也隶属于常州学派。常州学派有一个明显特征，其成员多近亲。庄存与、庄述祖、刘逢禄、庄绶甲、宋翔凤，他们之间有亲戚关系，是血缘的纽带联结起来的。常州学派的公羊学研究导源于庄存与所著《春秋正辞》，该书据西汉董仲舒、东汉何休的"公羊学"，专力发挥《春秋》的"微言大义"。稍后的孔广森著《春秋公羊通义》、刘逢禄著《公羊何氏释例》都是一脉相承地阐抉"微言大义"为宗旨。刘逢禄十分重视阐释《公羊》学以"三世说"为中心的变易理论，他重新梳理和明确了《公羊》学的"统绪"。龚自珍和魏源对"三世说"的彻底改铸。从王闿运、皮锡瑞、廖平到康有为、谭嗣同直至梁启超，他们托"公羊改制之义"以倡维新变法，其思想源头可以直接追溯到龚自珍和魏源。因此，自近代始，儒家经学的研究重点转向今文经学，主要就是《春秋》公羊学。张舜徽先生在《清儒学记》中指出常州学派与吴派、皖派的区别："主张用西汉宗尚的'微言大义'的今文经学去代替东汉专讲'训诂名物'的古文经学。以为讲求微言大义，才能经世致用，可以救国家之急。"①

2. 常州学派《论语》诠释代表人物

常州学派《论语》诠释代表人物有刘逢禄、宋翔凤、戴望等。

刘逢禄，字申绶，号申甫，别名思误居士，江苏武进人。长闻从舅珍艺（述祖）先生绪论，学益进，尽得其外家之传，于《春秋》独发神悟。著有《论语述何》二卷。其自序云："今追述何氏多解之义，参以董子之

---

① 张舜徽：《清儒学记》，华中师范大学出版社，2005，第320页。

说，拾遗补阙，冀以存其大凡，孔郑诸家所著，区盖不言。"此编可谓常州学派《论语》诠释开山之作。

宋翔凤，字于庭，江苏长洲人。先生亦庄氏（庄述祖）之甥，其舅氏珍艺（庄述祖）先生谓："刘甥（刘逢禄）可师，宋甥可友。宋甥即先生也。先生通训诂名物，志在西汉家法。微言大义，得庄氏之真传。"著有《论语说义》《论语发微》等。《续修四库全书总目提要》评价《论语说义》曰："翔凤承其舅氏庄述祖之学，专为公羊家言。故是书亦多牵引公羊家说，实不免支离附会。"常州公羊学之家学渊源及诠释特点由此可见一斑。

戴望，字子高，浙江德清人。戴望虽非常州人士，但从宋翔凤为庄、刘之学，皆两汉今文也。所学在《论语》，作《戴氏注论语》二十卷，凡三易稿而成。其自序云："遂博稽众家，深善刘礼部述何及宋先生发微，以为欲求素王之业，太平之治。"可见戴氏之学皆承刘逢逯、宋翔凤之遗绪，盖今文家之言也。

（五）浙东学派《论语》诠释

1. 浙东学派简介

浙东学派，指清初以黄宗羲、万斯大、万斯同、全祖望、章学诚、邵晋涵等为代表研究经学兼史学的地域性学派，因这些代表人物均系浙江东部而得名。浙东学者经史兼治，在《周易》《三礼》、史学理论、方志学等诸多方面成就卓然。浙东学派的经学研究，由黄宗羲开其端，江藩推黄宗羲为清学开山，与顾炎武并列浙东学者中，专以经学见称的是万斯大。万斯大师从黄宗羲，经学研究主张"非通谙经，不能通一经；非悟传注之失，则不能通经；非以经释经，则亦无由悟传之失"。万斯大经学研究偏重《三礼》，被当时学者誉为"冠古今必传之作"。萧山毛奇龄虽学术渊源于理学，但他融末学义理于经学考据中，反对杜撰臆说，主张"说经贵有据"。其他如邵晋涵的《尔雅正义》、黄以周的《礼书通考》、孙诒让的《周礼正义》都延续了清初浙东学者治经的传统。史学理论方面，万斯同强调"生之谓变"，全祖望主张"旁罗博综"和"推原其故"，而章学诚的《文史通义》提出的"六经皆史"，将中国古代史学理论的研究，再次推向高峰。方志学方面，万经、全祖望参与编修的《乾隆宁波府志》，章学诚的《乾隆和州志》《永清县志》《亳州志》等均当时的名作。浙东学术注重考镜源流、平分汉宋、经世致用，这在清代地域学派中独树一帜。

2. 浙东学派《论语》诠释代表人物

浙东学派《论语》诠释代表人物有毛奇龄、徐养原、黄式三等。

毛奇龄，字大可，又字齐于，号晚晴，别名西河，浙江萧山人。先生淹贯群经，所自负者在经学，著有《论语稽求篇》七卷。《四库全书总目提要》评价为："朱子《四书章句集注》，研究文义期于惬理而止，原不以考证为长，奇龄学博而好辨，遂旁采古义以相诘难，此攻驳《论语集注》者也。"此编经史集合、考证翔实，文风纵横博辨，开浙东学派《论语》诠释之先声。

徐养原，字新田，号饴庵，浙江德清人。阮元抚浙，筑精舍西湖上，选高材生数十人讲肄其中，先生及弟养灏与焉。著有《论语鲁读考》一卷。是编之作处考校鲁读与古文之同异之外，亦略辨二者之得失，其中于惠栋"论语古义"之说，多所采录。

黄式三，字薇香，号儆居，浙江定海人。于学不立门户，博综群经，尤长三礼，谨守郑学而遵朱子，尝谓读书不治心，犹百兵而自乱之。著有《论语后案》二十卷。其自序云："精训诂者，辨声类者，稽制度名物者，撰圣贤事迹者。有考谳身心、辨析王霸、学务见其大者；有不惑于异端，复明析于儒之近异端，学务得其正者。凡此古今儒说之荟萃，苟有裨于经义，虽异于汉郑君、宋朱子者，犹宜择是而存之。"体现其不拘一家，择善而从的治学思想。

（六）岭南学派《论语》诠释

1. 岭南学派简介

岭南，主要指中国南方五岭之南地区和越南北部地区。今天的岭南一词，当为特指广东、广西和海南三省区。岭南是中国一个特定的环境区域，是中国江南最大的横向构造带山脉，是长江和珠江两大流域的分水岭。在古代长江以南地方被中原称为"蛮夷之地"。这些地区地理环境和生活习惯相近，孕育了独特的地域文化。

岭南学派自明代陈白沙、湛若水开创，清以后经朱次琦、陈澧崛起，因康有为闻名全国。岭南学术在明代就已蜚声海内，清儒阮元在岭南建立学海堂，更加促使岭南学术的繁盛。

2. 岭南学派《论语》诠释代表人物

清代岭南学派《论语》诠释的代表人物有梁廷枏、桂文灿、潘衍桐、康有为等。

梁廷枏，字章冉，号藤花亭主人，广东顺德人。稍长，益肆力于学，阮文达督粤时，深为器重。著有《论语古解》十卷。其自序云："汉魏诸儒正音读、通训诂、考制度、辨名物，其功博矣。"是编采择汉唐古注，与宋儒相发明，体现出兼采并蓄的学术特点。

桂文灿，字子白，号昊庭，广东南海人。岭南自嘉、道中阮文达设学海堂，经学日兴，人才彬彬辈出，而其后承学之士喜立门户。尊朱者轻郑，尊郑者薄朱，驯致有失本意。独文灿追述阮公遗言，谓："周公尚文，范之以礼；尼山论道，教之以孝。苟博文而不能约礼，明辨而不能笃行，非圣人之学也。郑君、朱子皆大儒，其行同，其学亦同。"著有《论语皇疏考证》十卷。是编考证翔实，力主实事求是。

潘衍桐，原名汝桐，字峯庭，号峄琴，广东南海人。光绪间督浙江学政，以振兴文教为务。曾继阮元编辑《两浙辀轩续录》，著有《朱子论语集注训诂考》二卷。其自序云："研经之士由是以考制度、辨名物，窥先圣之微言，穷义理之所归，余固日夕望之也。"是编发明朱子不光注重义理，亦中训诂，以此平分汉宋。

康有为，原名祖诒，字广厦，号长素，广东南海人，生于咸丰八年（1858），卒于民国十六年（1937）。著有《论语注》二十卷。康氏一生以发扬孔教为提倡，然其所尊者公羊说之孔教也，故其注《论语》，亦以今文说为所宗。

（七）湖湘学派《论语》诠释

1. 湖湘学派简介

湖湘学派，又称湖南学，或称之为"湘学"或"潭学"。湖湘学派之源头，可追溯到北宋湖南人周敦颐。但其生前影响不大，未能形成独立的学派。至南宋，著名学者胡安国、胡宏等，潜心研究理学并授徒讲学，创建碧泉书院、文定书院，积极从事理学传播工作，吸引了众多湖南士人前来求学，开创了湖湘学派。

湖湘学派经朱熹、张栻等发扬光大，泽润了一代代学人，熏陶着湖南的文化及乡风，如在晚清洋务运动中一批湘籍人士担任着重要的角色。从某种意义上说，湖湘学派推动了中国社会、历史的发展，在中国社会从农业文明向工业文明及现代文明的转变过程中发挥着重要作用。

湖湘学派《论语》诠释发端于王夫之，其《论语大全》以义理见长，对宋明理学进行批判。湖湘学术在乾嘉时期有所消歇，晚清时再次兴盛。张舜徽先生指出："乾嘉朴学极盛时，湖湘学术自成风气。考据之业，不能与吴、皖并驱争先。到了晚清，于是经史考证、诸子笺注以及音韵版本之学，各有专家，有些实超越江浙诸儒之上。"①

2. 湖湘学派《论语》诠释代表人物

湖湘学派《论语》诠释代表人物有王夫之、聂镐敏、王闿运、姚绍崇等。

王夫之，字而农，号姜斋，湖南衡阳人，世称"船山先生"。潜心著述，不仕清朝，得"完发以终"。其对经学、史学、文学、天文、历法等都有贡献，特别是在哲学方面，总结和发展了中国传统的唯物论和辩证法，达到了相当高的水平。王夫之《论语》诠释集中体现在《读四书大全说》一书中。此书以读书札记形式，全书十卷。卷一说《大学》，卷二、三说《中庸》，卷四、五、六、七说《论语》，卷八、九、十说《孟子》。说《论语》部分共分四卷，每卷五篇，计二十篇。王夫之抓住问题，有感而发，不仅对《论语》本文提出自己的见解，同时还对《论语大全》之各家注解再作论析。

聂镐敏，字丰阳，号京圃，湖南衡山县人，生卒年未详。著有《论语说约》二卷。而是编之成因仅略及耳，盖聂氏受业张忍斋之门，张为讲说四书五经，于《论语》尤津津焉，后其师去世二十二年乃成此《论语说约》，以为就正有道之资也。

王闿运，字壬秋，一字壬父，号湘绮老人，湖南湘潭人。著有《论语训》二卷。此编实事求是、通融古今，显示出晚清湖湘学术兼容并蓄

---

① 张舜徽：《清儒学记》，华中师范大学出版社，2005，第198页。

的特点。

　　姚绍崇，字桂轩，湖南益阳人。咸丰戊午年（1858），胡文忠公相招下鄂戎幕，佐胡幕辑所与切磨之论说，以成《论语衍义》十卷。湖湘名儒郭嵩焘为之作序云："其于《论语》之精微，诚亦非昌黎若李习之掉弄文字、研讨故实所能窥见其用心。而其为言浅深钜细，互有发明，尤足开广学者之志气而振发其精神，使顽者廉而懦者亦与有立也。"

第二章　吴派《论语》诠释特点论

清代之《论语》诠释，吴派自有其鲜明特点。欲准确揭示其独特规律，必须深入细读吴派《论语》诠释之文本，方可作出切合实际的判断和评价。

学术史上，论及吴派时常常离不开皖派，可见吴派与皖派的密切关系。学术界关于吴、皖学派存有两种观点：一是吴、皖两派合称，统属为乾嘉汉学或清代朴学，如暴鸿昌在《乾嘉考据学流派辨析——吴派、皖派说质疑》一文中，对吴、皖分派说提出了否定意见，指出"乾嘉考据学派（或称汉学）乃历史客观存在，以此一派称之，足矣！"① 陈祖武明确提出"从惠学到戴学是一个历史过程"，若吴、皖分野不仅"不足以赅括乾嘉学术"，而且"无形中掩盖了乾嘉学术演进的轨迹"。② 二是吴、皖两派分野，首倡者当为清末鸿儒章太炎。其在《清儒》一文中，首次将汉学划分为吴派和皖派，明确提出："其成学著系统者，自乾隆朝始。一自吴，一自皖南。吴始惠栋，其学好博而尊闻。皖南始江永、戴震，综形名，任裁断。此其所以异也。"③ 踵其后者，无疑是梁启超。其在《清代学术概论》《中国近三百年学术史》中，完全采纳章氏之说并作出进一步的推阐。自此而下，吴、皖两派之分，几成学界定论。

本章采吴、皖分派说，在这一视域下，有助于更具体深入地揭示吴、皖两派《论语》诠释的"同"与"异"，并由此进一步分析透视吴、皖

---

① 参见暴鸿昌《乾嘉考据学流派辨析》一文，《史学集刊》1992年第3期。
② 参见陈祖武《关于乾嘉学派的几点思考》一文，收入《清代经学国际研讨会论文集》，台湾中研院中国文哲研究所筹备处，1994。
③ 章太炎：《检论》卷四《清儒》。

两派学术宗尚、学风变化的原因。

清代吴派的《论语》诠释主要有惠栋的《论语古义》、江声的《论语俟质》、余萧客的《古经解钩沉》等。

一 博古崇汉

明清时期，苏州以其便利的交通、富庶的经济、深厚的文化底蕴，成为包蕴吴越的人文渊薮。清朝初期的古学复兴潮流，即肇端于此。

首先，吴派博古崇汉的经学理念，与特定的地域环境和家法师承渊源密切相关。

钱穆在《中国近三百年学术史》中将倡导古学之风追溯到晚明，认为由嘉靖、隆庆间苏州学者归有光开其端，至天启、崇祯间常熟钱谦益提出"以汉人为宗主"[1]的治学主张崛起。入清，遂有苏州大儒顾炎武提出了"读九经自考文始，考文自知音始"[2]的治经方法进一步发扬光大。顾炎武复兴古学的登高一呼，回声四起，率先在苏州激起共鸣，继而在徽州产生回响，遂演变为乾嘉之际吴皖地区以古文经形式进行汉学研究的地域性学派。

吴派，系清代乾嘉之际进行纯汉学研究的地域性学派，因其代表人物惠栋为苏州吴县人而得名。清代学者任兆麟说："吴中以经术教授世其家者，咸称惠氏。惠氏之学大都考据古注疏之说而疏通证明之，与六籍之载相切。传至定宇先生，则尤其著纂，卓卓成一家言，为海内谈经者所宗。"[3]将吴派的学术渊源追溯到苏州惠氏，当为学界迄今为止的定论。

惠栋好古嗜博，有其家学渊源。曾祖惠有声，字朴庵，明贡生，以九经教授乡里，并从事汉经的研究。祖父惠周惕最为著名，他对《易》学和《春秋》学的研究，被当时督学江南的田雯赞为"其论采于六经，旁搜博取，疏通证明，虽一字一句必求所有而改其义类，晰其是非，盖有汉儒之博而非附会。"[4]其父"士奇于九经、四史、《国语》《国策》《楚辞》

---

[1] 钱谦益：《初学集》卷七九《与卓去病论经学书》。
[2] 顾炎武：《亭林文集》卷四《答李子德书》。
[3] 任兆麟：《有竹居集》卷十《余仲林墓志铭》。
[4] 田雯：《研溪先生〈诗说〉序》。

之文，皆能暗诵，尝对座客诵《史记·封禅书》终篇，不失一字。"① 惠栋自幼笃志向学，日夜讲诵。自经史诸子百家杂说，以至佛、道之学，无不泛览。五十以后专注于经学。惠栋认为："汉人通经有家法，故有五经师，训诂之学，皆师所口授，其后乃著竹帛。所以汉经师之说，立于学官，与经并行。"② 钱大昕总结数千年经学史时，对惠栋评价极高。"予尝论宋、元以来，说经之书盈屋充栋，高者蔑弃古训，自夸心得，下者剿袭人言，以为己有，儒林之名，徒为空疏藏拙之地。独惠氏世守古学，而先生所得尤深，拟诸汉儒，当在何邵公、服子慎之间，马融、赵岐辈不能及也。"③

　　惠栋之学术旨趣，直接影响了江声。江声少读《尚书》，怪古文与今文不类，又疑孔传非安国所为。"年三十五，师事同郡通儒惠松崖徵君（栋），得读所著《古文尚书考》，及阎若璩《古文疏证》，乃知古文及孔传，皆晋时人伪作。"④ 于是集汉儒之说，旁考他书，精研故训。"又为惠氏刊正经文，疏明古注。论者谓其足补阎惠所未及。"⑤ 江声主要经学著作有《尚书集注音疏》十二卷，《经史子字准绳》。江氏将《论语》研究作为一生的事业与目标。年轻时读《汉书·艺文志》知《论语》版本、传播、注疏之源流，认为"何晏所采诸儒之注，往往取其糟粕，而遗其精英。至晏自下己说，率皆悖谬，荒诞于戏。《论语》之学，不其殆哉。"年三十时，"屏弃时学，从事群经。于《论语》有欲勘正者数十条，以年轻学浅，不敢以问世。"四十后精于《尚书》，凡再易稿，至五十三而书成。待"缮写付梓、剞劂事竣"时已七十矣。仍"意欲准说文解字，以绳经史子之伪字。"然"孜孜数年，功未及半"，至七十八岁，"筋力骤衰，肢体不仁"，只能将"准绳之书"，"属之后学"。"姑以久蓄于胸之《论语》录出"，于"年终创始，至次年（嘉庆四年）季春市三月而成，题曰《论语俟质》"。⑥ 在此书中，江声考明《论语》文本中若干处宜用

① 《梁启超论清学术史二种》，复旦大学出版社，1985，第25页。
② 惠栋：《九经古义·原序》。
③ 钱大昕：《潜研堂文集》卷三九《惠先生栋传》。
④ 江藩：《汉学师承记》，第42页。
⑤ 严文郁：《清儒传略》，第40页。
⑥ 《丛书集成初编》，《论语俟质》自序，第1页。

古字。如考"端"为"耑"、"竭"为"渴"、"俋"为"溢"、"簀"为"匮"、"觌"为"價"、"菁"为"藉"等，有 50 多处。值得注意的是，江声"嗜古"几近偏执程度，他"固以复古为职志，然生平不作楷书，即与人往来笔札皆作古篆，见者讶以为天书符箓，人非笑之亦不顾也"。①

惠栋之学术宗尚，亦直接泽润了余萧客。余氏五岁时，父亲远游不归，母亲颜氏教他读四书五经，夜则课《文选》及唐宋人诗古文，十五岁即精通五经。因厌恶理学无补于经术，决心学习汉唐注疏之学，师从惠栋。由于家境贫寒无力购书，只能去一家徐姓书棚借读，一月之后，竟能一字不漏地背诵《左传注疏》，徐氏即以《十三经注疏》《十七史》《说文解字》《玉篇》《广韵》等书相赠。从此余萧客发奋研读经史，手不释卷，夜以继日。

余萧客嗜古籍，擅辑佚，他认为唐以前的经籍注疏后世多有散佚，于是根据史传、类书等记载，继武其师，广搜群书，采辑唐以前经籍训诂，编成《古经解钩沉》三十卷。此书从唐以前古书中摘录诸经的注疏，按十三经顺序，钩稽排比，注明来源。首为叙录一卷。次《周易》一卷，《尚书》三卷，《毛诗》二卷，《周礼》一卷，《仪礼》二卷，《礼记》四卷，《左传》七卷，《公羊传》一卷，《谷梁传》一卷，《孝经》一卷，《论语》一卷，《孟子》二卷，《尔雅》三卷，共三十卷。而《叙录》《周易》《左传》均各分一子卷，实则三十三卷。其《叙录》备述先儒名氏，爵里及所著义训。书尚存者不载，或名存而其说不传者也不载。余则自诸家经解所引，旁及史传类书，凡唐以前之旧说，有片语单词可考者，悉著其目。虽有人名而无书名，有书名而无人名者亦皆登载。又以传从经，钩稽排比，各著其所出之书，兼著其书之卷第，精校而成。此书"名目《古经解钩沉》，言古以别于现行刊本，言经解不言注疏以并包异同。'钩沉'则借晋杨方《五经钩沉》之名。"与惠栋《九经古义》相近。

其次，吴派之尊古崇汉倾向，在《论语》诠释文本中烙下了鲜明的印记。

惠栋之《论语古义》，为《九经古义》第十六卷。惠栋曾解《周易》

_____

① 江瀚:《续修四库全书提要》。

《尚书》《毛诗》《周礼》《仪礼》《礼记》《左传》《公羊》《谷梁》《论语》十经，其《左传》六卷后更名曰《补注》，刊版别行，故唯存其九，曰《九经古义》。全书约7000字。共辑出《论语》原文55条加以训解。每条高一字录出原文，对其所属《论语》篇名未加标注。紧接原文书写训解文字，转行时低一字排列。文中加注时小字双行标出。经查勘，55条涉及《论语》二十篇中之十八篇。

从惠栋《九经古义·原序》，可清晰窥出其编撰动机。序云：

> 汉人通经有家法，故有五经师。训诂之学，皆师所口授，其后乃著竹帛。所以汉经师之说，立于学官，与经并行。五经出于屋壁，多古字古言，非经师不能辨。经之义，存乎训，识字审音乃知其义。是故古训不可改也，经师不可废也。余家四世传经，咸通古义，守专室，呻稿简，日有省也，月有得也，岁有记也。顾念诸儿尚幼，日久失其读，有不殖将落之忧，因述家学，作《九经古义》一书，吾子孙其世传之，毋堕名家韵也。①

借此，惠氏著述之缘由昭然若揭。所谓顾念"日久失其读"，"有不殖将落之忧"，乃唯恐古学失传，深愿子弟能传其家学；云"汉经师之说""与经并行"，是以回顾学术史来尊崇汉代经说；云"古训不可改"、"经师不可废"，是强调经学研究中尊重师承与知识传统的重要性。无不折射他疏离理学、崇尚古义、回归汉代经学的强烈愿望。梁启超概括为"凡古必真，凡汉皆好"②，可谓客观允当。

惠栋嗜古崇汉的倾向在《论语古义》中有充分体现。惠氏考证古字古义，引经据典，几乎均采汉说或汉前论说。释"古之贤人也"条云：

> 古本作"贤仁"，故郑注云："孔子以伯夷、叔齐为贤且仁。"徐彦云："古之贤仁也，言古之贤士且有仁行。"若作仁字，如此解之。

---

① 《四库全书》一九一册，第362页。
② 《梁启超论清学术史二种》，复旦大学出版社，1985，第26页。

若作人字，不劳解也。①

释"夫子矢之"条云：

> 孔、郑、缪播皆云："矢，誓也。"虞翻《周易注》云："矢，古誓字。"②

以上二例，一是考"人"为古"仁"字，二是考"矢"为古"誓"字。《论语古义》全篇，主要就是考出这类古字。如《为政》第 8 章考"馔"为古"餕"，《八佾》第 6 章考"旅"为古"膂"、第 14 章考"郁"为古"缄"，《里仁篇》第 10 章考"适"为古"敌"、"莫"为古"慕"，《公冶长篇》考"瑚琏"为古"胡连"，《述而篇》第 31 章考"期"为古"旗"、第 35 章考"诔"为古"讄"，《泰伯篇》第 2 章考"笃"为"竺"，《先进篇》第 26 章考"归"为"馈"，《卫灵公篇》第 10 章考"利"为"厉"，凡此等等，共近四十字，不再赘举。惠栋训解时多从汉说或汉前经说，即使偶引后人之说，亦是后人从古人之说，如解《里仁》第一章时征引并信从宋人王伯厚之说，盖王伯厚乃引汉代张衡之赋，且与郑玄、何晏注解同。

吴派尊古崇汉之倾向在江声《论语俟质》中亦有充分体现。

江声《论语俟质》分上、中、下三卷。上卷从《学而篇》第一至《述而篇》第七，中卷从《泰伯篇》第八至《子路篇》第十三，下卷从《宪问篇》第十四至《尧曰篇》第二十。卷中按序高一字列出《论语》篇名，再与篇名平齐列出勘正条目，然后低一字书写勘正解释文字。全书共勘正《论语》经文 172 条。

江声主要引用先秦经书及史书资料。引用同代人的学术成果寥寥无几：仅顾炎武一处，钱坫一处，陈鳣三处，惠栋三处。顾、惠是其前辈，钱、陈是其同时代人。此四人均反宋崇汉，尊孔复古。尤其是陈鳣治经之

----

① 《四库全书》一九一册，第 496、497 页。
② 《四库全书》一九一册，第 496 页。

路向几与江声一致。其人博学好古，尤专训诂之学，成《说文正义》一书。所著《论语古训》，藉以知《论语》之精义，识圣人之旨趣。惟书中亦有较多罕见古字。

江声研究《论语》还有一个特出优点，即举证时选择甚精，大多选择儒家原典。例如：

> 仁，读当为人。古字人仁通。雍也篇：井有仁焉。明有证矣。其为人之本，正应章首其为人也孝弟之言。不知六书假借之法，徒执泥仁为仁义字，纷纷解说，终无当也。①
> 孟子曰：自得之则居之安，居之安则资之深，资之深则取之左右逢其原，使之谓说也。②
> 《尚书·甫刑》曰：明清于单辞。片言，所谓单辞也。片言以折狱，惟子路其可。由其明清故也。孔子盖尝试之而称之也。③
> 《诗·大雅·抑》篇曰：白圭之玷，尚可磨也。斯言之玷，不可为也。南容每读诗至此，于此四言，辄往复吟诵。盖深有味乎其言也。④

以上四例，第一例引《论语·雍也》证之，以《论语》证《论语》，是为内证。第二、三、四例分别引《孟子》《尚书》《诗经》等证明《论语》有关内容，是为旁证。此外，江声还多处引用《论语》《诗经》《尚书》《周礼》《礼记》《尔雅》等经书材料诠释《论语》。可见，江声对所征引的材料，有严格的选择，体现出尊孔复古、回归原典的治经追求。

吴派回归汉学的倾向，在余萧客《论语钩沉》中亦能得到充分印证。

从余氏辑佚内容看，即可窥出其从古倾向。如《学而》十五章"未若贫而乐道"，余萧客在经文前注"异句"二字，经文下标明从《唐石经》辑出。此句为"异句"主要表现为是否有"道"字。何晏《论语集

----

① 《丛书集成初编》卷上，《学而第一》解释"孝弟也者，其为人之本与"条。
② 《丛书集成初编》卷上，《学而第一》释"学而时习之，不亦说乎"条。
③ 《丛书集成初编》卷中，《颜渊》第十二释"子曰片言可以折狱"条。
④ 《丛书集成初编》，《先进》篇第十一，释"南容三复白圭"条。

解》本有"道"字，皇侃《论语义疏》有"道"字，邢昺《论语注疏》无"道"字，朱熹《论语集注》无"道"字，宋本《论语集解》无"道"字。阮元《十三经注疏校勘记》"未若贫而乐"注云："皇本、高丽本乐下有'道'字，《唐石经》'道'字旁添。案：《唐石经》旁添字多不足据，此'道'字独与古合。考《史记·仲尼弟子列传》、《文选·幽愤诗注》引此文并有'道'字。又下二节孔《注》及皇、邢两《疏》亦有'道'字，俱足为古本有'道'字之证。"余氏主有"道"字，即表现出鲜明的尊古色彩。

再如《泰伯》二十章"予有乱十人"句，余氏先指出其为"异句"，经下标明从孔解、高丽本《集解》四辑出。此句为"异句"，当指"乱"后是否有"臣"字。今考正平版《论语集解》、皇侃《论语义疏》、邢昺《论语注疏》皆有"臣"字①，惠栋《论语古义》从《释文》《唐石经》中考出无"臣"字。并指出此字"后世因晋时所出太誓以益之"。② 陆氏《经典释文》案："《书·泰誓》中予有乱十人，《左传》襄二十八年武王有乱十人，昭二十四年予有乱十人，与《论语》此文凡四见，开成石经皆无臣字。至乾符勘定于泰誓昭传《论语》旁增臣字，惟襄传本增。……今则各本并襄传皆有臣字，实衍文也。"③ 阮元《十三经校勘记》案："《困学纪闻》云：《论语·释文》予有乱十人，《左传》叔孙穆子亦曰武王有乱十人。……臣字皆后人据伪泰誓妄增。"④

余氏从孔解、高丽本集解中辑出无"臣"字，这不仅是对惠栋《论语古义》的补充，更体现出其尊古崇汉的辑佚倾向。

再次，吴派尊古崇汉之倾向，还可从对宋儒的否定中得到证明。

汉学最先在吴地兴盛，与明清之交吴中学者深不满宋儒学殖空疏有关。吴派学者在《论语》诠释文本中时有对宋儒的商榷乃至批评。

惠栋《论语古义》尊汉说、从古义，对宋儒的见解多有商榷。如《先进篇》第五章"人不间于其父母昆弟之言"条云："《后汉书》范升

---

① 《四部要籍注疏丛刊·论语》，第35、216、375页。
② 《丛书集成续编》十三册，第929页。
③ 黄焯：《经典释文汇校》，中华书局，1980，第211页。
④ 《四部要籍注疏丛刊·论语》，第378页。

奏记王邑曰：升闻子以人不间于其父母为孝，臣以下不非其君上为忠。注《论语》云云间，非也，言子骞之孝化其父母兄弟，言人无非之者，忠臣事君，有过即谏，在下无有非君者，是忠臣也。家君曰：《论语》依此说为允，若如朱注，未足为孝也。"① 此处尊从汉说，否定宋代朱子《集注》之说。

清初学者在咀嚼改朝换代苦果的同时，从学术文化的视角进行反省，将明亡的原因归结为宋学的空疏。他们趋近汉学，意在改造学术。故他们反宋却不辟汉。如惠栋"尊古而信汉"，所著《周易述》，专宗汉说。如毛奇龄攻驳朱子，提倡汉学。单纯从学术角度看，这是不无偏颇的。江声的过人之处在于，他不但勤攻宋儒之谬，对唐以前经学家的疏误也予以驳正。

批评宋儒者。如释"子路曰：'愿车马衣裘，与朋友共敝之而无憾'"条云：

> 古本如此，朱子本"衣"下有"轻"字，而解"衣"云"服之"，是袭误本而谬解，贻误后学矣。②

释"必有寝衣，长一身有半"条云：孔安国曰："今之被也。"《说文解字》云："被，寝衣也。长一身有半者。"案：郑公亦以为卧被。盖先儒相承。旧说皆然。宋人执持臆见，必以著于身者为衣，创为谬说。且欲移置此文于后，咎莫大焉。《尚书》：狄设黼，扆缀衣。谓帷幄为衣也。又古人以薦覆牛，谓薦覆牛衣。此皆非身所服者。宋人曾不知之邪？③

释"武王曰：'予有乱十人'"条云：

> 何、杜二氏，皆非学人。宋人无知，辄据其误本。……乃或执泥衍字，而变更旧说。宋人之不学类如此。④

---

① 《四库全书》一九一册，第498页。
② 《丛书集成初编》，第11页。
③ 《丛书集成初编》，第25页。
④ 《丛书集成初编》，第20~21页。

江声认为，宋儒读经的短处，在于版本鉴别不精，文字考订粗疏，又不善于会通群经而证经，所以流于望文生义而不自知。这样尖锐地批评宋儒，正是当时汉学家的做派。

江声还对六朝与唐代学者每每提出质疑。如：释"子曰晋文公谲而不正齐桓公正而不谲"（《宪问》第十四）条云："何晏非学人，安识金字，故误为正。"释"乘殷之辂"（《卫灵公》第十五）条云："惟《尚书·顾命》四路字，伪孔氏皆改作辂。是其有心坏乱经字。……陆德明云：'辂，本亦作路。'不辨其是非，亦不识字也。"释"楚狂接舆歌而过孔子"（《微子》第十八）云："……皇甫谧为之造设姓名，诞妄甚矣。"江声认为，古代学人之所以在经学研究中出现错误，或者是由于文字学的造诣不深，或者是由于求真的诚意。他的批评，反映了朴学家重视小学、坚持实事求是原则的学术风尚。

二　考定文字

吴派对汉儒的尊信和固守，导致它研究经学必然从古文字入手，重视声音训诂，以求经文原意真义。

"训诂"本是汉代经学家治经的基础工作，据《汉书·艺文志》，凡称"故""训""解"及"章句"的都是指对某经文字的训诂及诠释；凡称"传"或"说"的则指发挥六经大义。这说明汉代对经典的诠释主要包括文字解释和思想发挥两种。宋代以后，学人治经多从义理出发。导致人们对于古音古训，往往茫然不晓，乃至连经书中的文字句读、典章制度都模糊不清。自顾炎武始，至惠栋及稍后的戴震，均强调从音韵、训诂入手，研究经籍的本来意义。

惠栋强调"古训不可改，经师不可废"，江声认为"经之义存乎训，识字审音乃知其义"，那么如何不废经师、不改古训，真正做到从训诂明义理呢？吴派的路径为：准说文、重训诂、采古义。

第一，准说文。

《说文解字》是文字学上的首创之书，后世所说的文字、音韵、训诂之字，大体不出《说文解字》所涉及的范围。《说文解字》问世以后，很快就引起当时学者的重视，在注释经典时常常引证《说文解字》。如：郑玄注三礼，应劭、晋灼注《汉书》，都曾援引《说文解字》以证字义。许慎在《说文解字》中紧紧抓住文字的本义，这无疑等于抓住了词义的核心问题，因为一切引申义、比喻义等都是以本义为出发点的，掌握了本义，就能够以简驭繁，可以推知引申意义，解决一系列有关词义的问题。

《说文解字》的编撰体例与解字原则与吴派学者"不改古训""审音求义"的经学旨趣一致，或者说吴派学者在治学过程中发现了《说文解字》是其实现经学追求的有力武器和重要媒介。惠氏受家学泽润，有较好的文字学修养，对《说文》有较深入的研究，曾"著《读说文记》十五卷，实清儒《说文》专书之首"。① 余萧客少年时由于家境贫寒无力购书，只能去一家徐姓书棚借读，一月之后，竟能一字不漏地背诵《左传注疏》，徐氏即以《十三经注疏》《十七史》《说文解字》《玉篇》《广韵》等书相赠。从此余萧客发奋研读经史，手不释卷，夜以继日。

江声的《论语俟质》，主要内容是勘正文字，即"准《说文解字》"，以绳《论语》之讹误。在《论语俟质》中，除考证人物、地名、历法、礼仪、官制、史实等少数条目外，大多为勘正文字。而勘正文字时直接"准《说文解字》"者，比比皆是。如：

> 《说文解字》曰："渴，尽也。从水，曷声。"二千年来相承以"潵"为饥渴字。而以竭代渴。由是经传史子诸书，凡渴字，无不误作竭。至于"潵"字，则皆不从欠。亦误也。
>
> 《说文解字》曰："淜，无舟渡河也。从水，朋声。"今经典辄假借"冯"字为之，而"淜"字遂废矣。
>
> 《说文解字》曰："愉，薄也。从心，俞声。"今本易"心"从"人"。非也。

江声《论语俟质》中，采《说文》者计有 60 多处，其中多有精辟之见。

第二，重训诂、缀古义。

---

① 《梁启超论清学术史二种》，复旦大学出版社，1985，第 334 页。

　　吴派学者深厚的《说文》修养、好古的学术宗尚，驱使其从文字考定、音韵训诂切入，实现其"纯汉学"的经学理想。

　　在《论语古义》中，惠栋大多是"缀次古义，鲜下己见"。惠栋考述"古义"，以讲求古字古音为始基。

　　"君子不施其亲"条云：

　　　　《释文》施作弛云，旧音絁。蔡邕《石经》仍作施。《左传》曰乃施邢侯。《正义》云《晋语》施邢侯氏。孔晁云废其族也。则《国语》读为弛，训之为废。《家语》说此施亦为弛。王肃曰弛，宜为施，施行也。服虔云施罪于邢侯，施犹劾也。栋案：劾者，谓罪法之要辞，不劾其亲者，所以隐其罪，亲亲之义也。[①]

　　释"施"字，以上诸说之外，还有其他解释，如孔安国曰："易也，不以他人之亲易己之亲。"[②] 孙绰曰："不施，犹不偏也。谓人以不偏惠所亲"。[③] 比勘参照，释"施"为"易""偏""施行"，总有勉强缺憾之处。释"施"为"劾"，即此句为"君子不劾其亲"，不劾其亲者，君子为其亲而隐其罪也。虽有可解之处，但犹有不足。因此解虽有亲亲之义，但有不公之心，合乎情，但悖于理。尽管《子路》第十八章孔子对叶公云"子证父攘羊"之事不以为然，且辨之曰"吾党之直者异于事，父为子隐，子为父隐，直在其中矣"。但此为论"直率"之人，非论"君子"也。为其亲而隐其罪，恐非"君子"所为。更何况《宪问》第十七章孔子对管仲辅佐杀弟夺君之桓公亦未加挞伐。故释"施"为"弛"最为允当。郑注《坊记》云："弛，弃忘也。"许慎《说文解字》释"弛"为"弓解也"；段玉裁《注》为"引申为凡懈废之称。""弓解""懈废"似有"丢开""怠慢""冷落"之意。据此，上句当为"君子不遗忘其亲""不怠慢、不冷落其亲"。此解最为明白，合乎情，顺乎理。

　　类似的例子还有《卫灵公》第十章"工欲善其事，必先利其器"，

－－－－－－－－

① 《四库全书》一九一册，第 500~501 页。
② 刘宝楠：《论语正义》，第 733 页。
③ 《四部要籍注疏丛刊·论语》，第 294 页。

训"利"为"厉";《雍也》篇第二十八章"子见南子,子路不悦。夫子矢之",训"矢"为"誓";《微子》篇第七章"植其杖而芸",训"植"为"置";等等。这些都是声训,是惠氏《论语古义》的主要方法。惠氏从古文字学入手,重视音韵训诂,确能帮助我们更准确地理解古义。

《卫灵公篇》第十七章"好行小慧"条云:

> 郑氏云:"小慧谓小小之才知。"鲁读慧为惠。今从古。案:《篆文》惠与慧同。《汉书》:昌邑王"清狂不惠"。义作慧。[1]

又如《泰伯篇》第2章"君子笃于亲"条云:

> 《汗简》云:《古论语》笃作竺。《尚书·微子之命》云曰:笃,不忘。《释文》云:笃,本又作竺。《说文》曰:竺,厚也。[2] (

以上二例,一考"慧"字,二考"笃"字。一集郑玄、《篆文》、《汉书》之解;一缀《汗简》《尚书》《释文》《说文》之说。二者方法一样,皆"述而不作"也。但是,求证一事,能追本求源,也不失为"述"中有"作"。

江声解读《论语》,于疑难处往往能准确、清晰地作出判断。缘于从文字考订入手。如于《乡党》解释"虽疏食菜羹瓜,祭必齐如也"条云:

> 疏食,粝米饭也。古人食瓜,亦先祭后食。《玉藻》曰:"瓜祭上環,食中,弃所操。"疏食也,菜羹也,瓜也。三者虽微薄,祭则必齐如也。鲁论读瓜为必,非也。故郑公不从。乃宋人偏欲从之,吾不解也。

经学家对此句的理解存在分歧，有三种意见：一为"虽疏食菜羹，瓜祭，必齐如也"，刘宝楠采之；① 二为"虽疏食菜羹，必祭，必齐如也"，程树德持之；② 三为"虽疏食菜羹瓜，祭必齐如也"，此由江声提出。"'瓜'，《鲁论》作'必'。郑注云：鲁读'瓜'为'必'，今从古。"③ 况若以"瓜"为"必"，因下文又有一"必"字，未必贴切。且据《公食大夫礼》《玉藻》载，"是盛物方祭，非盛物，或可不祭"。④ "或可不祭"则非"必祭"。故言"瓜"为"必"，不足为据。因此，此句当从"祭"字断，意为"疏食、菜羹、瓜"，三物虽薄，若祭则必致以肃敬之容。且刘宝楠亦下案语云"从古论，则'祭'字当为一句。"⑤ 可见，江声此说，持之有据，言之有理。

又如《乡党》第十解释"山梁雌雉，时哉时哉！子路拱之，三臭而作"条云：

> 时哉，言雌雉集于山梁，栖止得时也。共，读为拱而立之拱字，当作艸。艸，竦两手也。臭，故书伪作臭。且加口于左，非字也。唐石经作夏。刘聘君曰：'当为臭，张两翅也，见《尔雅》'。案：《尔雅》曰：鸟曰臭。郭氏以为张两翅。刘说得之。盖子路以夫子叹雉之得时，肃然改容，竦手上艸。雌雉见之，疑将篡己。遂三振翅而起。章首色斯举矣之言，正为此文张本，必如此说，方与章首意合。他说皆无当也。"⑥

此章素来费解，很多人疑文字有脱漏。江声从训字入手，言"嗅"当为"臭"，自成一说。"臭"，《说文解字》未注，段玉裁《说文解字注》云："谓鸟振其毛羽如犬张目也。"此可与惠栋之见互参。且江声解说《论语》，既注意识字审音，又善于联系文本的具体语境，所以常能于

① 刘宝楠：《论语正义》，中华书局，1990，第 415 页。
② 程树德：《论语集释》，中华书局，1990，第 700 页。
③ 刘宝楠：《论语正义》，中华书局，1990，第 416 页。
④ 刘宝楠：《论语正义》，中华书局，1990，第 417 页。
⑤ 刘宝楠：《论语正义》，中华书局，1990，第 416 页。
⑥ 《丛书集成初编》，第 28~29 页。

看似两可或无疑处发现和解决问题。

《论语钩沉》中，余氏除直接标出两句"异句"外，全书仅仅一处标出"异字"，即《乡党》二十四章"居不客"，先在经文上方注明"异字"，再在经文下标出"《唐石经五》"辑出。今考正平版《论语集解》作"容"字，黄侃《论语义疏》作"容"字，邢昺《论语注疏》作"容"字，余氏从《唐石经》中钩出"客"字，明显看出其崇尚古字古音的旨趣。阮元云："《唐石经》容作客，释文出居不客，云苦百反。本或作容，羊兄反。案：《唐石经》作客字，不误。《经义杂记》云：居不客，言居家不以客礼自处，《集解》载孔注云为室家之敬难久谓，因一家之人难久以客礼敬己也。邢疏云不为容仪，夫君子物各有仪，岂因私居废乎？是当从陆氏作客。段玉裁曰：居不客者，嫌其主之类于宾也。"①

吴派尊信汉儒家法、师法，运用小学训诂方法的纯汉学研究，这是清初以来学术思想发展的必然趋势，也是吴派学者反对宋学空疏的操作方法。清朝初期，宋学虽为官方确认的学术正统，但一直受到在野的非正统的汉学提倡者的批评。吴派学者认为：要纯正儒学，恢复由孔子整理和传授的"六经"本义，必须由字词入手研究经书，而字词训诂必须以汉儒笺注为主要依据，从而对宋学提出了批评。惠栋认为宋儒之祸"甚于秦火"，他的《易汉学》一书旨在辨证"河图洛书先天太极"之学；江声认为"性理之学，纯是蹈空"，江藩认为经学坏于"南北宋道学"。吴派的扬汉抑宋，展示了清代前期学术思想发展的一般趋向，奠定了乾嘉汉学的基础。

三　辑佚嚆矢

"书籍递嬗散亡，好学之士，每读前代著录，按索不获，深致慨惜，于是乎有辑佚之业。"学术界通常将辑佚之学追溯到南宋王应麟。清代以后，空疏宋学受到质疑，汉代的经注经说受到学术界的普遍重视，然在长期流传过程中多有散失亡佚，学者已难以窥其原貌。因此，自惠栋开始，

---

① 阮元：《十三经校勘记》，《四部丛刊》，第 397 页。

清代许多汉学家都十分致力于汉儒经说的发掘和表彰。惠氏在治《易》过程中，信奉愈古愈好，凡汉人的话都对，而汉以后人的话都不对。但汉人之《易》说存之廖廖，幸有唐李鼎祚《周易集解》，其中对汉儒诸家遗说多有征引。于是"刺取孟、京、干、郑、荀、虞诸家旧注分家疏解"成《易汉学》八卷。后又将诸经汉人佚注益加网罗，扩充为《九经古义》十六卷。惠氏弟子余萧客认为唐以前的经籍注疏后世多有散佚，于是根据史传、类书等记载，广泛搜集唐以前的经籍注疏，进行详细的考证、排比，"用其师法，辑《古经解钩沉》三十卷，所收益富。此实辑佚之嚆失"。①

吴派开启清代辑佚学之嚆矢，在《论语》辑佚领域亦无疑具有里程碑意义。

《九经古义》第十六卷为《论语古义》，惠栋在《论语古义》中写道："夫子言'述而不作'，信哉。《乡党》一书，半是《礼经》；《尧曰》数章全书《训典》。论君臣虽人言不废，言恒德则南国有人。于善人为邦，则曰'诚哉是言'；于隐居行义，则曰'吾闻其语'。素绚唐棣，遗诗可诵；百官冢宰，遗典可稽。'出门如见大宾，使民如承大祭'，此胥臣多闻之所述也。'视其所以，观其所由，察其所安'此《文王官人》之所记也。'克己复礼为仁'，《左氏》以为古志；'己所不欲，勿施于人'，《管子》以为古语。'三分天下而有其二'，《周志》之遗文也；'陈力就列，不能者止'，周任之遗言也。推此言之，圣人岂空作耶！"② 可见，惠栋信奉孔子"述而不作"，治经只需收集古人的记载，无须述说自己的见解，这样方可保存古意，避免臆断。述而不作，是其汉学之特征，亦即考证学之特征。在某种程度上亦不失为辑佚学之特征。惠栋《论语古义》实为辑佚之作，与其《易汉学》亦相似。

余氏《论语钩沉》为《古经解钩沉》第二十五卷，其体例与《论语佚质》相当，按序高一字列出《论语》篇名，再与篇名平齐列出《论语》经文有关章句，然后低一字书写辑佚内容。全书除开篇从《仪礼疏》八、

---

① 《梁启超论清学术史二种》，复旦大学出版社，1985，第395页。
② 《四库全书》一九一册，第502页。

《艺文类聚》五十五中辑出郑玄《序》、谢道韫《论语赞》外，拈出《学而》11 条、为政 16、八佾 12、里仁 9、公冶长 18、雍也 18、述而 13、泰伯 10、子罕 10、乡党 25、先进 9、颜渊 2、子路 7、宪问 14、卫灵公 5、季氏 3、阳货 8、微子 14、子张、3、尧曰 4，共 211 条《论语》经文，分别辑佚有关注疏内容。

"钩"即探取，"沉"即被湮没的事物。钩沉，即探索深奥的道理或散失的内容。余氏《论语钩沉》主要从唐前有关文献中辑佚《论语》散失之重要经解。其辑佚内容，大多出自汉魏经师，如马融、包咸、孔安国、王肃、周生烈、谯周、郑玄、何休、范宁、栾肇、卫瓘、缪协、缪播、蔡谟、王弼、李充、孙绰、江熙、陈群等，所采文本多为唐前重要文献，如《论语篇目弟子》《史记》《史记索隐》《后汉书注》《诗疏》《春秋疏》《礼记疏》《仪礼疏》《论语隐义》《论语释疑》《论语音》《文选注》《世说注》《尔雅》《唐石经》《论语笔解》《读书杂钞》《北堂书钞》《御览》《事物纪原》等。"自诸家经解所引，旁及史传类书，凡唐以前之旧说，有片语单词可考者，悉著其目。虽有人名而无书名，有书名而无人名者，亦皆登载。"①

自此，清儒不肯就此自甘止步，有关《论语》之辑佚工作不断向前推进。宋翔凤辑《论语郑注》十卷，刘逢禄辑《论语述何》二卷，郑珍辑《论语三十七家注》四卷等。此外，马国翰、王仁俊、龙璋、王谟、黄奭等还辑佚了数十卷汉代诸家的《论语》注本。

小　结

现代学者张舜徽先生在分析乾嘉吴、皖、扬三派学术异同时说："余尝考论清代学术，以为吴学最专，徽学最精，扬州之学最通。无吴、皖之专精，则清学不能盛，无扬州之通学，则清学不能大。"② 吴派之"专"，大致可以概括为专于嗜古、专于训诂、专于辑佚，专于摒弃宋明理学的空疏浮华，专于构筑恪守古训、尊信家法的汉学壁垒。

---

① 《四库全书总目》卷三十三。
② 张舜徽：《清代扬州学记》，第 2 页。

第一，本书以地域学派为中心，主要采纳地域视角分析清代《论语》诠释特点与规律，那么地域特点或学人的出身占籍则为学派划分的第一核心要素，其次是师承关系，再次是血亲关联。在"地域—师承—血亲"视野下，分析判断吴派学术群体和主要成员。

学术史上，对吴派学术群体的认识不尽统一。如有学者指出："所谓吴派，实际上是清代乾嘉之际以工业苏州地区为核心的由江南学者组成的汉学研究群体。"这一范围涵盖偏广，不利于将常州学派、浙东学派独立出来。有学者认为吴派的起源可以上溯顾炎武、黄宗羲，乃至到明清之际吴中名士丁宏度首次尝试汉儒经说的系统研究。顾炎武在为学宗旨、治学方法、研究领域等方面，对清代朴学范式的建立可谓有开启山林之功。丁宏度，苏州人，明末儒生，以研究《周易》《春秋》而称名一时。时人尊之为经圣，惠周惕曾师之。这说明在惠氏之前，苏州地区已形成了研究汉学的学术氛围。这些均为吴派产生的学术渊源和文化背景。还有学者将吴派扩大到松江府的王鸣盛、钱大昕，下推到扬州府的江藩。江藩与余萧客有师承关系，王鸣盛、钱大昕主要成就在史学领域，且占籍在浙江，纳入浙东学派似乎更有助于学术研究。笔者认为，学派划分过窄难于归纳学派规律，过宽则难以厘清学派之间的区别界限。

吴派，产生于清初反对宋学空疏的时代风潮，主要成员都来自清代苏州府籍，其学术组织形态以血亲关联为基础，学术特点是信古尊汉，考文求义，代表人物是惠栋。经过惠氏祖孙三代的努力才告完成。

第二，吴派《论语》诠释的主要人物和标志著作是惠栋的《论语古义》、江声的《论语俟质》、余萧客的《论语钩沉》。其主要特点是专于尊汉求古，专于训诂文字，专于钩沉辑佚。吴派对汉儒的尊信和固守，导致它研究经学必然从古文字入手，重视声音训诂，惠栋认为"经之义存乎训，识字审音，乃知其义"。这样的学术旨趣需要广博的见闻和深厚的积累。吴派学者诠释《论语》时能够引伸触类，从容自如。惠栋释"钻燧改火"条云：

"马融曰：《周书·月令》有更火之文。"邢昺曰："其辞今亡。"隋牛弘云："蔡邕、王肃云：周公作《周书》，有《月令第五十三》，即此也。"又云:"《周书·月令》论明堂之制,殿垣方在内水,周如外水,内径三百步。"《尚书正义》引《月令》云:"三日日朏。"唐《大衍历议》曰:"七十二候原于周公时训。《月令》虽颇有增益。然先后之次则同。"然则《月令篇》历隋、唐犹在也。①

考一事,能汇聚群书中相关资料,表明他确有深厚的学养。在文献检索手段尚不便捷的时代,举证能力的强弱,最能反映学者的功力。惠氏"嗜博",是以实力为基础的。《论语古义》篇幅虽然较短,征引典籍还是相当丰富。其引证的基本文献有《论语》《尚书》《诗经》《左传》《公羊传》《周礼》《仪礼》《礼记》《国语》《战国策》《广雅》《说文》《史记》《汉书》《后汉书》《汗简》《孔子世家》《论衡》《盐铁论》《韩非子》《汉石经》《唐石经》及荀卿、扬雄、李斯、马融、郑玄、王肃、包咸、虞翻、缪播、蔡邕、高诱、服虔、何晏、何休、李贤、李善、江熙、曹操、徐彦、韦昭、赵岐、徐广、杨倞、贾公彦、苏林、周伯琦、顾炎武等各家论著。惠氏征引典籍之范围超过毛奇龄。他的"嗜博"特征在朴学家之中也是值得注意的。

吴派作为乾嘉之际提倡汉学研究的首出学派,开启了《论语》诠释重视训诂考据的朴学新风,稍后的皖派,扬州学派乃至晚清的《论语》诠释皆可视为在此风潮下的继往开来。从这一意义上说,吴派的纯汉学研究,确立了乾嘉以后《论语》诠释的发展路向。

第三,吴派的学术宗旨是一尊汉经,但其具体治经实践并不完全纯粹,并非彻底践行"凡汉皆好、凡古必真"的治学理念,此在惠栋《论语古义》中虽未见端倪,但在江声《论语注参》中则偶见对古说的大胆批评。

如在解释《乡党》第四章时云:

> 包咸曰:"过君之空位"。案:君日出而视朝,既而退适路寝则空位矣。故包氏以为空位。郑公谓入门右北面君揖之位。此千虑之一

---

① 《四库全书》一九一册,第500页。

失也。

此对汉儒提出了批评，令人惊讶的是江声对宋儒不吝赞美之辞。释《为政篇》"子曰色难"句时曰：

> 郑公曰："和颜说色，是谓难也。"宋朱子曰："孝子之有深爱者，必有和气。有和气者，必有愉色。有愉色者，必有婉容。故事亲之际，惟色为难尔。"案：朱子之注此条，最为精美。盖本郑公之旨，而佐以祭义之文，邑达其说，是以卓然特见尤异。

难能可贵的是江声对有争议的问题能够存而不论，释《颜渊篇》"司马牛"条云：

> 《太史公书》曰："司马耕，字子牛。"然则与冉伯牛名同矣。孔安国曰弟子司马黎。未知孰是。姑两存之。①

这种倾向在余萧客《论语钩沉》中亦有体现。《为政》八章"先生馔"条，在"馔"字下添一"馂"字，从郑《注》《初学记》十七辑出"食馀曰馂"，可见其从馂。"馂"为鲁读（属今文），此可见出余萧客并不一味从古。

之所以出现这种情况，可能的原因有二。

首先，吴派学者虽偏重于古经汉疏的研究，但也深研史学。惠栋撰有《左传补注》《后汉书补注》《续汉志考》等。他们在史学研究中，对宋明理学家臆测历史空疏学风有了更具体深入的认识，进而崇尚历史真实，追求从经验性总结向理性探求的超越。

其次，惠栋尊奉汉人家法、师法。然惠栋所尊奉汉人之家法、师法并不纯粹。汉代五经博士及其所传弟子以师法说经，而各自名家，称"家法"。某一经师被立为博士后，他的经说便成为"师法"。由此形成固定

---

① 《丛书集成初编》，第32页。

的学术传承系统。家法和师法实际上是将固定的经学传承转为各经博士借以维护个人学说专利的纽带。然而这种家法师法在汉代并不严格。如吴派推崇的许慎和郑玄的个人著述中也兼采古今各家之说，郑玄是典型的兼采古今文的集大成者，未受家法或师法的束缚。惠栋继承了这一传统。其《周易述》以荀爽、虞翻为主，而参以宋咸、干宝诸家之说，《易汉学》则"左采右获孟长卿以下五家之《易》"。所谓"五家之《易》"，即指汉代孟喜、虞翻、京房、荀爽、费直五家之《易》说。汉代《易》学又有今文与古文之分，惠栋以虞翻为主，虞翻世传《孟氏易》，属今文；而他又参以荀、郑诸义，荀、郑均传《费氏易》，属古文。因此，吴派所谓的家法师法，实际上是汉代古文与今文两个不同系统的混合体，但本质上仍属汉学系统。

吴派《论语》诠释实践中，其"不主一家"的倾向，"实事求是"的态度，模糊了吴皖两派的学术界限，这似乎让人看到了皖派的雏形。这一现象十分有趣，亦十分重要，这既为吴皖两派合流的学术观点提供了依据，也让我们清晰地看到了吴派向皖派演进的轨迹。

再次，吴派建树颇多，但也有一定的负面影响。吴派以惠栋为中心，传授有序，栋之父士奇《礼记》已近汉学，至栋则纯为汉学。惠栋认为宋儒之祸"甚于秦火"，江声认为"性理之学，纯是蹈空"。在反宋学的风潮下，吴派学者尊信汉儒家法、师法，运用小学训诂方法的纯汉学研究，凡属汉人语尽采之，非汉人语则尽不采。但固守汉儒经说，"唯汉是信"而不复甄别，不免引来"株守汉学、嗜博泥古"之讥。《四库全书总目提要》评该派治学"盖其长在博，其短亦在于嗜博；其长在古，其短亦在于泥古也"。梁启超直指吴派的功过曰："笃守家法，令所谓'汉学'者壁垒森固，旗帜鲜明，此其功也；胶固、盲从、褊狭、好排斥异己，以致启蒙时代之怀疑的精神、批评的态度，几夭阏焉，此其罪也。"[1] 梁氏评价似有偏激之嫌，但毕竟吴派专汉经有余，尊古说过分，阐己意较少，涉现实不够，虽然在消除长期以来附加在经书上的种种误解和歪曲无疑具有积极意义，但同时所带来"断章零句、援古正后"的负面影响也极其

---

[1]　梁启超：《清代学术概论》，中华书局，2010，第25页。

明显；虽然以训诂通大义、开因声求义的治经先河，但事实上将大义视为训诂，由训诂替代大义，这显然违背了汉儒治经的基本精神。

从吴派求古到皖派求是，为什么发生这样的变化？求古是一种学术宗尚，求是为一种科学态度。求古是清初特定时期反对宋明空疏之学的手段，求是当为对前期民族情绪的理性超越。

第三章 皖派《论语》诠释特点论

乾嘉时期，清代经学研究由清初反对宋学空疏的经世致用思潮，转向尊古崇汉的考据实证学风，汉学成为正宗，当世名儒，咸趋此途。前有惠栋标汉学大帜于吴，后有戴震集大成于皖。吴派、皖派遂由二氏籍贯得名。

吴、皖既以学派分称，自有相对独立的学术群体和学术风格，其在《论语》诠释领域亦有独特的诠释特点和治学方法。皖派的《论语》诠释研究主要有江永（1681～1762）的《乡党图考》、赵良猷（1727～1762）的《论语注参》等。通过深入阅读文本，努力揭示其自身的诠释个性与治学宗尚，分析其与吴派《论语》诠释的区别和联系，进而思考清代《论语》诠释的演进轨迹及清代学术的嬗变规律，具有重要的借鉴意义。

值得注意的是，清代皖派《论语》诠释者还有刘开（1781～1821）、姚永朴（1861～1939），此二人均为桐城派成员，他们虽然占籍安徽，但与皖派没有师承关系，经学宗尚虽有相似之处，但两者之间的区别则更加清晰，若将其放置皖派则有牛马之嫌，十分勉强。故将单独讨论，此对思考同一地域、不同群体、不同时段的经学诠释特点的成因、经学旨趣与时代风潮的关联，具有范式意义。

一 精于名物

汉民族发展的历史长河中，人们为了交际，需要对各种不同的名物予以命名。在语言产生之初，用什么声音表示什么语义是"约定俗成"的。黄侃先生在《文字声韵训诂笔记》中云："凡有语义，必有语根。言不空生，名不虚作，所谓'名自正'也。"但随着时间的推移和语词的分化、孽乳，人们逐渐不再清楚地了解事物的命名之源，进而影响人们对语言，尤其是词义的深入了解。因此，追寻名物命名之源成为人们认识世界、体察古人思维的重要途径，逐渐形成了训诂名物制度的科学。

"名物"一词最早出现在《周礼》一书中。我国古代就有所谓名物训诂，就是指训诂学在物名考释中的运用。早在东汉，许慎的《说文解字》中就已初见端倪。汉代刘熙、宋代徐铉等人也都致力于对名物命名之源的探求工作。刘熙《释名序》云："熙以为自古造化制器立象有物以来迄于近代，或典礼所制，或出自民庶，名号雅俗，各方有殊，圣人于时就而弗改，以成其器著于既往，哲夫巧士以为之名故兴于其用而不易其旧，所以崇易简省事功也。夫名之于实，各有义类，百姓日称而不知其所以之意。故撰天地、阴阳、四时、邦国、都鄙、车服、丧纪，下及民庶应用之器，论叙指归，谓之《释名》，凡二十七篇。至于事类未能究备，凡所不载，亦欲智者以类求之。"阐明其撰著动机为探求事物命名的缘由，寻求一条声音和意义对应的规律。

清代掀起了名物探源的研究高潮。吴皖二派并世出现，俨若并峙之双峰，为反对宋学空疏，倡导实证学风，在名物训诂方面取得了卓越成就。皖派源于徽州婺源的江永，成于戴震。江永少年时因受明代丘浚《大学衍义补》一书多引自《周礼》的启迪，一生致力于《礼》经研究，被誉为"先生之学，自汉经师康成后，罕与俦匹"。江永于"古今制度及钟律声韵，无不探赜索隐，尤深于三礼及天文地理之学"。① 皖派人物程瑶田《果蠃转语记》一文，从声音、意义两方面来追溯同源词。程瑶田认为多种事物"无定形、无定名"，而各种名称之间却可以用相同或相近的语音来贯通。"声随形命，字依声立"，即人们常常按照事物的特点而命之以一定的语音形式，"屡变其物而不易其名，屡易其文而弗离其声"。

在《论语》名物训诂方面，吴派显示了独特的个性，取得了巨大的成就。江永《乡党图考》开名物训诂专题研究先河。

《论语》二十篇，涉及名物制度者惟《乡党》最多，历来研读《论语》者，惟《乡党》篇难度最大。江永《乡党图考》序云："四子书

---

① 《清史列传》卷68，第5490页。

《乡党》一篇，稍涉制度名物，亦千百之十一。从来为制义者，往往难之。"故江永独拈出《乡党》展开专门研究，撰《乡党图考》十卷，"是书取经传中制度名物，有涉于乡党者分为九类。曰图谱、曰圣迹、曰朝聘、曰宫室、曰衣服、曰饮食、曰器用、曰容貌、曰杂典"。① 一类一卷，惟衣服类分上、下两卷，故为十卷。此书开《论语》诠释史上专篇研究名物制度之先河。

第一，藉名物溯"圣迹"。

江永追溯圣迹之意图可从其《乡党图考》序中窥出端倪。其云：

> 有明一代，流传之文，体固淳质，实类捉襟见肘。有能举典不忘祖者，伊谁与？我朝经学远轶前明，数十年前淹通之才辈出，专家之业皆可传远。经学至为纠纷，著述家得其大者遗其细。如宫室、衣服、饮食、器用，皆未暇数之。况为制举业者，志在弋获，惮于寻源。诸经涉猎皮毛，挂一漏万。或为《乡党》制义，为窭陋，为饾饤，为纰漏，往往不免。毋谓《乡党》之文，非经学浅深之左卷也。予既选择雅一帙，欲其花萼附根干，复辑《乡党图考》十卷，自圣迹至一名一物，必稽诸经传，根诸注疏，讨论源流，参证得失。宜作图谱者，绘图彰之，界画表之。窃谓国家以经学鼓励四方，固欲学者治经，毋卤莽，毋灭裂，为《乡党》一篇寻源，亦经学之一隅耳。②

此将江氏著述《乡党图考》之目的和方法昭示得十分清楚。其目的是克服"制举业者，志在弋获，惮于寻源""涉猎皮毛，挂一漏万"的弊端。为《乡党》寻源，为彰表圣迹。

江永追溯圣迹之用心，还可从其编撰体例上清晰凸显。

为实现追溯圣迹的真实性，江永运用"以图释经"的独特体例。以图释经，早有先例。因图求义者，代有其人。相传郑玄曾作《三礼图》，或视为礼图之祖。东汉侍中阮谌撰有《礼图》三卷。唐人张镒作《二礼

---

① 《四库全书》二一〇册，第 713 页。
② 《四库全书》二一〇册，第 716 页。

图》，据《崇文总目》载，梁正撰《三礼图》九卷。以上诸书皆已亡佚，无从考论。宋人杨复曾作《仪礼图》，[①] 将《仪礼》十七篇"图以象之"，以图显义。但"全尊注疏，多有沿误，流为图画，更益凿凿"。[②] 以图表释《论语》者亦有之。宋人林起宗著有《论语图》《四书图解》。然江永没有生搬硬套，对杨复体例加以改进。以卷一"图谱"为总论，由"孔子先世图""诸侯宫寝朝廷庙社总图""天子外朝图""诸侯治朝燕朝图""公门图""大门外摈介传命图""庙中上宾相礼图""庙中行聘礼享礼图""庙中行私觌图""宗庙制度图""诸侯五庙图""聘用圭璋图""服制差等图""冕弁冠服所用图""车轮图""席图"等组成。每图皆辅以文字说明。此以"图谱为总论"之写法，通过古代宫廷结构及礼制服饰等名物，形象直观地勾勒出孔子的生平事迹及古代圣贤的邦交礼仪及治国制度。

江永追溯圣迹之动机，在其结构安排上还可进一步得到确认。全书卷一通过《孔子先世图》《孔子年谱》对孔子生平作出直观描绘外，卷二篇名为"圣迹"，继续对孔子一生之足迹做出具体翔实的考证。将孔子一生划分为"先世考""始生至为委吏乘田考""母卒考""学官至适周反鲁考""适齐反鲁不仕考""仕鲁考""去鲁周游考""归鲁至卒考"等若干重要阶段，勾稽有关文献记载之龃龉、粗疏、讹误处，然后征引各种经、传、注、疏等互参考证，最后附按语精辟解说。如"去鲁周游考"条，先辑出《史记》记载：

> 《史记》齐人闻而惧，曰："孔子为政必霸，霸则吾地近焉，我为先并矣。盍致地焉？"黎鉏曰："请先尝沮之；沮之而不可则致地，庸迟乎！"于是选国中女子好者八十人，皆衣文衣而舞康乐，文马三十驷，遗鲁君。陈于鲁城南高门外，季桓子微服往观再三，将受，乃语鲁君为周道游，往观终日，怠于政事。子路曰："夫子可以行矣。"孔子曰："鲁今且郊，如致膰乎大夫，则吾犹可以止。"桓子卒受女

---

① 参见《通志堂经解》一二册，江苏广陵古籍刻印社，1996。
② 姚际恒：《仪礼通论·论旨》，第31页。

乐，三日不听政；郊，又不致膰俎于大夫。孔子遂行，宿乎屯。师己送，曰："夫子则非罪。"孔子曰："吾歌可乎？"歌曰："彼妇之口，可以出走；彼妇之谒，可以死败。优哉游哉，维以卒岁！"师己反，桓子曰："孔子何言？"师己以告。桓子叹曰："夫子罪我以群婢故也夫！"遂适卫主颜浊邹家。

江永考曰：

> 按《孔子世家》诛少正卯、三月大治、归女乐、去鲁适卫，皆叙于定公十四年，非也。定十三年夏，有筑蛇渊囿大蒐比蒲，皆非时劳民之事。使夫子在位而听其行之则何以为夫子？考《十二诸侯年表》及《卫世家》，皆于灵公三十八年书孔子来禄之如鲁卫。灵三十八，当鲁定十三，盖女乐事在十二、十三冬春之间。去鲁实在十三年春。鲁郊尝在春，故经不书。当以《卫世家》为正。夫子春去鲁而夏筑蛇渊囿大蒐比蒲诸枇政即作，尤可见圣人在位之有裨也。

关于齐人归女乐之事，江永从《孔子世家》《十二诸侯年表》《卫世家》等文献记载龃龉出发，结合当时社会背景，深入考证其当在定公十三年，而不在定十四年。此证实际上是卷一孔子年谱的申说或佐证。因卷一《孔子年谱》载"定公十三年，孔子五十六岁，春郊膰不至，孔子去鲁适卫"。[①] 由此足可见出江永为追溯圣迹，采用图谱与文字结合、形象描绘与名物训诂呼应的结构匠心。

第二，考据精湛。

《乡党图考》全书对于《乡党》篇中礼仪、名物、制度的注释几乎达到穷形尽相的程度。举凡一名一物，必稽诸经传，根诸注疏，讨论源流，参证得失。全书图谱一卷为总论，其余各卷为分论。每卷又有总论和分论，如卷七为"饮食"。由"始为饮食考""通考食味调和""馔考""米精粗考""食考""肉考""割肉考""鱼考""馁败考""脍考""脯考"

"羹考""酱考""色恶臭恶考""失饪考""不时考""薑考""果实考""食礼考""侍食考""赐食考""祭食考""变食考""祭肉考""饮食考""酒考""药考"等构成。几乎囊括乡党篇中饮食之事，并涉及各个方面。如卷九"容貌"。"容通考"为总论，下设"言容考""色容考""目容考""鞠躬考""手容考""拜考""揖考""授考""立容考""行容趋容考"等条分述，点面结合，纲举目张。

江永精通三礼，因而有能力解决礼制记载方面的若干疑难问题。卷三"通考诸侯相朝聘"论"朝"与"聘"的区别，是比较典型的事例。他先引《周礼·秋官·大行人》："凡诸侯之邦交，岁相问也，殷相聘也，世相朝也。"① 次引《仪礼注疏》中郑玄注语："小聘曰问。殷，中也，久无事。又于殷朝者，及而相聘也。父死子立曰世。凡君即位，大国朝焉，小国聘焉。此皆所以习礼考义，正刑一德，以尊天子也。必择有道之国而就脩之。"② 再引《周礼注疏》贾公彦之疏："诸侯邦交，谓同方岳者，一往一来为交，谓己是小国朝大国，己是大国聘小国。若敌国，则两君自相往来。但春秋之世，有越方岳相聘者，非正法也。《聘义》及《王制》皆云：'三年一大聘'。此不言三年，而云殷者，欲见中间久无事，及殷朝者来及，亦相聘。故云殷，不云三年也。《聘义》与《王制》皆云：'比年一小聘'。此云岁相问者，取岁岁之义也。"③ 又引《礼记正义》孔颖达疏云："知凡君即位，大国朝焉，小国聘焉者。以襄元年，邾子来朝，卫子叔晋知武子来聘。《左传》云：'凡诸侯即位，小国朝之，大国聘焉'。邾是小国，故称朝。卫晋是大国，故称聘。若俱是敌国，则亦来聘朝。故《司仪》云：'诸侯相为宾'，是也。若已初即位，亦朝聘大国。故文公元年，公孙敖如齐。《左传》云：'凡君即位，卿出并聘'。若己是小国，则往朝大国。故文十一年，曹伯来朝。《传》云：'即位而来见也'。"后引《秋官·小行人》："合六币：圭以马，璋以皮，璧以帛，琮以锦，琥以绣，璜以黼。此六物者，以和诸侯之好故。"此处引郑玄注："合，同也。六币，所以享也。五等诸侯享天子用璧，享后用琮，其

① 李学勤主编《周礼注疏》，北京大学出版社，1999，第 1009 页。
② 李学勤主编《仪礼注疏》，北京大学出版社，1999，第 356 页。
③ 李学勤主编《周礼注疏》，北京大学出版社，1999，第 1009 页。

大各如其瑞，皆有庭实，以马若皮。皮，虎豹皮也。用圭璋者，二王之后也。二王后尊，故享用圭璋而特之。《礼器》曰：'圭璋特，义亦通于此。其于诸侯，亦用璧琮耳。子男于诸侯，则享用琥璜，下其瑞也。凡二王后、诸侯相享之玉，大小各降其瑞一等。及使卿大夫频聘，亦如之。"江氏最后按语曰："享礼用圭者，唯二王后享天子。郑此注云其于诸侯亦用璧琮耳，则诸侯使大夫聘而行享，必无用圭之事。郑注《乡党》云既聘而享用圭璧。邢疏引《小行人》文，不能辨正。《集注》遂承其误。"①江永会通群经，论证了"朝"与"聘"的行为主体在社会等级或政治力量方面的差异，指出了不同等级的行礼主体在礼器使用方面的具体规定，纠正了郑《注》、邢《疏》、朱熹《集注》阐释经典的错误。

再如，卷四最后"朝制补遗"条云："此卷既毕，再检查《朱子语类》，因说《周礼》师氏居虎门寺王朝文蔚问正义，谓路寝庭朝库门外朝非常朝，此如何不是常朝。朱子曰：路寝庭在路门之里，议政事则在此朝库门外。是国有大事询及众庶，则在此朝，非每日常朝之所。若每日常朝，王但立于寝门外，与群臣相揖而已。然王却先揖，揖群臣就位，王便入。胡明仲尝云：近世朝礼，每日拜跪乃是秦法。周人之制，元不如此。按此条言朝制分明路门内之朝，君臣于此议政事。郑注太仆燕朝王图宗人嘉事者，举一隅耳。非谓惟宗人得入，异姓之臣不得入也。《玉藻》言退适路寝听政，使人视大夫者，每日常朝既毕，君自治文书于路寝，臣自治文书于官府，无所议者也。若有所议则入内朝。成六年晋人谋去故绛，诸大夫皆曰必居郇瑕氏之地。韩献子将新中军，公揖之入，献子从公立于寝庭。问献子曰：何如？对曰：不可不如新田。此内朝议政事之一证。《乡党》记过位升堂，正是内朝议政时位者。君立寝门外揖群臣之处也，既揖入寝门，则此位虚矣。过位时宜无言，而云其言似不足者，谓诸大夫同入或与夫子言。夫子不得不应对也。路寝庭无事亦不升堂，或君有命或臣有言乃升堂，亦无拜跪之礼。其有时当拜堂下，君辞乃升成拜者，或拜受命拜受赐必有故而后拜也。下阶复位，复其堂下之位，俟诸大夫皆退，然后退若治朝之位，诸臣皆不在，无至外朝复位之礼也。其言出降一等退而

下堂，即谓之出，非出门之出也。此章不记正朝时事者，前已记君在踧踖与与，故略之。两章互相备也。观朱子言路门内议政事在此，则知同异姓之臣皆得入矣。库门外非每日常朝之所，则知过位不在此，且外朝在库门外，非雉门外也。每日常朝，但立寝门外与群臣相揖，揖群臣就位，王便入。可知过位是此虚位。又引胡明仲之言可知后世拜跪之仪，是沿秦制，不得以此说周制。今人不考古人宫室之制，既不知三朝惟路寝有堂，又不知外朝在库门外，又不善读周礼太仆注，泥其言人若路门是禁地，异姓之臣不得入。于是以过位为外朝，以在库门外者移之，雉门外以升堂为在治朝，使路门外平地忽然而有堂有阶，一知半解，贻误后学，因补朱子此条详言之，以解惑。"

江永此卷考"宫室"最后，从《朱子语类》中辑出朱熹"路寝庭朝为内朝"之解说，结合《乡党》第 2 章、第 4 章，引郑注《太仆》《左传·成公六年》《玉藻》等经史文献，具体考证内朝与外朝、常朝与正朝的区别，指出《乡党》"不记正朝时事""记过位升堂，正是内朝议政时位者"。此说在卷四"燕朝考"条得到进一步确认，"治朝既毕，复视内朝，《乡党》所记是也"。[①] 强调胡寅不得以秦制解说周制的治经原则，最后申说"补朱子此条详言之"的缘由，告诫今人治经若"不考古人宫室之制"，必然导致"一知半解，贻误后学"。可见其见解精辟、考证精湛。《四库提要》云："今考永谓异姓之臣得入内朝，永说为是。"指出《乡党图考》"考核最为精密""其中若深衣、车制及宫室制度尤为专门，非诸家之所及"。[②]

皖派精于名物、重于礼制的特点在赵良猷《论语注参》中亦有具体例证。

赵氏对古代的典章和礼制较为熟悉，凡注及这些地方，赵氏的按语特多。如注"使民以时"条按语曰："此说亦只是余意。自当以邢疏所引《左传》《王制》《周礼》为是。"

赵氏有时甚至直接在按语中道明自己喜欢以礼说经的选录理由。如

---

① 《四库全书》二一〇册，第 801 页。
② 《四库全书》二一〇册，第 713~714 页。

"反坫"条，先引"何氏注：郑云反坫，反爵之坫，在两楹之间，其献酬之礼。更酌，酌毕，则反爵于坫上。邢疏《乡饮酒》，是乡大夫之礼，尊于房户间；《燕礼》是燕己之臣子，故尊于东楹之西。若两君相敌，则尊于两楹间，故其坫在两楹间也。熊氏云：主君献宾，宾筵前受爵，饮毕，反奠虚爵于坫上。于西阶上拜，主人于阼阶上答拜。宾于坫取爵洗爵，酌以酢主人。主人受爵饮毕，反此虚爵于坫上，主人阼阶上拜，宾答拜。是宾主饮毕，反爵于坫上也。注文不具耳。"接着赵良猷云："按此疏说礼最详，故录之。"可见，赵氏对古代礼制的兴趣以及对以礼说经的偏好。

在具体的经学实践中，赵氏亦体现了自己在礼制名物方面的良好修养。如"道千乘之国"条云："何氏《注》马曰道谓为政教，《司马法》：六尺为步，步百为亩，亩百为夫，夫三为屋，屋三为井，井十为通，通十为成，成出革车一乘。然则千乘之赋，其地千成，居地方三百一十六亩有畸。唯公侯之封，乃能容之。虽大国之赋，亦不是过焉。包曰：道，治也。千乘之国者，百里之国也。古者井田，方里而井，井十为乘，百里之国，适千乘也。融依《周礼》，包依《王制》，《孟子》义疑，故两存焉。"赵良猷按语曰："千乘之说，《集注》无明文。后世作文者，多依马说。盖取其便于敷衍耳。其实方千里之地以封公则四公以封侯则只一段，仅见于《周礼》，与诸书皆不合也。《论语》千乘之国，摄乎大国之间以下方六七十如五六十证之。则千乘是百里大国，则指当时齐晋秦楚之兼并者言也。《左传》天子之地一圻，列国一同，自是以衰；《尚书》列爵惟五，分土惟三。岂独《孟子》《王制》之言为合哉？"此条赵氏由古及今，视野开阔，已有定论：千乘为百里大国，足可见出赵氏对古代礼制的熟悉程度及对先贤时人经解的审慎追问。

二 崇尚古注

清代学术，以乾嘉学术为中坚，吴皖二派均在反对宋学空疏的风潮中异军突起，俨若并峙之双峰。尊古崇汉，着意从古书中寻找疑难问题进行考据是其共同的经学旨趣，主张"无一事无出处，无一事无来历"。

学术史上评价吴皖两派通常以惠栋、戴震为代表，如梁启超云"吴派以惠定宇栋为中心，以信古为标志……皖派以戴东原震为中心，以求是为标志"。在学术发展进程中，皖派似乎更有自觉独立的学派意识。王引之论惠吴之学，则云："惠定宇先生考古虽勤，而识不高，心不细。见异于今者则从之，大都不论是非……来书言之，足使株守汉学而不求是者，爽然自失。"王引之曾师从戴震，不免在情感上拔高皖学，却也从治学态度层面区别皖学与惠学，戴震自言其学术"不以人蔽己，不以己自蔽"，又以"定宇求古，吾求是"自许，十分清晰地区隔了自己与惠栋的经学目标。

值得注意的是，从学术发展的角度，戴震稍晚于惠栋，戴震亦曾问学于惠栋。因而戴震所面对的学术环境、学术资源及社会对学术的需求自当有别于惠栋。戴震"吾求是"与"定宇求古"的界定大致是客观的，章太炎亦从宏观角度区别了吴派、皖派经学研究"求古"与"求是"的相异学风。但我们不能就此简单地作出"求古""求是"孰高孰下、孰优孰劣的判断，倘能再作深入的分析，吴派的"求古"中不乏"求是"的内涵，而皖派的"求是"也是以"求古"为基准。并且，从时序演变来看，吴派是由"求是"而变"求古"，皖派则是由"求古"而趋"求是"，其中最大的相似之处，都是有鉴于宋儒说经的"凿空"，转而求之更为近古的汉代经注。它们向慕三代，遵循训诂古字古义，传言古代文献为宗旨，展示了乾嘉之际求古求是学风的倾斜混融。

皖派以安徽休宁人戴震而得名，但最早源自婺源江永。戴震于《论语》未有专述，故论及皖派《论语》诠释，必须上溯江永。

江氏一门，经史传家。江永幼年，即以《十三经注疏》为业，二十七岁（康熙四十六年，即1707年）在乡开馆授徒，潜心《礼经》，发愿结撰专书，以成朱子晚年纂修《仪礼经传通解》未竟之志。历时十余年，至康熙六十年（1721）成《礼经纲目》。该书承朱子遗意，作嘉礼、宾礼、凶礼、吉礼、军礼、通礼、曲礼、乐礼八门，计一百零六篇。全书以辑录"古注与释文"为主，旨在"但欲存古，以资考核"。

乾隆元年（1736）六月，清廷开馆纂修《三礼义疏》，《礼书纲目》列入其中将抄送书馆。是年冬，同郡名儒汪绂致书江永询问《礼书纲目》梗概。因误信传闻，疑永为学博杂，徒"以博洽自见"，故未待江永回复，绂再书江永。三年（1738）春，永复以长书叙述《礼书纲目》大要，彰明探讨古礼、古乐，以明"存古""道古""志古""好古"之为学旨趣，虽高言复古，亦主张"不必泥古"。① 藉此可见出江永尊古之倾向。

江永撰《乡党图考》，在诠释目的上体现复古寻根意图。在儒家经典中，关于礼制的记载最难掌握。理解的困难之一，是礼器与行礼的实际情形难以获得真切的印象。江永以图释经，其目的是尽可能复原历史的真相，他在《乡党图考例言》中说：

> 孔子先世及纪年、及制度名物，当为图谱以显。图谱正未易言，《史记》、《家语》、《阙里志》、《历聘纪年》、《年谱》诸书，参错不一，当加考核，以审从违。他书所绘制度器服诸图，多本宋初聂崇义《三礼图》，往往与经谬戾，讹以传讹，鲜能订正古人。宫寝朝庙，苟无精详之图，安知门朝堂阶若何布列，聘享摈相若何行礼。衣服无图，则冠冕不知其形，衣裳不知其制，尊卑不知其差，三裘不知所用。至车舆一图，传讹已久，全非古之车形，何以执绥而升车？何以车中不内顾？图学安可无根？兹为图谱一卷，务求精核，颇异他图云。②

可见，江永撰制图谱，欲对先秦以下典籍参错之记载加以考核，对前人所作、与经谬戾、讹误之图谱予以订正，充分体现其复古寻根之旨趣。

在内容安排上，体现返本尊古倾向。江永《乡党图考序》云："自圣迹至一名一物，必稽诸经传，根诸注疏，讨论源流，参证得失。"全书各卷亦充分体现这一意图。如卷二"圣迹"由"先世考""始生至为委吏乘田考""母卒考""学官至适周反鲁考""适齐反鲁不仕考""仕鲁考""去鲁周游考""归鲁至卒考"组成。生平事迹之线索十分清楚。卷五"衣服上"设"始制衣服考"、卷七"饮食"设"始为饮食考"等，均能数典怀祖。又如卷四"门考"。江永按语云："《集传》云：'大王之时，未有制度，特作二门，其名如此。及周有天下，遂尊以为天子之门，而诸

---

① 余龙光：《双池先生年谱》卷二，乾隆三年、四十七岁条。
② 《四库全书》二一〇册，第717页。

侯不得立焉。'朱子又云：'《书》天子有应门，《春秋》书鲁有雉门。'
《礼记》云：'鲁有库门。'《家语》云：'卫有库门。'皆无云诸侯有皋、
应者，则皋、应为天子之门，明矣。此为定说。《注疏》言鲁有库、雉，
他国诸侯有皋、应者，皆非。"① 又《乡党图考》卷五："笏者，古人以
为服饰常插之于带间，有事出之，无事仍插之，礼经皆言搢笏，后世谓之
簿，又谓之手板，不插而执之，乃有持簿执手板之事，又有垂绅正笏之
文，皆非古制。《疏》中凡言执笏者，皆误也。"② 凡此，皆可看出其崇尚
古制的编撰理念。

皖派尊古色彩在赵良猷《论语注参》中亦有具体昭示。

赵良猷《论语注参》总体上看没有汉宋界域，亦无门户之见。但若
对《论语注参》做更加具体、更加深入的阅读和分析，将会发现一些微
妙而有意味的问题。

第一，《论语注参》中，引用古注有 80 多处，引用宋注主要包括邢
疏注和集注有 30 多处。且引《邢疏》时多取古注。如《乡党》篇第二章
"侃侃如也，訚訚如也"条先引何氏注："孔曰：侃侃，和乐之貌，訚訚，
中正之貌。"按语云："此与朱子注正相反，然自有深意。汉训近古，似
为可从。朱子释訚訚为和悦，而加'而诤'二字，或亦有见于此也。近
世有论此注，谓不当加'而诤'二字者，则何如仍古注之为得耶。"此处
将汉注与朱注比较，指出"汉训近古，似为可从"，然后再与近世解说互
参，强调"仍古注为得"，尊古倾向呼之欲出。

第二，尽管赵氏对古注、宋注均评其得失，论其是非，但约有 10 处
是直接引用古注而未加按语、未作评判的，这种情况宋注仅有 1 处。另
外，直接而明确地肯定宋注的不到 10 处。赵氏看似汉宋兼采，实为尊古
注者多，从宋儒者少。如《述而》篇十二章"虽执鞭之事，吾亦为之"
条，云："何氏注：郑曰：富贵不可求而得之，当修德以得之；若于道所
可求者，虽执鞭之贱职，我亦为之。邢疏曰：《秋官·条狼氏》：'掌执鞭
以趋辟，王出入，则八人夹道，公，六人，侯伯，四人，子男，二人。'

---

① 《四库全书》二一〇册，第 802 页。
② 《四库全书》二一〇册，第 823 页。

《序官》云：'条狼氏，下士。'故云贱职。"江永按语曰："此说于士字，虽有着落，然语颇粘滞。惟言若于道可求者，是主于义。语自胜也。"此在郑注和邢疏的比较中，认为郑注"主于义"而"自胜"，坦言其尊从古注之倾向。再如《乡党》第六章"必有寝衣"条，先引"何氏注：孔曰：今之被也。"按语云："寝衣无考。朱子移此句于斋必有明衣之下，故解此殊觉费力。若从古本次之，则孔注语自简明。"此处说明了从古本的理由。

第三，赵氏引宋儒较多的是王应麟，其《困学纪闻》是考据学名作，其所参采多为汉儒之说，如《微子》"大师挚适齐"条，赵良猷云"王伯厚《困学纪闻》曰：孔安国以为鲁哀公时人，郑康成以为平王时人，班固《礼乐志》谓纣作淫声，乐官师瞽抱其器而奔散，或适诸侯，或入河海。《古今人表》列太师以下八人于纣时。吴斗南云：按《商本纪》纣世抱乐而奔者，太师疵、少师疆也。《人表》亦列此二人于师挚之后，误合二事为一。石林云：司马迁论周厉王事曰：'师挚见之矣。'则师挚厉王时人也。"此外，赵氏引清儒较多的是何焯，此人是校勘家，宗汉学。且赵氏引何焯常常是仅备一说，按语中自觉不自觉地流露出尊古色彩。如《学而》篇"使民以时"条，先引"何屺瞻曰：东汉韦彪云：农人急于务，而苛吏夺其时，欲急其所务，当先除其所患，是末句善据。"按语曰："此说亦只是余意。自当以邢疏所引《左传》、《王制》、《周礼》为是。以众所习知，故不录。"此处赵氏所引何说，只是聊备"余意"，强调当以"邢疏所引《左传》、《王制》、《周礼》为是"，考此三者之主旨当为"重民之力而不妨夺农务"，因"使民以时者，筑都邑城廓也"，"以都邑者，人之聚也，国家之藩卫，百姓之保障，不固则败，不修则坏。故虽不临寇，必于农隙，备其守御，无妨农务"。① 无疑，古解较之何氏所引东汉韦彪之说更加恢宏博大，深刻幽远。

第四，从赵氏的按语中，能够窥出他对古注与宋注的不同态度。赵氏对宋儒注疏也有肯定赞同，但肯定时似有保留，赞同时留有余地。如"邢氏此疏，是引释文所载范宁之说，然厚薄之训，似未为的，存之以备

---

① 《四部要籍注疏丛刊论语》，中华书局，1998，第312页。

一解可也"。"邢疏言，或可从""邢氏此疏，辨驳明白，而终之曰或以为假设之词也，语谬甚"。"邢疏不能为之发明"，"朱注正用旧注，孔氏说似此更进一解"。即使是最为彻底的一次赞同也还伴随着批评，如"邢氏此疏最为详核，但言缁衣，未兼祭服，于义不备"。

由此，足可见出赵氏尊古崇汉的倾向。赵氏的这种倾向可能是无意的，不自觉的。尽管他没有家学渊源，亦没有师承相授，因此而没有门户壁垒。但赵氏处于康乾之际，清初反对宋学空疏之风无疑会对他产生影响，赵氏沐浴皖派学风，地域学术风格无疑会陶冶他的学术兴趣。故他的学风不可能超越那个时代，难以脱离那个区域。

三　权衡汉宋

清初统治者出于社会发展的一般需要和意识形态的考量，不得不将程朱理学作为官方正统学术。这一招固然在某种程度上能够消弭汉族知识分子对异族统治者的敌视。但在神州荡覆的民族苦难中，一大批富有民族气节的遗民知识分子决不会为这一点"实惠"而"失节"而"折腰"。他们毅然决然地将批判的矛头指向程朱理学，并将此作为反清斗争的一种手段。顾炎武、王夫之、毛奇龄等在民族主义情感和立场的激荡下，大胆诘难宋学的空疏，成为反对宋学的"冲锋陷阵之猛将"①，吴皖两派都加入了这一行列。惠栋认为宋儒之祸"甚于秦火"，江声认为"性理之学，纯是蹈空"，戴震明确表示："宋以来儒者，以己之见，硬坐为古贤立言之意，而语言文字实未之知。"强调运用小学训诂方法，重新研究经注，将程朱附会于经的注解，一一加以破除，恢复儒家学说的基本精神。然皖派又有所区别于吴派，如皖派对汉代经学的家法师法，并不一味尊信，对宋儒经解并不简单否定，不单纯"唯汉是好"，而强调求是，不拘于训诂，注重阐发个人思想，领会经言本义。即皖派能够不主一家，实事求是，理性客观，超越汉宋。

江永、赵良猷之《论语》诠释对宋学均有驳难与批评。

江氏《乡党图考例言》云："自讲章时文之学盛，而注疏之学微，游

---

① 《梁启超论清学史二种》，复旦大学出版社，1985，第13页。

谈无根,其弊也久。前明诸钜公名手,于毛郑贾孔之言,盖有终身未一寓目者,观其著述与其时艺,即可窥其底里。是书引经稽典,必以注疏为主,后儒之说附之。注疏有未当,乃参考而明辨之,此穷经之方也。"① 可见江氏著述之目的就是要扫除空疏无根之弊端。

邢昺《论语注疏》,是唐朝以前《论语》研究的总结性成果,又是宋朝以后公认的权威著作。自江永的《乡党图考》问世,学术界对于该书的不足才有了清晰的认识。无论江永主观上是否有意与邢氏争胜,在客观上他是大力驳诘《论语注疏》的。

如卷三"执圭行聘考",先引《仪礼·聘礼》经文,再引《礼记·聘义》经文,后引贾公彦疏。江永按曰:"《司仪》君朝用交摈,臣聘用旅摈。《乡党》说揖所舆立,左右手,唯交摈。《传辞》承摈在中间,乃有揖左人揖右人之事。考之《春秋》,孔子仕鲁时,未见国君来朝,亦无卿来聘。意其为大夫行问礼,主国亦以交摈待之。周末文胜,不尽如礼制也。《司仪》云:及将币,交摈,三辞。三辞者,上摈以君命请事于宾,宾对以君命臣来之意,此一辞也。主人辞不敢当而宾对,此二辞也。主人又固辞不敢当而宾又对,此三辞也。三辞讫乃许而纳宾。《仪礼》之内,一辞而许曰礼辞,再辞曰固辞,三辞曰终辞。终辞者,终不受命也。此实固辞,併初请事,共得三辞,所谓三辞者,当如此。《司仪》疏谓辞其以客礼,当已误矣。《司仪》既言交摈三辞,此不言辞主人有四宾有三。邢疏不言三辞,非也。"②

又如《乡党图考》卷五:"笏者,古人以为服饰常插之于带间,有事出之,无事仍插之,礼经皆言搢笏,后世谓之簿,又谓之手板,不插而执之,乃有持簿执手板之事,又有垂绅正笏之文,皆非古制。《疏》中凡言执笏者,皆误也。"③ 此处亦可窥出江氏考礼之思致细密。

江永不仅批评邢疏,亦对朱注予以考证驳正。卷三"通考诸侯相朝聘"条,引《仪礼注疏》《王制》云:"凡君即位,大国朝焉,小国聘焉",《周礼注疏》曰:"诸侯邦交,已是小国朝大国,大国聘小国",后

---

① 《四库全书》二一〇册,第 718 页。
② 《四库全书》二一〇册,第 773~774 页。
③ 《四库全书》二一〇册,第 823 页。

引《左传》"凡诸侯即位，小国朝之，大国聘焉"。论证了"朝"与"聘"的行为主体在社会等级或政治力量方面的差异，指出了不同等级的行礼主体在礼器使用方面的具体规定。再引《秋官小行人》郑注。最后江永按语曰："享礼用圭者，唯二王后享天子。郑此注云：其于诸侯亦用璧琮耳，则诸侯使大夫聘而行享，必无用圭之事。郑注《乡党》云：既聘而享用圭璧，邢疏引《小行人》文不能辨正，《集注》遂承其误。"

仔细分析江氏是按语，若要求得准确之解释，有必要先拈出邢疏之具体内容。

邢疏曰："郑注《小行人》云其上公及二王之后享天子圭以马，享后璋以皮，其侯伯子男享天子璧以帛，享后琮以锦。其玉大小各如其命数知者。《玉人》云：璧琮九寸，诸侯以享天子是也。其诸侯相朝所执之玉与朝天子同，其享玉皆以璧享君，以琮享夫人，明相朝礼亦当然。子男相享则降用琥以绣，璜以黼。故郑注《小人行》云其于诸侯亦用璧琮耳，子男于诸侯则享用琥璜，下其瑞是也。其诸侯之臣聘天子及聘诸侯，其聘玉及享玉降其君瑞一等。故《玉人》云缘圭璋八寸，璧琮八寸，以覜聘是也。"①

因邢疏提及郑注《小行人》，故亦需要将其具体呈现。《小行人》为《周礼·秋官》经文，即"合六币：圭以马，璋以皮，璧以帛，琮以锦，琥以绣，璜以黼，此六物者，以和诸侯之好故"。

郑注云："合，同也。六币，所以享也。五等诸侯享天子用璧，享后用琮，其大各如其瑞，皆有庭实，以马若皮。皮，虎豹皮也。用圭璋者，二王之后也。二王后尊，故享用圭璋而特之。《礼器》曰：圭璋特，义亦通于此。其于诸侯，亦用璧琮耳。子男于诸侯，则享用琥璜，下其瑞也。凡二王后，诸侯相享之玉，大小各降其瑞一等。及使卿大夫覜聘亦如之。"②

将邢疏与郑注两相对照，则可发现，第一，郑注完全没有论及"上公及二王之后享天子圭以马"等，此盖有邢氏不能将《小行人》经文与

---

① 《四部要籍注疏丛刊论语》，第 390 页。
② 李学勤主编《周礼注疏》，北京大学出版社，1999，第 1014 页。

郑注予以具体辩证，抑或将其与贾公彦疏杂糅混沌所致。第二，郑注强调"五等诸侯享天子用璧，享后用琮"，而不用圭璋。"用圭璋者，二王之后也。二王后尊，故享用圭璋而特之。"而邢氏误将"用圭璋者"之范围任意扩大。第三，《玉人》云"璧琮九寸，诸侯以享天子是也"。《玉人》亦云"璧琮八寸，诸侯以享夫人"。然邢氏仅据《玉人》"璧琮九寸，诸侯以享天子是也"，认为"其诸侯相朝所执之玉与朝天子同，其享玉皆以璧享君，以琮享夫人"，进而推断"明相朝礼亦当然"，显然有偏颇之嫌，断章之妄。第四，郑玄引《礼器》进一步论证"圭璋特"，故二王之后，诸侯朝天子用璧琮，子男于诸侯用琥璜，即江永概括为"则诸侯使大夫聘而行享，必无用圭之事"。然邢氏则认为无关圭璋璧琮，只需降其君瑞一等。即"缘圭璋八寸，璧琮八寸，以觌聘是也"。

由此，邢氏之粗陋甚明。朱注又如何"承其误"？朱熹注《乡党》篇"执圭"章云："圭，诸侯命圭聘问邻国，则使大夫执以通信。……既聘而享用圭璧，有庭实。……此一节记孔子为君聘于邻国之礼也，晁式曰：孔子定公九年仕鲁，至十三年适齐，其间绝无朝聘往来之事，疑使摈执圭两条，但孔子尝言其礼当如此尔。"[1] 显然，朱熹认为诸侯使大夫聘于邻国，可享用圭璧，其承邢氏之误，毋庸置疑。

赵氏亦有对邢疏之否定。如"先进后进"句释云：

> 何氏注："孔曰'先进后进'，谓仕先后辈也。礼乐与时损益，后进得时之中，先进有古风，斯野人也（此四字脱）。"按：此注稍牵强。然谓先进后进，为先仕后仕，正对下用字，义亦可从。《邢疏》乃因下章郑注而谓此评其弟子之中，仕进前后之辈。语极无理。

《论语》此章全文为："子曰：'先进于礼乐，野人也；后进于礼乐，君子也。如用之，则吾从先进'。"此条《邢疏》云："……先进后进，谓仕先后辈也者。下章云从我于陈蔡者，皆不及门也。谓不及仕进之门，则

---

① 《四部要籍注疏丛刊·论语》，中华书局，1998，第584页。

此谓不从于陈蔡得仕进者也。盖先进者，当襄昭之世；后进者，当定哀之世。……"①

赵良猷认为：何注牵强。但若释"先进后进"为"先仕后仕"，联系下文"若用之，则吾从先进"句分析，恰上下相对，从之有理。然《邢疏》据下章郑注，而释"先进后进"为评论孔子弟子，实乃无理。此"下章"，当指"子曰：'从我于陈、蔡者，皆不及门也'。"郑曰："言弟子从我而厄于陈、蔡者，皆不及仕进之门而失其所。"（《四部要籍注疏丛刊·论语》，中华书局，1998，第 398 页）可见，"下章"是有关孔子及弟子情况的叙述，而"上章"则是有关社会现象的分析，邢氏藉"下章"而析"上章"，此处不妥。故赵氏断其"语极无理"，实为精当。

当然，赵氏对宋儒的否定并不猛烈直接，显得和缓，常常是在比较中自然呈现其高下优劣，显示出理性求是的胸襟。如：《论语注参》中亦有若干条先引出何氏注疏，再跟其他注疏比较，最后下出按语，给人具体透彻之感。"必有寝衣"条云：

　　何氏注："孔曰：今之被也。"按：寝衣，无考。朱子移此句于"齐必有明衣"之下，故解此殊觉费力。若从古本次之，则孔注语自简明。②

"加我数年章"条云：

　　何氏注："《易》：'穷理尽性以至于命。'年五十而知天命。以知命之年，读至命之书，故可以无大过。"邢《疏》谓四十七时也。按：邢《疏》"四十七之说"，不知何本，然古书多不可考。虽行事尚有错简，况于所言，而必可以年实之乎？何注语自无弊，邢疏多事也。③

---

① 《四部要籍注疏丛刊·论语》，第 398 页。
② 赵良猷：《论语注参》，第 29 页。
③ 赵良猷：《论语注参》，第 20~21 页。

上两例，是与朱熹《论语集注》、邢昺《论语注疏》比较分析之后，否定朱、邢之说而认同古注。移"必有寝衣"句至"齐必有明衣"句之下者，乃程颐提出而朱熹从之。《论语集注》释"必有寝衣"句云："齐主于敬，不可解衣而寝，又不可著明衣而寝。故别有寝衣，其半盖以覆足。程子曰：此错简，当在'齐必有明衣布'之下，愚谓如此则此条与明衣变食既得以类相从，而裘裳狐貉亦得以类相从矣。"① 观此可知，第一，朱注未对"寝衣"作出明皙解释；第二，"必有寝衣"句出《乡党》第 6 章，前有"亵裘长，短右袂"句，后有"狐貉之厚以居"句，盖讲日用之事。而"明衣"句出第七章，全章为"齐，必有明衣，布。齐必变食，居必迁坐"。盖为斋戒之事，"齐"同"斋"，"斋戒"。可见，他们原本以类相从，若按程子之见，将"寝衣"句至"明衣"句下，岂不异类不从乎？"解此殊觉费力乎？""加我数年章"出自《述而》第十七章："子曰：'加我数年，五十以学《易》，可以无大过矣'。"皇侃《论语义疏》曰："当孔子尔时年已四十五六。"无考；朱熹《四书集注》云："是时孔子年已几七十矣。"亦无考；刘宝楠《论语正义》未注及年龄。惟邢疏确定为"四十七时也"，本无考。无据而贸然断之，实乃突兀，况此处非必以年实之。故赵氏认同古注有理有据。

皖派《论语》诠释并不一味否定宋说，亦有对宋儒的肯定。

江永《乡党图考》卷二论及孔子曰："上失其道而杀其下非理也，不教以孝而听其狱是杀不辜也"时云："按《荀子》《家语》《史记》皆有诛少正卯事。朱子曰：少正卯之事，《论语》所不载，子思、孟子所不言，虽以左氏亦不道也，独荀况言之，是必齐鲁诸儒愤圣人失职，故为此说，以夸其权耳，今亦不录。"② 关于孔子诛杀少正卯一事，是学术史一桩悬案。或认为其为法家之徒杜撰，或判定少正卯没有处以极刑死罪的证据，或指出其与孔子言行不合。江永在卷一《孔子年谱》中未载此事，此处又云"今亦不录"，显然是认同朱子关于少正卯之事《论语》所不载的观点。

---

① 《四部要籍注疏丛刊·论语》，第 585 页。
② 《四库全书》，第 210~746 页。

再如卷二云及"楚昭王迎孔子将以书社地七百里封孔子"时，江永曰"按《索隐》云：古者二十五家为里，里各立社，书社者，书其人名于籍。盖以七百里书社之人封孔子也，然则此里非延长之里。朱子疑书社七百里，无此理。愚谓此史迁属辞之不善耳。当云书社七百，如《左传》书社五百，《荀子》书社三百之云，则无疑矣。"① 此处江氏指出朱子之怀疑当为"史迁属辞之不善"，无疑从朱子之说。

赵氏宗宋儒者，如"齐必变食"条云：

邢《疏》曰："自此以上皆蒙齐文。凡言不食者皆为不利人，亦齐者，孔子所慎。若食之，或致困病，则失严敬之心，故不食也。其凡常不必然。"按：邢氏此说，甚有意义。凡常虽圣人，恐不能如此，势有所不可也。又况圣人之言，则著为教，若责人之凡常如此，是不知民生之疾苦艰难矣。②

又"如有所立卓尔"条云：

何氏注："孔曰：其所立则又卓然不可及。言己虽蒙夫子之善诱，犹不能及夫子之所立。"按：朱子之说，精微详尽。说理之处，非先儒所及也。此仅可备一解耳。③

"季路问事鬼神章"云：

王若虚《论语辨惑》序云："问死，问事鬼神，夫子不以告子路。宋儒皆以为实告之。此过于深也。"按：王氏之说非是。《集注》谓不可躐等，故告之如此。犹是推原之意。然事人即能事鬼，知生即是知死。固当以程子之说为正。④

①　《四库全书》，第 210~753 页。
②　赵良猷：《论语注参》，第 30 页。
③　赵良猷：《论语注参》，第 24 页。
④　赵良猷：《论语注参》，第 35 页。

以上三例，明确认同邢氏、朱子、程子之解说。第一例，直接引出邢氏注文而作出判断。第二例中朱子的释语为："卓立貌，末无也。此颜子自言其学之所至也，盖悦之深而力之尽，所见益亲，而又无所用其力也。吴氏曰：'所谓卓尔，亦在乎日用行事之间，非所谓窈冥昏默者'。程子曰：'到此地位，功夫尤难，直是峻绝。又大段著力不得'。……胡氏曰：'无上事而喟然叹此，颜子学既有得，故述其先难之故，后得之由，而归功于圣人也。高坚前后，语道体也，仰钻瞻忽，未领其要也。惟夫子循循善诱，先博我以文，使我知古今达事变，然后约我以礼，使我尊所闻行所知，如行者之赴家，食者之求饱。是以欲罢而不能。尽心尽力不少休废，然后见夫子所立之卓然，虽欲从之，末由也已。是盖不怠所从必欲至乎卓立之地也。……"①

可见，朱注较之何注，确实精微详尽，透彻具体。第三例中程子曰："昼夜者，死生之道也。知生之道则知死之道，尽事人之道则尽事鬼之道。死生人鬼，一而二，二而一者也。"② 王氏之说不得要领，程子之说体会深刻。以"程子之说为正"，是正确的选择。

值得注意的是，皖派虽然崇尚古注，但并非"凡汉皆好，凡古必真"，其在《论语》诠释中，屡屡对汉儒古说否定驳难。

江永《乡党图考》卷三"《论语》执圭，包咸曰：为君使聘问邻国，执时君之圭"。其云："按大夫聘执缘圭，《周礼》有明文，君之圭，非臣所执。包氏谓执君之圭，误矣。"③ 卷四"宁考"条云"孔疏谓诸侯内屏在路门内，天子外屏在路门，近应门。甚误。"④ 卷五"兼考玄端服"条，江永曰"按郑言不以玄冠名服者，是为缁布冠陈之，非也。朝服玄端及深衣，皆用玄冠，虽不为缁布冠陈，亦不可以玄冠名服"。⑤ 卷五"帷裳考"条云："王注乃对上衣言之，误矣。""王说又举丧服之裳曰削幅者为杀，误甚。"⑥ 卷八"绥考"条指出"贾谊《容经》云：立垂以经立之

① 《四部要籍注疏丛刊·论语》，第 574 页。
② 《四部要籍注疏丛刊·论语》，第 594 页。
③ 《四库全书》二一〇册，第 764 页。
④ 《四库全书》二一〇册，第 806 页。
⑤ 《四库全书》二一〇册，第 833 页。
⑥ 《四库全书》二一〇册，第 834 页。

容，右持绥而左臂（言旁加出），此说非是。"①

可见，江永从包咸、孔安国、郑玄、王肃、贾谊一路下来，逐一纠偏，一个也不放过。不仅如此，江氏还慧眼如炬，考出《大戴记》《韩诗内传》《家语》《史记》中的讹误与错漏。如卷六"佩考"条云："按《大戴礼》、《韩诗内传》皆言在衡为鸾，在轼为和，非也。"② 卷二"学官适周反鲁考"条，"按《史记》不考僖子卒在昭二十四年，此传为终言之，而叙此事于十七岁。误甚"。③ 卷二"先世考"条指出"潘公名共，而云熙，盖《家语》传写各有误耳"。④

赵良猷同样不别古今汉宋，对古注汉说不庇护迁就，该是则是，该非则非。如《卫灵公》篇"天下有道章"云："何氏注：孔曰平王东迁，周始微弱。诸侯自作礼乐，专行征伐，始于隐公，至昭公十世，死于乾侯。季文子初得政，至桓子五世，为家臣所因。马曰：杨虎为季氏家臣，至虎三世而出奔齐。""按此就鲁言之，亦自可通。但言家臣至虎三世而出奔齐。三世字，殊无据。此融之陋也。"⑤ 《宪问》篇"谅阴三年"条，赵氏引曰："何氏《注》孔曰：谅，信也，阴，犹默也。邢疏谓信任冢宰，默而不言也。《礼记》作谅闇。康成以为凶庐。非孔义也。"并在其后按语云："孔以信默释谅阴，愈于郑氏凶庐之说。"⑥

前例赵氏批评马融之说"殊无据"，后例认为孔氏之说愈于郑玄，贬抑郑玄之倾向十分鲜明。赵氏对"古注与儒先之有异说者"，常亦评其失，持论很讲究分寸。相关的按语还有"解此殊觉费力""尤非是""未豁""语谬甚""非此句正诠也"等。赵氏在评得失、论是非的同时，对一些较为复杂、没有把握的问题，不作简单评判，常能下出"亦可存参""可备一说""此说可用""以广见闻"等按语，体现出客观开明的诠释思想。

---

① 《四库全书》二一〇册，第 898 页。
② 《四库全书》二一〇册，第 858 页。
③ 《四库全书》二一〇册，第 741 页。
④ 《四库全书》二一〇册，第 732 页。
⑤ 赵良猷：《论语注参》卷下，第 51 页。
⑥ 赵良猷：《论语注参》卷下，第 46 页。

小　结

综上，本章从精于名物、崇尚古注、权衡汉宋三个方面深入剖析了皖派《论语》诠释的鲜明特色。崇尚古注是皖派与吴派最为相近趋同的诠释特点，精于名物是皖派区别吴派的主要特色，权衡汉宋、不辨古今是皖派独立于吴派最鲜明、最突出的个性。

第一，皖派与吴派崇尚古注，是时代风潮的必然选择，但其发展路径却是吴皖分途。

山河破碎、国仇家恨驱使着清初大儒名士必须疏离空疏之宋学，一批明朝遗老在行为选择和治经实践方面已经做出了抵抗和复古的表率。顾炎武在苏州、昆山参加了反清斗争。其著《日知录》一书，意在"拨乱涤污，法古用夏"。王夫之在清兵南下时，曾在衡山举兵反抗，后著《论语大全说》，其自称就是为了反对"异端"和"俗学"，体现出尊经复古、排老辟佛的倾向。毛奇龄著《论语稽求篇》，其目的是攻驳"宋儒之书"，追求《论语》去古未远之真义与本意。顾炎武占籍昆山，距吴皖最近，其经学旨趣最容易泽被熏染吴皖学人。吴皖两派最大的相似之处，都是有鉴于宋儒说经的"凿空"，故而追求去古未远的汉代经注。当然，吴派先起于苏州，皖派后立于徽州，从吴派到皖派是一个历史发展进程。如果说吴派信奉"凡汉皆好""凡古必真"，是出于一种情感上的与宋儒的切割，终于趋向嗜博泥古、盲从褊狭，[①] 以致被人诟病。那皖派在遵从古注的同时，追求"不别古今""不分汉宋"，则是在新的学术环境、学术资源、学术条件下上升为一种理性的探索。这决定了吴、皖两派经学研究的不同路径，即章太炎先生概括的"求古"与"求是"的相异学风。然而若进一步思考分析，则可发现：吴派的"求古"中不乏"求是"的内涵，而皖派的"求是"也以"求古"为基准。并且，从演变进程看，吴派是由"求是"而变"求古"，皖派则由"求古"趋向"求是"。

第二，由训诂求古义是吴皖两派的共同追求，但皖派的成就主要在名物礼制方面。

<hr />

① 梁启超：《清代学术概论》，中华书局，2010，第25页。

　　吴皖两派学者十分重视由音韵训诂以通义理的治经方法，此乃清初以来学术思想发展的必然趋势。早在明末清初的顾炎武就倡导"读九经自考文始，考文自知音始"。吴派学术主张博通，为恢复相传由孔子整理和传授的"六经"本义，都强调由字词入手研究经书，而字词训诂必须以汉儒笺注为主要依据。惠栋在《论语古义》中，以古字古音为始基进而考述"古义"。皖派学者在文字训诂方面的修养亦十分深厚，其对语言文字的研究主要集中在古韵方面。皖派源头人物黄生曾著《字诂》，江永亦有《古韵考》专著，戴震将古韵分为九类二十五部，并根据古文字的音与声，推求出"故训音声相表里"的规律。而且，皖派的文字训诂研究还接受了吴派的学术宗旨。戴震三十五岁至扬州结识惠栋后，声称经学研究在于"故训明，则古经明，古经明，则贤人圣人之理义明"。戴震对文字与义理关系的认识与吴派一脉相承。

　　然值得注意的是，皖派《论语》诠释与皖派经学实践大致一致，但皖派重视文字训诂的重要特色没能在《论语》诠释中充分显示出来，这一现象值得思考。其原因可能有：一是戴震的主要精力集中在《孟子字义疏证》及其他，对《论语》未作诠释，且皖派其它成员诠释《论语》者偏少。二是江永没有对《论语》进行全释，只是专取一章，此一章主要是名物制度，江氏只是偶涉文字，但主要任务是训诂名物制度。赵良猷《论语注参》亦主要是取参众注，涉及文字者同样偏少。

　　概言之，皖派学者除了研究语言文字之外，重视名物、制度、古文献的校勘考证，精于小学、天算，尤擅三礼。研究《论语》的最大特色在于名物训诂，江永毕生究心名物制度、经史舆地、天文历算，"凡古今制度及钟律声韵，无不探赜索隐"，尤以三礼之学最称专精，其《乡党图考》是清代《论语》诠释史考证最为精湛的精于名物的鸿篇巨制。赵氏对古代的典章和礼制较为熟悉，凡注及这些地方，赵氏的按语特多。此乃吴皖两派《论语》诠释的区别所在。

　　第三，吴皖两派均能坚守汉学，但吴派多"株守汉儒"而"不敢出入"，抱定"凡古必真，凡汉皆好"，而皖派则能跳出"汉界"，做到"实事求是，不主一家"，并能从训诂通义理，突破旧学，提出己见。

　　江永《乡党图考》在不辨汉宋、不分古今的基础上求真求是，如卷六"绀緅考"条云："按绀緅皆赤黑之间色，緅又黑于绀。君子不以为饰者，谓其非正色也。饰必用正色，如《深衣篇》纯以缋纯以青纯以素，是也。不以绀緅为饰，犹之不以红紫为亵服耳。緅又入黑为缁为玄，齐时服玄冠元端。而孔氏云'齐服'。是误以绀为玄矣。练衣本以一染之縓为缘，而孔氏云'练服'。是误以緅为縓矣。邢疏不能辩正，集注亦因之耳。"①"绀緅"为《乡党》篇第六章，江氏从古代"深衣之制"出发，考之《礼记》《玉藻》等，认为"古者深衣，盖有制度，以应规矩绳权"。考出孔氏之误在于"以绀为玄"，"以緅为縓"，进而指出邢疏、朱注之误盖源于孔氏。从其辨彰学术、考镜源流的孜孜探求中，可真实窥出求真、求是的治经旨趣。

赵良猷《论语注参》是评论汉、宋《论语》学之精粗得失的学术笔记。从其子赵绍祖之《后跋》可知，赵良猷没有家学渊源，亦没有师承相授，因而没有门户壁垒，故于汉宋学术没有意存轩轾的"先见"。江瀚云："是书自汉注以来各家，参用何氏《集解》、陆氏《释文》、邢叔明《疏》引之外，如韩、李笔解，苏辙《论语拾遗》，朱子《集注》，王应麟《困学纪闻》，罗泌《路史》，王若虚《论语辨惑》，李诩《戒菴漫笔》，张凤翼《谭辂》，郑晓《古言》，李豫亨《推篷寤语》，顾炎武《金石文字记》，朱彝尊《经义考》，何焯《读书记》等类。"此外，赵氏较少引用到顾炎武、朱彝尊、何屺瞻及伯父赵環石、乡先辈萧若拙等清初诸儒的有关注解。可见，此书不分古今、不别汉宋，上取汉唐，下迄宋清，不宗一门一户，博采各家之长。

皖派学者的《论语》诠释还能提出己见，时有发明。如《乡党图考》卷四考"堂角有坫"。朱熹《仪礼释宫》说："《士冠礼》注曰：'坫，在堂角'。贾氏释《士丧礼》曰："堂隅有坫，以土为之，或谓堂隅为坫也。'"江永按云："堂之四隅即为坫，非别有土为之也，反坫，以反爵崇坫以康圭，乃是烧土为之。"②又如，卷五"兼考玄端服"。江氏按语曰："郑言不以玄冠名服者，是为缁布冠陈之非也。朝服玄端及深衣，皆

---

① 《四库全书》二一〇册，第 855 页。
② 《四库全书》二一〇册，第 790 页。

用玄冠，虽不为缁布冠陈，亦不可以玄冠名服。"① 江氏在宫室、服饰制度方面多能发前人所未发。

赵氏《论语注参》的最大特点是取参众注之长，但亦常在按语中表述见解、昭示性情。如"此节极好""此说极好""此说最好""此论破千古之惑，是《路史》中议论之最纯正者""论自新警""论自明豁"。类似的按语还有"解此殊觉费力""尤非是""未豁""此融之陋也""语谬甚""非此句正诠也"等。这些按语极具个性，富有感染力。

第四，皖派《论语》诠释影响深远，其诠释特点与显著成就与其学术渊源及地理环境密切关联。

皖派《论语》诠释无疑具有巨大深远的影响。江永《乡党图考》，无论其诠释方法、编撰体例、诠释境界，还是资料之丰赡翔实、考据之深入精湛，在《论语》诠释史上都是无法撼动的。《乡党图考》之后，接踵而作者，有黄守僎《乡党考》一卷，"虽精密不如江氏，而剪裁颇费苦心，览者称便"。② 金鹗《乡党正义》一卷，对江氏所作"多所匡正"，③ 胡薰《乡党义考》七卷，"盖仿江永《乡党图考》而加详"④，魏晋作《乡党典义》二册，"皆稽诸经传，根诸注疏。复取证于婺源江永《乡党图考》，讨论其源流，参证其得失"。⑤ 王渐鸿《乡党图考补正》六卷，于《乡党》一篇所涉礼仪形制，考证备极详尽。吴派的发轫者，可追溯到明清之际吴中名士丁宏度。其首次尝试汉儒经说的系统研究，并在他的带动下，苏州地区形成了一个不小的汉学研究群体，而惠周惕是其中的佼佼者。皖派的源头可上溯到新安理学，新安理学以朱熹为宗。朱熹反对"学者但守注疏"，但也反对空谈义理。朱熹对名物训诂的重视，为其后的新安理学家所发扬。新安理学家治经，讲究求真求是，直接滋养了皖派朴学，培养了徽州文化深厚的理性主义传统。明末清初，歙县潭渡人黄生则由训诂入手治学，开清代徽派考据之先河。较黄生稍晚的婺源人江永，

① 《四库全书》二一〇册，第832页。
② 《续修四库全书总目提要》，第878页。
③ 《续修四库全书总目提要》，第878页。
④ 《续修四库全书总目提要》，第879页。
⑤ 《续修四库全书总目提要》，第879页。

一生潜心著述与教学，学识渊博，尤精三礼，同期的歙县人汪绂，虽学无承师，但专意以考据治经，与黄、江同为徽派朴学的早期学者。此三人著书崇尚广采博引，偶立一论，必求其是，从根本上讲，正是一丝不苟的治学精神奠定了后世皖派学术"实事求是"态度的基石。

赵良猷与皖派虽没有直接的师承关系，但皖派朴实考证的经学宗旨，实事求是的治学态度天然地镌刻在赵氏的血液里，可能与他们所生活的自然地理环境有一定的关联。文献记载徽州之地理环境，或云："吾徽居万山环绕中，川谷崎岖"① 或云："（吾歙）地隘斗绝，厥土骍刚而不化。"虽然徽州地理环境之险恶，但它却积淀铸就了皖派的学术风格，所谓："江永、戴震起徽州，徽州于江南为高原，其民勤苦善治生，故求学深邃，言直核而无温藉。"② 此处直以皖学之"深邃""直核"归结为徽州地理环境的影响。刘师培曾以"山国""泽国"之地区分学术，认为"山国之地，地土境瘠，阻于交通，故民之生其间者，崇尚实际，修身力行，有坚忍不拔之风。泽国之地，土壤膏腴，便于交通，故民之生其间者崇尚虚无"。③ 钱穆亦云："徽人群居山中，率走四方经商为活，学者少贫，往往操贱事，故其风亦笃实而通于艺。"④

---

① 张海鹏、王廷元主编《明清徽商资料选编》，黄山书社，1985，第 6 页。
② 章太炎：《检论》卷四《清儒》，《中国现代学术经典·章太炎卷》，第 257 页。
③ 刘师培：《南北诸子学不同论》《南北学派不同论》，《中国现代学术经典·刘师培卷》，第 732 页。
④ 钱穆：《中国近三百年学术史》上册，中华书局，1986，第 308 页。

第四章 扬州学派《论语》
诠释特点论

关于扬州学派，学术史上持有分歧，有人认为，扬州学派是皖派的延续或发扬光大。因戴震嫡系弟子王念孙、王引之，其学风及治经特点与皖派十分相近，故应统属于乾嘉考据学或清代汉学、清代朴学，"乾嘉考据学派（或称汉学）乃历史客观存在，以此一派称之，足矣！"①

当然，亦有人认同扬州学派说。张舜徽云："余尝深考清代学术，以为吴学最专，徽学最精，扬州之学最通。"② 甚至有人提出"应从群体上研究扬州学派"③，亦有学者将汉学流派的划分与汉学自身的发展演变联系起来，认为以惠栋为首的吴派和以戴震为首的皖派，以及以阮元为代表的扬派各具"尊汉崇古""实事求是""通贯总结"的特色，不仅代表了清代汉学发展的三个主要阶段，而且"后先相承，渊源有自，基本反映了一代学术产生、发展、变化乃至终结的过程"。④

我们认为：扬州学派虽有直接师承戴震的巨儒，如王氏等人，也有自学苦读的大家，如汪中、焦循，亦有较苏州惠氏更加持久的家学渊源，还有盘根错节的姻亲关系。此外，扬州优越的地理位置、深厚的文化积淀，凡此种种，铸成扬州学派独特风格和鲜明特色。扬州学派是乾嘉汉学的重要分支，其学术渊源远绍顾炎武，近承吴、皖两派并有所改进创新。扬州学派把辑佚、校勘、注释等研究手段熟练地加以综合利用，兼顾训诂与义

---

① 参见暴鸿昌《乾嘉考据学流派辨析》一文，《史学集刊》1992年第3期。
② 张舜徽：《清代扬州学记》，广陵书社，2004。
③ 王俊义：《论乾嘉扬州学派的特色》，《中国人民大学学报》1990年第1期。
④ 黄爱平：《清代汉学的发展阶段与流派演变》，《中国文化研究》2001年春之卷。

理，注重经世致用，贯通群经，精深邃密，在经学、小学、校勘学等方面都取得了突出的成就，将乾嘉汉学推向巅峰。

清代《论语》诠释画廊里，扬州学派可谓琳琅满目，蔚为壮观。有刘台拱《论语骈枝》，焦循《论语通释》《论语补疏》，阮元《论语论仁论》《论语校勘记》《论语一贯说》《论语解》，刘宝楠《论语正义》《论语注疏长编》《论语正义补》，刘恭冕《何休注训论语述》等。其中《论语解》篇幅极短，《论语正义》乃鸿篇巨制；《论语论仁论》专一论"仁"，而《论语通释》涉及十五个范畴；《论语通释》《论语一贯说》惟训诂求义理，而《论语校勘记》《何休注训论语述》当属校勘辑佚。可见，清代扬州学派之《论语》诠释，可谓千姿百态，阵容壮大，特色鲜明，成就卓越。

一　风景独特

清代扬州学派之《论语》诠释，与其他地域相比，确有其尖颖独特之处，如父子共治、长短交融、体例多样等，这些因素交织成一道独特的风景。

第一，父子共治《论语》。

父子共治经学，其乃经学之地域化或家族化写照。这种情形可上溯汉代。"东汉以后，……汉族之学术文化变为地方化及家门化矣。故论学术，只有家学之可言，而学术文化与大族盛门常不可分离也。"① 学术史上，经学与望族的关联、家族世代传经乃至父子共治一经不乏先例。如西汉中期便已出现专门用经学来解释法律的"律家"，如杜周、杜延年父子，所解释法律以"大杜""小杜"而著称②，刘向、刘歆父子更是翘楚儒林。刘向、刘歆"原本治《易》"，"皆治《春秋》"，后"刘向诏受《谷梁》，刘歆转习《左传》"，"父子俱好古"，"又能互相辩难"。陈钦、陈元父子潜心《春秋》，属意古文经学。分别著有《陈氏春秋》《左氏异同》。陈元在古文、今文经学论争中，为发展东汉古文经学做出了重要贡

---

① 陈寅恪：《金明馆丛稿初编·崔浩与寇谦之》，上海三联书店，2001。
② 参看《九朝律考·汉律考八》。

献，被列为首位左氏博士。

宋代苏洵、苏轼、苏辙乃一门父子，人称"三苏"。三苏父子不仅以文著名，列"唐宋八大家"，亦在经学活动中留下了深深的印迹。父辈苏洵于经学有开拓之功，苏辙和苏轼相互激励，互相促进。苏洵"晚而好《易》作《易传》未完"，"东坡受命，卒以成书"。① "苏轼小时诵读《论语》、《孟子》，少好读《诗》、《春秋》，皆为之集传"，并为《论语说》。后苏辙在为子孙讲解《论语》之时，著成《论语拾遗》一书，以补苏轼《论语说》之不足。②

宋元之际，马延鸾忠直敢言，誓不与权奸为伍，在"浊世狂澜"无法挽回时，遂遁世隐居，认真细致地指引马端临治学，完成《文献通考》的编撰。

扬州学者经学家族化更为典型。高邮王氏，家学渊源深厚。高祖王开运"治《尚书》有声"，曾祖王式耜"博通五经"，祖王曾禄"理学湛深"。王安国与子王念孙、王引之继承先学，终成"一家之学"。③ 仪征刘氏自刘文淇以后，至曾孙刘师培，四代研究《左传》，闻名遐迩。

宝应刘氏家族是家有专学的典范。刘宝楠《论语正义》是《论语》诠释集大成之作，是《论语》诠释史上的高峰。如此成就与其生活环境、治学条件、师承交游等密切关联，但更与其家学结下了不解之缘。其父履恂，"乾隆五十一年举人，国子监典簿"。履恂于乾隆六十年殁，是时宝楠五岁。宝楠"先由母亲乔氏亲授经书，后师事其从叔端临台拱先生，治汉儒经学"。刘台拱是乾隆时期有名的经学家，治经范围广泛，反对虚词臆说，且重视考证训诂，一本汉学，不杂以宋儒之说。于《论语》有专著《论语骈枝》。

刘宝楠自小受其熏陶，知识广博，视野开阔，治学范围包括了经传、金石、舆地、百家等，为其撰《论语正义》打下了坚实的基础。他的《论语正义》也多采用《论语骈枝》之研究成果，且在礼方面的考证也甚为精详。刘恭冕，刘宝楠次子。幼承父学，专课经训，造诣颇深。于

---

① 苏籀：《栾城遗言》，《文渊阁四库全书》本。
② 《苏轼集·栾城三集》卷7《论语拾遗》，第1316页。
③ 《清史稿》卷304《王安国》。

《论语》有《何休注训论语述》《论语正义补》等专著，并为其父《论语正义》作序。李慈铭《越缦堂日记》申述：刘恭冕除续成《论语正义》十七卷以后诸篇，对于十七卷以前各篇亦有所补饰。

祖孙三代既博洽贯通，又专治一经，并于一经各有专著，且父子于一经合著一书，其学术成就既能超越前人，又能对后世产生极大影响，经学史上实属罕见。

第二，长短交融。从篇幅上看，扬州学派的《论语》诠释既有鸿篇巨制，又有短小之作，可以说是微型、短篇、中篇、长篇一应俱全，大约古代《论语》诠释史上最短、最长之篇幅皆出于扬州学派。

阮元《论语一贯说》，堪称《论语》诠释史上微型之作，篇幅十分短小，全文仅约 700 字。乃专训《论语》之"一贯"。《论语》经文中，"贯"字凡三见：曾子之"一贯"也（《里仁篇》）；子贡之"一贯"也（《卫灵公篇》）；闵子之言"仍旧贯"也（《先进篇》）。阮元拈出"此三'贯'字，其训不应有异。又如刘台拱《论语骈枝》虽篇幅短小，仅寥寥十六条，约区区六千言，如此短小的体制却产生了广泛的效应和深远的影响。

有些著作体制虽短小，但已开专题研究先河。如阮元《论语论仁论》，是一篇《论语》研究专释"仁"之范畴的专题之作。《论语》全书万字左右，共 482 章。其中 58 章论及"仁"，有"仁"字 105 个。章数约占八分之一，字数约占一百一十分之一，足见《论语》中的"仁"字，所占比例较高。但历代先儒对"仁"字未作具体解释。查《论语集解》《论语义疏》《论语注疏》《论语集注》等，主要是从义理角度将"仁"理解为"仁爱""仁行""仁道"，并未从文字学角度独立地训解"仁"字。阮元专题论"仁"，自然无法回避这一问题。他在《论语论仁论》中，对"仁"字作了论语学史上最为具体透彻的训解。

焦循《论语通释》，从《论语》经文中拈出十五个范畴，"曰一贯忠恕、曰异端、曰仁、曰圣、曰大、曰学、曰多、曰知、曰能、曰权、曰义、曰礼、曰仕、曰据、曰君子小人"，一一阐发，欲明孔子之道，得《论语》主旨。十分集中凝练。全书约 14000 字。

刘宝楠《论语正义》是《论语》旧注中的集大成之作。全书体大博通，共有二十四卷，是刘宝楠父子竭尽毕生精力所作。此书网罗众家之长，充分吸收了前人的研究成果，尤其是清人的注释考证。发扬了乾嘉学风，在注释中注重文字训诂、史实考订和阐发经义，引用了大量的古代字书、辞书和文献解释字义。保留了汉魏古注，而且还对这些古注作了详细疏解，从而丰富了论语的注释内容。全书约 50 万字。

第三，体例多样。

扬州学派《论语》诠释不仅长短交错，而且体例丰富，有校勘，有辑佚，有全疏，有选注，通释体，专论体，笔记体，考据式，义理式，交相辉映，多彩斑斓。

阮元《论语注疏校勘记》，以《论语注疏》为底本，将其校勘结果附在每篇之后。阮元认为"鲁齐古本异同，今不可详。今所习者，则何晏本也"。故在校勘时以何晏《论语集解》为模本，不但校勘《论语》经文，且对汉代诸家诠释经文之内容亦作出考订。阮元将其与汉石经、唐石经、宋石经、皇侃义疏、高丽本、十行本、闽本、北监本、毛本等，比较观照，考其同异，勘出增字、脱字、误字等，是研究《论语》文本及《论语》传播的重要资料。

刘恭冕《何休注训论语述》当为辑佚之作。刘恭冕在治《论语》过程中，发现何休《春秋公羊传注》引《论语》经文"甚多"，知何休深嗜《论语》，或意欲为《论语》作注，但"未及成书"，故史家据传闻载此篇题，遂成《论语》学史上一桩悬案。由是刘恭冕欲予以澄清，故将何休《公羊注》《膏肓》《废疾》中所引《论语》经文辑录出来，欲存何休用《论语》诠释《公羊传》情形之"大概"。刘氏从何休三书中，考出何休引用《论语》之经文者共 53 条，计属《解诂》者 49 条，《废疾》者 2 条，《膏肓》者 2 条。全部为何休引《论语》诠释《公羊传》之原始辑录，"何君所未言"，刘氏确确实实"不敢补入一语"。当然，刘恭冕《何休注训论语述》不仅仅是一部辑佚之作。其在辑佚之余，偶加案语。刘氏案语共 23 条，刘氏注疏客观，态度慎重。即使是通过案语"略加引申"者，亦不作主观发挥，大多从文献出发，具体考证何义与《论语》意旨相合者。

刘宝楠《论语正义》之注疏体例可归纳为如下三点。

第一，经文之下加注。《正义》所加注文乃沿用邢昺的《疏》，邢昺之《疏》又取自于何晏的《论语集解》。如《为政》篇："为政以德，譬如北辰，居其所而众星共之。"［注］包曰："德者无为，犹北辰之不移，而众星共之。"

第二，注之后为疏，即标为"正义曰"者。疏文先依序解释经文字义、句义及通篇文义；解释时引各书说法之相近或相左者，若对于引文有意见者，则加案语以明之。上举例文后疏曰：

> 正义曰：《说文》："譬，谕也。"《墨子·小取篇》："辟也者，举他物而以明之也。""辟"与"譬"同。《郑注》云："北极谓之北辰。"此本《尔雅·释天》文。李巡曰："北极，天心，居北方，正四时，谓之北辰。"郭璞曰："北极，天之中，以正四时。天中即天心。天体圆，此为最高处，名赤道极。"称北极者，对南极言之。成周洛阳之地，北极出地三十六度，南极入地亦三十六度。中国在赤道北，只见北极，故举为言也。……①

刘氏从文字、天文、历法等角度旁征博引，疏解经义。若对疏解引文有意见者，加按语以考证。如本疏解后云：

> 陈氏懋龄《经书算学·天文考》引许庆宗说为句陈大星。案：《说苑·辨物篇》："璇玑谓北辰。句陈，极星也。"则以句陈为"极星"，汉人已有此说。

第三，"正义"之后，加○为注文的注释。先以○引出所注注文的段落，再加一○，解释注文。如：

○注："德者无为，犹北辰之不移，而众星共之。"○正义曰：李氏允升《四书证疑》："既曰为政，非无为也。政皆本于德，有为如无为也。"又曰："为政以德，则本仁以育万物，本义以正万民，本中和以制

---

① 刘宝楠：《论语正义》，中华书局，1990，第37页。

礼乐，亦实有宰制，非漠然无为也。"案：李说足以发明此注之意。《礼·中庸》云："诗云：'不显惟德，百辟其刑之。'是故君子笃恭而天下平。"'笃恭'者，德也，所谓共己正南面也。共己以作之则，则百工尽职，庶务孔修，若上无所为者然，故称舜无为而治也。……"①

此为刘氏《论语正义》之注疏体例。其与皇疏有别：皇疏在经文下加注，然后疏解经文，未对注文加以疏解。与邢疏之文本则一脉相承，别无二致。只是刘氏对征引之材料有意见者，加按语阐述自己之鲜明观点，余似无任何突破。

但刘氏在注疏内容上有明显突破。他"遍释字义、详释名物、辨明礼仪、考订异文"。《论语正义》是清代研究《论语》的集大成之作，它的最大特点就是取材繁富，充分体现了刘宝楠父子兼收并蓄的治经态度。卷首凡例中"不专主一家""以证向来注疏家墨守之失""悉为列入"及后叙中"不欲分汉、宋门户之见"等语，皆能说明刘氏父子广征博采、兼收并蓄的注疏指导思想。

以上著述大多沿袭旧制，体例上没有新异之处。但阮元、焦循的相关著作则有独特之处。

阮元《论语解》仅3节，几无体例可言，但自由灵活，给人耳目一新之感。第一节论《学而篇》第一章"学而时习之"，"此章乃孔子教人之语，实即孔子生平学行之始末也。故学必兼诵之行之，其义乃全。""此章三节皆孔子一生事实，为《史记·孔子世家》全篇之总论，故弟子论撰之时，以此冠之二十篇之首也。二十篇之终曰：不知命无以为君子也。与此始终相应也。"第二节论"为人孝弟"章，"此章之言，盖兼乎《孝经》《春秋》之义也。"阮氏认为：天下之兴衰褒贬、顺逆乱治，盖在孝弟与否。故"此章实通彻本原之论也，其列之于首篇之次章，故所宜也"。第三节对孝弟章"君子务本，本立而道生，孝弟也者，其为人之本与"。进一步阐发，先反复考证此为"孔子之言"，再具体分析孝仁之区别联系，"孝在事亲，仁施品物"，"仁人之有孝，犹四体之有心腹，枝叶之有根本也"。"仁以枝叶扶疏为大，孝以心体本根为先。"最后强调"仁

---

①　刘宝楠：《论语正义》，中华书局，1990，第39页。

孝同质而生，纯体之者则互以为称"，"论德""考功"，各从其称也。并云自己"撰《论语论仁论》，与管仲之仁，尤与之合"。

可见，阮氏是从《论语》篇章结构层面，强调《论语》首章、次章的重要性。此两章当为《论语》之锔钥与喉衿，即解《论语》者，学行孝仁最为关键也。

《论语论仁论》《论语一贯说》，运用统计学的方法，进行穷尽式的分析研究。《论语论仁论》其体例是"总—分"结构。总论部分开篇曰："孔子为百世师。孔子之言，著于《论语》为多。《论语》言五常之事详矣。惟论仁者凡五十有八章，仁字之见于《论语》者，凡百有五，为尤详。若于圣门最详切之事论之，尚不得其传而失其旨，又何暇别取《论语》所无之字标而论之邪？"在总述著述动机后，接着指出"诠解仁字，不必烦称远引"，但举曾子《制言篇》《中庸篇》及郑玄、《春秋》等有关经文注疏，强调"凡仁，必于身所行者验之而始见，亦必有二人而仁乃见"。分论部分则对《论语》经文中105处"仁"字逐一考证、论述。

《论语一贯说》仅有一节。阮氏先总述"圣贤之言""非训诂不明"，而圣贤之道"在《论语》之一贯""亦误矣"，指出《论语》之一贯"凡三见"。接着分别对三见之"一贯"具体考证阐述，按云：贯，行也，事也。"三者皆当训为行事也"，"一与壹同"，"壹以贯之，犹言壹是皆以行事为教也"。最后强调"故以行事训贯，则圣贤之道归于儒，以通彻训贯，则圣贤之道近于禅"。其"总—分—总"之体例十分鲜明。

焦循《论语通释》由"序"及"正文"两大部分构成。其序直言注疏之缘起及目的。正文部分分别对十五个范畴——阐述。并不先列标题，只是分条阐述，最后点出所述范畴，"右释一贯忠恕，凡5条"。"右释学，凡2条。""右释异端，凡8条。"每一条开头并不统一机械，显得灵活自由，如释"异端"第一条云"唐宋以后斥二氏为异端，辟之不遗余力。然于《论语》攻乎异端之文，未之能解也"。如"释仁"第5条云："《容斋随笔》云：刚毅者必不能令色，木讷者必不为巧言。此近仁鲜仁之辨也。"如"释学"第1条云"学而不思则罔，思而不学则殆。思与学并举矣"。可见，焦循或直引经文，或直引文献，或直陈事实、直接议论。每条之间行文或并列叙述，或递进展开，条与条之间则或引经文，或引文献，或经内互证，或以经证经，或经史互证，从不同角度、不同侧面反复申述论证这一范畴，显得博洽贯通，高屋建瓴，富有纵横捭阖的气势和缜密透彻的力量。

可见，扬州学派诠释《论语》不滋蔓，不做作，不拘泥，没有框框条条，没有金科玉律，有话则长，无话则短，凸显率性自由、自然朴实的个性，不拘一格、灵活通脱的学风。

二　证实运虚

焦循云："古学未兴，道在存其学；古学大兴，道在求其通。前之弊，患乎不学；后之弊，患乎不思。证之以实，运之于虚，庶几学经之道也。"① 此道出了焦循的经学旨趣，也是扬州学派的治经方法和治经思想。焦循《论语补疏》是对《论语通释》的补疏与充实；阮元通过《论语》105 处"仁"字具体考证，反复聚焦凸显"仁"之大义；刘台拱《论语骈枝》证之以据、验之以理的治经追求，均为证实运虚、虚实结合的实践典范。一虚一实，妙趣无限；虚实结合，相得益彰；虚实皆宜，卓有创获。这一治经思想贯穿在扬州学派的《论语》诠释实践中，形成了扬州学派《论语》诠释的鲜明特色。

焦循证实运虚的治经思想经历了一个发展过程，这从其《论语通释》《论语补疏》的著述过程可以清晰地反映出来。

《论语通释》原本作于嘉庆甲子年（1804），定本于嘉庆戊寅（1818）或己卯（1819）年间改定。② 焦循之《论语通释》，"惜其于孔子一贯忠恕之说未及阐发"，故拈出十五个范畴，"曰一贯忠恕、曰异端、曰仁、曰圣、曰大、曰学、曰多、曰知、曰能、曰权、曰义、曰礼、曰仕、曰据、曰君子小人"，一一阐发，欲以孔子之言，藉儒家经书及诸子文献，得《论语》主旨，探孔子大义，明圣人之道。然焦循自己觉得仅从运虚层面显然局促，必须有证实的运作。故下决心补作《论语补疏》。其在《论语补疏自序》中云："余向尝《论语通释》一卷，以纠正于吾友汪孝

① 《焦循文集》卷十三《与刘端临教谕书》。
② 参见柳宏《焦循〈论语通释〉著年考辨》一文，《扬州大学学报》2002 年第 3 期。

婴。孝婴苦其简而未备。迄今十二年，孝婴已物故，余亦老病就衰，因删次诸经补疏。订为论语补疏二卷，略举通释之义于卷中，而详言其大概如此。俟更广通释以求详备……"可见，焦氏作《论语补疏》缘自汪孝婴苦于《论语通释》"简而未备"，此为远因。近因是"删次诸经补疏"而订为《论语补疏》二卷。著述方法是"略举通释之义"，"而详言其大概如此"，目的是"更广通释以求详备"。概言之，焦循《论语补疏》因《论语通释》而作，从著述目的看，其是《论语通释》之补疏，以求充实完备《论语通释》，从著述效果看，《论语通释》与《易通释》《易图略》相近，《论语补疏》则与《易章句》相似。《论语通释》重运虚，《论语补疏》主证实，二者虚实结合，相辅相成。

焦循《论语通释》重在概念及义理的阐发而主虚，而《论语补疏》则通过字句的训释及文献的统计以重实。

如"阳货篇"第6章"敏则有功"句，此处用统计学的方法，拈出典籍中之"敏"字，几乎囊括了经典传注中训"敏"之全部，此为焦氏"证之以实"之最充分展示之一。难能可贵的是焦氏并不仅仅满足于罗列材料，而且在此基础上作更深入的分析和思考，认为训"敏"为"审"为"谋"，既指出孔注之不当，且使经义更加明晰。如将此句放在语境中结合上下文考察，倍感解"敏"为"疾"，实为偏颇。对于此解，皇《疏》、邢《疏》、朱《注》均未提出疑义。焦循提出了让人耳目一新的见解。此外，《论语补疏》析字非常细致，能发人所未发，见人所未见。如解释"先进篇"第5章"人不间于其父母昆弟之言"条云："'不'字作'无'字解，自明。人无非间之言，不是无非间闵子之言，乃无非间其父母昆弟之言也。"焦循新颖独特之处缘自深入之思考，而深入之思考建立在"证之以实"的基础上。

刘台拱一生"校书不下千卷"，丰富的见闻、广博的涉猎，铸就其考据证实的物质基础，同时又提升其爬罗剔抉、慧眼独具的运虚能力，做到在经典文本中咀嚼涵咏，"见前人所未见"，"发千古所未发"。

《论语骈枝》中，大量使用统计定量分析法是其证实的具体写照。如训诂《雍也》第6章时统计出"《周礼》用骍牲者三事"。解释《学而》第15章时归纳出"此例句法本篇即有，如金、如锡、如圭、如璧。综计全经，如山、如阜、如冈、如陵之类，不下十数句，皆一字一义"。注解《为政》第 8 章时指出 "《论语》中言弟子者七，其二皆年幼者，其五谓门人。言先生者二，皆谓年长者"。诠释《述而》第 2 章时，总结出《论语》"第七篇所记多夫子自道之辞"。然刘氏并不满足这些具体的呈现或量化的统计，常常由此出发作出运虚的阐发，体现出高屋建瓴、纵横开阖的气势和境界。如《述而》第 2 章 "子曰：默而识之，学而不厌，诲人不倦，何有于我哉。" 刘氏解曰："谨案：第七篇所记多夫子自道之辞。述而不作，信而好古，自道也；默而识之，学而不厌，诲人不倦，亦自道也。此二章，语势一例。何有于我，何所有于我也。时人推尊夫子，以为道德高尚，不可窥测。故夫子自言我之为人，不过如是而已矣，有何道德于我哉。出则事公卿，入则事父兄，丧事不敢不勉，不为酒困。何有于我哉？语意亦如是。朱《注》解 '何有于我' 为 '何者能有于我'，此说用刘原父，似亦可通。然夫子以不厌不倦自居，与门弟子言之屡矣。至是又辞而不居，何也？丧事不敢不勉，犹曰有所不足，不敢不勉，承当之辞，非逊谢之辞。圣人之言，远如天，近如地，语其远不可及也；语其近又不可谦也。语默之宜，醉饱之节，曰非我所能其可乎？学者详之。" 刘氏先从经内例证，从语境、语势、语体、语意等角度立体论证 "何有于我"，即 "何所有于我也"，进而指出朱《注》"似亦可通"，但显局促。最后强调要从宇宙世界心游万仞，仰天俯地，详察圣人微言，感悟经典大义。

刘宝楠《论语正义》一书，考据义理并重，是在乾嘉考据学风影响之下的《论语》集大成之作，但考据学发展至嘉庆间，已由一字一句、一名一物的研讨，进入会通的阶段，尤以扬州学派最能体现这种精神。刘宝楠《论语正义》并不局限于烦琐的饾饤之学，而能在证实的基础上追求运虚之超越。

《论语正义》在正文字、辨音读、释训诂、通传注方面，参考了《尔雅》、《说文》、皇本、高丽本、《考文》、足利本、《唐石经》、《宋石经》、陆德明《经典释文》、《玉篇》、顾炎武《金石文字记》、惠栋《九经古义》、冯登府《论语异文考证》、阮元《论语校勘记》、宋翔凤《过庭录》、臧庸《拜经日记》、翟灏《考异》等文献。《论语正义》以最翔实、最精审的考据成果为《论语》的注解作一证实总结。

《论语正义》，虽以考据居多，然其中对于孔子许多重要观念，如性、天、道、仁、圣等观念的疏释，体现出扬州学派义理的特色。如释《阳货篇》"性相近，习相远"句时，引戴氏《孟子字义疏证》语：性者，分于阴阳五行，以为血气、心知、品物区以别焉。举凡既生以后，所有之事，所具之能，所全之德，咸以是为其本，故《易》曰：成之者性也。气化生人、生物以后，各以类滋生久矣。然类之区别，千古如是也，循其故而已矣。在气化曰阴阳，曰五行，而阴阳五行之成化也，杂糅万变，是以及其流形，不特品物不同，虽一类之中又复不同。凡分形气于父母，即为分于阴阳五行，人物以类滋生，皆气化之自然。① 刘宝楠援引戴氏著作以阐发义理，一方面可以看出扬州学派与皖派的学术关联，另一方面也是刘宝楠证实运虚治学思想的体现。

阮元《论语校勘记》运虚不多，是比较典型的证实校勘之作。然其《论语解》《论语一贯说》《论语论仁论》则是证实运虚的典范之作。

阮元《论语一贯说》即通过训"一贯"之考据证实而阐发申说义理。阮元引大量文献证曰："《尔雅》：贯，事也；《广雅》：贯，行也；《诗·硕鼠》'三岁贯汝'、《周礼·职方》'使同贯利'、《论语·先进》'仍旧贯'，《传》、《注》皆训为事。《汉书·谷永传》云'以次贯行'、《后汉·光武（十五王）传》云'奉承贯行'，皆行事之义。）三者皆当训为行事也。孔子呼曾子告之曰'吾道一以贯之'，此言孔子之道，皆于行事见之，非徒以文学为教也。"

为了更具体地解释经义，阮元还对"一"予以训解。阮元认为"一贯"之"一"，与"壹"同，他说："一与壹通，经史中并训为专，又并训为皆。"举例证曰："《后汉·冯昆传》、《淮南·说山训》、《管子·心术篇》，皆训一为专。《大戴·卫将军》、《荀子·劝学·臣道》、《后汉书·顺帝纪》，皆训一为皆。《荀子·大略》、左昭二十六年、谷梁僖九年、《礼记·表记·大学》，皆训壹为专，至于一壹，二字通用之处，经史中不可胜举矣。"

---

① 刘宝楠：《论语正义》，中华书局，1990，第 676 页。

阮元在训"一"为"壹"为"专"为"皆"、"贯"为"行"为"事"的基础上，释义曰："壹以贯之，犹言壹是皆以行事为教也，弟子不知所行为何道。故曾子曰：'夫子之道，忠恕而已矣。'此即《中庸》忠恕违道不远，施诸己而不愿亦勿施于人，君子之道四……此皆圣贤极中极庸极实之道，亦即天下古今极大极难之道也。若云贤者因圣人一呼之下，即一旦豁然贯通焉。此似禅家顿宗冬寒见桶底脱大悟之旨，而非圣贤行事之道也。何者？曾子若因一贯而得道统之传，子贡之一贯又何说乎？不知子贡之一贯，亦当训为行事。子告子贡曰：'汝以予为多学而识之者与？'子贡曰：'然！非与？'子曰：'予一以贯之。'此夫子恐子贡但以多学而识学圣人，而不于行事学圣人也。夫子于曾子则直告之，于子贡则略加问难而出之。卒之告子贡曰：'予一以贯之。'亦谓壹是皆以行事为教也，亦即忠恕之道也。闵子曰：'仍旧贯，如之何？'此亦言仍旧行事不必改作也。故以行事训贯则圣贤之道归于儒，以通彻训贯，则圣贤之道近于禅矣。"①

经过阮元的训解，《论语》"一以贯之"之微言大义变得异常通俗、鲜明、实在，求贤学道，必须由行事始，必须以行事为教，不可能因"圣人一呼"而"豁然贯通"，须臾"大悟"。如此解释"一贯"，显得尖颖独特，着实让人耳目一新。

阮元《论语论仁论》，欲通过"仁"之训诂考证而构建孔子仁学体系。

《论语》有"仁"字105个。所占比例较高。但历代先儒对"仁"字未作具体解释。查《论语集解》《论语义疏》《论语注疏》《论语集注》等，主要是从义理角度将"仁"理解为"仁爱""仁行""仁道"，并未从文字学角度独立地训解"仁"字。阮元专题论"仁"，对"仁"字作了论语学史上最为具体翔实的考证。在此基础上，阮元运虚释义："孔门所谓仁也者，以此一人与彼一人相人偶，而尽其敬礼忠恕等事之谓也。相人偶者，谓人之偶也。凡仁必于身所行者验之而始见，亦必有二人而仁乃见。"阮元认为，"仁"是一个意蕴丰富、包容性极强的概念，解"仁"

---

① 《研经室一集》卷二，中华书局，第46页。

为"相人偶",能够统合诸家之意,并能够贯通《论语》所述诸"仁"。

阮元对于"一贯""仁"等概念的阐释,与宋儒空谈心性有很大区别,本质上是"学与思"紧密集合的产物,也彰显出扬州学派证实运虚的学术特点。证实,是乾嘉汉学重考据、崇学识的经学特点;而运虚则是宋学重义理、勤思考的学术主张,可以说证实运虚实际上就是兼采汉宋。阮元以概念训释而阐发义理的具体治经方法可谓博通而深厚,足以为后儒所垂范。

三　精深邃密

儒家经典经过了漫长的传承累积过程。经学史上,对经典的解释虽有圣贤明之,但亦有腐儒惑之,伪儒篡之,庸儒曲之,加上由于家学、师承、版本、历史、视域等各种因素的复杂演变,导致训诂各异,歧见纷呈。故经学诠释越是时代久远,越是资料丰富,越是困难复杂。扬州学派面对丰厚的遗产和纷繁的解说,能够独立思考,大胆质疑,考证邃密,阐发精深。

刘台拱《论语骈枝》大胆质疑,勇于创新,完全建立在资料翔实、精心求证的基础上。刘氏考据时证据凿凿,允当邃密,析论时高屋建瓴,博洽精深。

刘氏诠释《雍也》第6章"子谓仲弓曰:犁牛之子骍且角,虽欲勿用,山川其舍诸"时,开宗明义、一针见血地论断:"此章之指,先儒皆失之。"

然后分述曰:"惠氏《礼说》曰:犁牛,耕牛;子,其犊也,骍且角,天牲也。仲弓可使南面,故举天牲以况之。蕴蕴千载,一旦发露。可谓卓识。然惠氏谓山川不得用骍牲,以其非礼。故欲勿用。此义非也。"此为一重否定。

刘氏申述曰:"天下有歆于上帝而吐于山川者,故曰山川其舍诸?夫既非礼矣,山川岂得享之。此犹沿袭旧注。"

刘氏又曰:"人虽不用,神必不舍之说,未合语意。"此为二重否定。

在此基础上,刘氏举例论证:

例证一:"祭义曰:古者天子诸侯必有养兽之官,牺牷祭牲,必于是取之。民间耕牛，非所以待祭祀，故欲勿用。然有时公牛不足，则耕牛之犊，亦在所取。"

例证二："《周礼·羊人》职云：若牧人无牲，则受布于司马，使其贾买牲而共之。遂人所谓野牲，《曲礼》所谓索牛是也。"

刘氏并未就此收笔，继续考证分析："《周礼》用骍牲者三事。祭天南郊，一也；宗庙，二也；望祀南方山川，三也。郊庙，大祀也；山川，次祀也。耕牛之犊而有骍角之材，纵不用诸上帝，山川次祀亦当得舍之？不得已而思其次之辞也。三代以不世及为礼，未有起畎畆之中膺天子之荐者。论匹夫之遭际，至于得国而止。五岳视三公，四渎视诸侯，故有山川之喻。《说苑·修文篇》曰：雍也可使南面。南面者，天子也。孙卿子曰：圣人之得执者，舜禹是也。圣人之不得执者，仲尼、子弓是也。杨倞《注》：子弓，仲弓也。颜渊问为邦，夫子告以四代礼乐，三子言志，许以诸侯。仲弓德行亚于颜渊，远出三子之上。观夫子所以称之者，其分量可知矣！然词意婉曲，寄托深远，与仪封人木铎之喻，南宫适禹稷之问，略相似。"

此处，刘氏先引《周礼》用骍牲祭祀之事，指出山川可用骍牲之祭，此为否定惠氏之说木铎的补证和强化。接着引刘向、孙卿、杨倞诸说，突出仲弓"可使南面"，具体指出孔子以山川之喻，婉曲深远地表达了对仲弓的称赞，其词意、其寄托与《八佾》篇第 24 章"仪封人之喻"、《宪问》篇第 5 章"南宫适禹稷之问"相似。考证严密，阐述新颖。

刘氏最后总结陈词："末学肤受，缘文生义，至以'之子'二字，诬及所生。《史记》称仲弓父贱人，殆由传合耕犂之指。王肃《家语》谓生于不肖之父，则又缘杂文之训，而迁就其说。《周礼》沈辜用龙，山林川泽正当用杂色之牲。外祭用龙，则并五岳、四镇、四渎亦有时用杂色者。何故尨牛之子反有勿用之。疑杂文之训始于扬雄。高诱解《淮南》、王肃注《家语》，一皆承用。《小尔雅》为王肃辈所伪托，故亦云。然微言绝而曲说兴，所从来远矣。"刘氏将先儒诬说产生的源头定位扬雄，承用曲说的脉络瞄准高诱《淮南》、王肃注《家语》、王肃辈所伪托《小尔雅》，一直沿袭至清初惠氏，其源流清清楚楚，其结论允当精密，不能不令人信服。

又如《述而》33 章"文莫，吾犹人也；躬行君子，则吾未之有得。"

此章之解释，历来颇多歧见，其关键在于对"文莫"尤其是"莫"字的理解。历来解释大多为望文生义式的经义描述，显得单薄，没有厚度，缺少考据支撑。刘台拱独辟蹊径，从音韵训诂角度予以诠释："杨慎《丹铅录》引晋栾肇《论语驳》曰：燕齐谓勉强为文莫。又《方言》曰：侔莫，强也。北燕之外郊，凡劳而相勉若言努力者，谓之侔莫。谨案《说文》：忞，强也，慔，勉也。忞读若旻。文莫即忞慔，假借字也。《广雅》亦云：文，勉也。黾、勉、密、勿、蠠、没、文、莫，皆一声之转。文莫，行仁义也，躬行君子，由仁义行也。"

刘氏先从燕齐民间方言训释"文莫"当解之为勉强。孔子诵诗、读书、执礼，"皆雅言也"，然平时与弟子交谈或自言自道时，偶说方言亦未尝不可。再从杨雄《方言》中找到训"文莫"为勉强的证据，此解又在《说文》中得到佐证，并进而指出"文莫即忞慔，假借字也"。且在《广雅》中找到声韵学的依据。刘氏之解未必就是定论，但从声训文字角度切入却新颖独特，别具一格。让我们感受到刘氏占有材料的丰赡，治经视野的开阔。尤其可贵的是，刘氏在缜密考证的基础上，对此章经义做出精湛独到阐述，即"文莫，行仁义也；躬行君子，由仁义行也"。据此，本章当为"行仁义，吾犹人也；由仁义行，则吾未之有得"。这样理解，不仅经义圆通，前后分句之间依然是十分清晰的转折关系，而且将此章经义上升到仁学的高度。"行仁义"与"由仁义行"，语法上有主动语态与被动语态的区别，哲学上是施动和受动的关系，实践主体不一样，实践的效果、价值、意义不一样。刘氏在此运用了今文经学的解经方法，具有公羊学的解经思想，强调对孔子自道之辞要详审深思，深入挖掘经文中蕴含的深远之旨和微言大义。

焦循一生著述至数百卷，乃乾嘉学者中第一流人物。所著《易通释》《易章句》《易条例》突破两千年传注的模式，新解纷呈，创见卓越，得到阮元、王引之等名儒的一致推崇。其实，焦循治《论语》亦有独特创见，精深邃密，所著《论语通释》《论语补疏》及手批《论语注疏解经》亦"发明实多"①。

---

① 参见赖贵山《焦循手批〈十三经注疏〉研究》。

《卫灵公篇》第 3 章 "予一以贯之"，焦循引何晏《集解》说："善有元事，有会天下，殊途而同归，百虑而一致，知其元则众善举矣，故不待多学而一知之。" 引韩康伯注云 "少则得，多则惑，途虽殊，其归则同。虑虽百，其致不二，苟识其要不在博求，一以贯之，不虑而尽矣"。此与何说相近。焦循又引《系辞传》云："天下何思何虑？天下同归而殊途，一致而百虑。" 焦循认为《系辞传》所云不同于韩氏、何氏注义，明确指出 "何氏倒其文为 '殊途而同归，百虑而一致'。则失乎圣人之旨。" 焦循辨之曰：

> 庄子引《记》曰：'通于一而万事毕'。此何、韩之说也。夫通于一而万事毕，是执一之谓也，非一以贯之也。孔子以一贯语曾子，曾子即发明之云忠恕而已矣，忠恕者何？成己以成物也。《孟子》曰大舜有大焉，善与人同，舍己从人，乐取于人以为善。舜于天下之善无不从之，是真一以贯之，以一心而同万善，所以大也。一贯则为圣人，执一则为异端。董子云夫喜怒哀乐之发，与清暖寒暑其实一贯也。四气者天与人所同也，天与人一贯，人与己一贯。故一贯者，忠恕也。孔子焉不学无常师，无可无不可。异端反是，孟子以杨子为我墨子兼爱子莫执中、为执一而贼道，执一由于不忠恕。杨子惟知为己而不知兼爱，墨子惟知兼爱而不知为我。子莫但知执中而不知有当，为我当兼爱之时也。为杨者必斥墨，为墨者必斥杨，杨已不能贯墨，墨已不能贯杨。使杨子思兼爱之说不可废，墨子思为我之说不可废，则恕矣，则不执一矣。圣人之道，贯乎为我、兼爱、执中者也。执一则人之所知所行与己不合者，皆屏而斥之，入主出奴，不恕不仁，道日小而害日大矣。人之有技若己有之，保邦之本也，己所不知人其舍诸举贤之要也，知之为知之，不知为不知，为学之基也。善于人同，则人之所知所能皆我之所知所能而无有异。惟事事欲出乎己，则嫉忌之心生，嫉忌之心生，则不与人同而与人异。执两端而一贯者，圣人也；执一端而无权者，异端也。《记》曰：'夫言岂一端而已夫，各有所当也。' 各有所当，何可以一端概之？《史记·礼书》云：'人道经纬万端，规矩无所不贯。' 惟孔子无所不贯，似恃乎多学而识之，

乃多学而识，仍自致其功而未尝通于人。孔子以忠恕之道通天下之志，故无所不知无所不能，非徒恃乎一己之多学而识也。忠恕者，絜矩也。絜矩者，格物也。格物而后知至，故无不知。由身以达乎家国天下，是一以贯之也。一以贯之，则天下之知皆我之知，天下之能皆我之能，何自多之有？自执其多仍执一矣？①

由此可知，焦循如此花费笔墨，完全是为了界定或澄清"殊途同归、百虑一致"与"同归殊途、一致百虑"两者之间的区别。此两者之间现象上的语序颠倒，究竟能带来经义指向上的何种差异？读之审之嚼之，芳茗之香渐出。"殊途而同归，百虑而一致"，归乎谁？致乎谁？或即杨子为我，或即墨子兼爱，或即子莫执中，唯其一端不及其余。由"殊途""百虑"聚焦一端，一端者，即我也，己也，万物皆归致于我，万事皆服从于我。即今人所言：人人为我。然"同归而殊途、一致而百虑"则恰恰相反，由一发散，由一途指向多途，由一点思虑多面。即舍己从人，善于人同；即成己成物，立己立人，达己达人；亦即不执一也，不异端也，知其一端而能顾及其余，用今人的说法是：我为人人。当然，"我为人人"并不是丧失自我，是由我身以达乎家国天下，是一以贯之之我。那时天下之知皆我之知，天下之能皆我之能，进入一个万物即我、我即万物的物我两忘境界，是一个大彻大悟的通脱之大我。可见，"同归而殊途、一致而百虑"是一个否定之否定的过程，是一个自我创造、自我完善、走向大我的过程。不深思之，审察之，不会有此种见解，可见焦氏考证之邃密。阐发之精深。

阮元学问渊博，称得上扬州学者中的巨擘，乾嘉学者中的重镇。其《论语论仁论》之总论充分体现出精深邃密的治经特点。

阮元曰："诠解仁字，不必烦称远引，但举曾子《制言篇》：'人之相遇也，譬如舟车，然相济达也。人非人不济，马非马不走，水非水不流。'及《中庸篇》：'仁者人也。'郑康成注：'读如相人偶之人。'数语足以明之矣。"

———————————
① 《无求全备斋论语集成》22 函，第 12~13 页。

阮元进一步引证曰："许叔重《说文解字》：'仁，亲也。从人二。'段若膺大令《注》曰：'见部，曰亲者，密至也，会意。'《中庸》曰：'仁者，人也。'《注》：'人也，读如相人偶之人。以人意相存问之言。'《大射仪》：'揖，以耦。《注》：言以者，耦之事成于此，意相人耦也。'《聘礼》：'每曲揖。《注》以人相人耦为敬也。'《公食大夫礼》：'宾入三揖。《注》相人耦。'《诗·匪风笺》云：'人偶能烹鱼者，人偶能辅周道治民者。'……以上诸义，是古所谓人耦。犹言尔我亲爱之辞。独则无耦，耦则相亲。故其字从人二。孟子曰'仁也者，人也。谓仁之意即人之也。'"

阮元又从语源学角度再作训解："仁字不见于虞、夏《尚书》、及《诗》三颂、《易》卦爻辞之内，似周初有此言而尚无此字，其见于《毛诗》者，则始自《诗·国风》'洵美且仁'，再溯而上，则《小雅·四月》'先祖匪人，胡宁忍予。'此'匪人'人字，实是仁字，即人偶之意，与《论语》'人也夺伯氏邑'相同。盖周初但写人字，《周官礼》后始造'仁'字也，《郑笺》解匪人为非人，孔疏：疑其言之悖慢，皆不知人即仁也。"在上古文献中，"仁"字用例可谓凤毛麟角，今文《尚书》中，仅有一个"仁"字出现；商承祚说甲骨文里有一"仁"字，但董作宾认为其是误读[1]，金文里也仅见一个"仁"字[2]。何以出现这种情况呢？阮元认为主要是周初时"人""仁"相通，且周秦时几乎人人皆知"仁"当训为"人"。阮元在解释"子罕言利与命与仁"时云："仁字之训为人也，乃周秦以来相传未失之故训。东汉之末，犹人人皆知，并无异说。康成氏所举'相人偶'之言，亦是秦汉以来，民间恒言，人人在口。"所以康成仅注以"相人偶"，因人人皆知，故无须赘言。然"初不料晋以后此语失传也。大约晋以后异说纷歧，狂禅迷惑，实非汉人所能预料。使其预料及此，郑氏等必详为之说，不仅以'相人偶'一言以为能近取譬而已"[3]。

在此基础上，阮元进一步具体释义："孔门所谓仁也者，以此一人与

彼一人相人偶，而尽其敬礼忠恕等事之谓也。相人偶者，谓人之偶之也。凡仁必于身所行者验之而始见，亦必有二人而仁乃见。"在阮元眼里，"仁"是一个意蕴丰富、包容性极强的概念，"士庶人之仁，见于宗族乡党；天子诸侯卿大夫之仁，见于国家臣民。同一相人偶之道，是必人与人相偶而仁乃见也"。阮元认为，解"仁"为"相人偶"，能够统合诸家之意，并能够贯通《论语》所述诸"仁"。他说："郑君相人偶之注，即曾子人非人不济、《中庸》仁者人也、《论语》己立立人己达达人之旨。"阮元举例《论语》论仁之章句，充分证明释"仁"为"相人偶"，与"五十八章之旨，有相合而无相戾者，即推之诸经之旨，亦莫不相合而无相戾者。"

通读《论语论仁论》全文，"相人偶"之说无疑是阮元此著的核心，全篇皆围绕这一释义展开，反复论证"相人偶"之说。如释"夫仁者己欲立而立人，己欲达而达人"（《雍也篇》）时云："必两人相人偶而仁始见也"；释"圣与仁"（《述而篇》）时云："圣贤之仁必偶于人而始可见"；"虽有周亲不如仁人"（《尧曰篇》）、"里仁为美"（《里仁篇》）时曰"以上六章，皆言为仁须择仁人与我相助，观此，则相人偶之说益明矣"。

综上所述，阮元从上古之《左传》《国语》《尔雅》《诗经》《周礼》《仪礼》《礼记》《周易》《春秋》等文献，反复聚焦"仁"之注解，可见其考证缜密。阮元训"仁"为"相人偶"，强调了"向外"一面，强调了"立人""达人"一面，在哲学史及思想史上有重大贡献，因为《论语》学史上，大多学者常常强调"仁"之"克己修身"一面。足见其尖颖精深。

四　兼采贯通

清代之《论语》诠释，扬州学派无疑具有承前启后的作用。经过吴皖两派的治经实践，"凡汉皆好""凡古必真"的偏颇逐渐消解，崇尚古注、精于名物的视域进一步拓展，《论语》诠释的领域、规模进一步扩大，不主一家、求真求是的条件更加成熟。故扬州学派能够会通吴皖，平分汉宋，兼采诸家，始由专精之学汇为贯通之学。

阮元《论语解》，引文献反复论证"君子务本，本立而道生。孝弟也者，其为仁之本与"。为孔子语时，引《后汉书·延笃传》曰："夫仁人之有孝，犹四体之有心腹，枝叶之有根本也。圣人知之，故曰：'夫孝，天之经也，地之义也，人之行也。君子务本，本立而道生。孝弟也者，其为仁之本与。'观此，延笃以此节十九字与孝经十四字，同引为孔子之言。其为两汉人旧说，皆以为孔子之言矣。延笃，后汉人，博通经传，宽仁恤民。其论仁孝也，语质而义明。足为《论语》此章注解，不似后人求之太深而反失圣人本意。"于此，阮元评价说"故东汉人经说最为平正纯实"，① 由此，可见出其对汉儒古注的推崇。然阮元并非盲目信古、嗜古，亦不是惟汉人是从，而是对汉人经解"平正纯实"的肯定。阮元为王引之《经义述闻》作序时称："凡古儒所误解者，无不旁征曲喻，而得其本义之所在，使古圣贤见之，必解颐曰：'吾言固如是。'数千年误解之，今得明矣。"可见其认同古注有误，且对纠正"数千年之误解者"，深表赞赏。

阮元学问渊博，对于经史、小学、天算、舆地、金石、校勘等，无不穷极隐微，有所阐发，可算是扬州学者中的巨擘，乾嘉学者中的重镇。龚自珍盛赞阮元的训诂之学、校勘之学、目录之学、典章制度之学、史学、金石之学、术数之学、文章之学、性道之学、掌故之学等，称其"凡若此者，固已汇汉宋之全，拓天人之韬，泯华实之辨，总才学之归"。阮元著《论语注疏校勘记》，可谓会通群经，博采百家。阮元认为"鲁齐古本异同，今不可详。今所习者，则何晏本也"。故在校勘时以何晏《论语集解》为模本，不但校勘《论语》经文，且对汉代诸家诠释经文之内容亦作出考订。阮元不别古今，不分汉宋，将其与汉石经、唐石经、宋石经、皇侃义疏、高丽本、十行本、闽本、北监本、毛本等，比较观照，考其同异，勘出增字、脱字、误字等，不仅大量参稽汉儒古注的有关经解，还充分吸收了朱熹、王应麟、张栻、吕祖谦、真德秀、臧琳、朱彝尊、惠栋、翟灏、钱大昕、程瑶田、段玉裁等宋代人乃至同时代人的研究成果，大大地提高了校勘质量，从而使阮刻得以跻身善本行列。

---

① 《论语解》，《研经室一集》卷二，第44页。

焦循强调兼采，深恶执一。他生逢乾嘉时期，考据之风极盛。袁枚和孙星衍，为着"考据"二字，争论不休。焦氏在《与孙渊如观察论考据著作书》中尖锐指出："考据之名，不可不除"。这充分说明了焦氏对当时据守固隘之辈，十分不满。他在《家训》一文中着重谈道："近之学者，无端而立一考据之名，群起而趋之。所据者汉儒，而汉儒中，所据者又惟许、郑。执一害道，莫此为甚。专执两君之言，以废众家。或比许、郑而同之，自擅为考据之学，吾深恶之也。"① 焦循十分清楚地道出了欲除"考据之名"的原因。因考据者惟据汉儒许、郑，而专执许、郑之言则导致废百害道。这种观点在《论语补疏》中有更加具体的阐述。

如《子张篇》第 4 章"虽小道必有可观者焉"条，焦循按云：

> 圣人一贯则其道大，异端执一则其道小。孟子以为大舜有大焉，善与人同，能通天下之志，故大。执己不与人同，其小可知，故小道为异端也。可观，谓可以相观而善，即攻乎异端也。百家九流，彼此各异，使彼观于此而相摩焉，此观于彼而相摩焉，则异者相易而为同，小者旁通而为大。惟不能相观，而善小终于小，而不相通则不能致远矣。泥即执也，相观则能致远，不相观则泥，故欲致远则恐其泥。是以君子不为也，即是以君子不泥也。邢《疏》谓必有小理可观览，非其义。②

此解"小道可观"，与邢《疏》有别，耐人寻味。执一则自小其道，执己不与人同亦自小其道。此与彼各异，执此谓其小，执彼亦谓其小。然"小与小"之间、"此与彼"之间、"己与人"之间有其"可观"处，"可观"，即可以"相观而善"，可以"相摩"而同，可以"旁通而为大"，可以"不泥"而"致远"。此即从"大小""彼此""人己"等范畴阐述了十分深邃的道理，从哲学的层面论述了"兼采""贯通"的意义和价值。

---

① 张舜徽：《清儒学记》，第 430 页。
② 《无求全备斋论语集成》22 函，第 19 页。

兼采和贯通互为因果，相得益彰。经学史上，常常题及"旁通"二字，这两字用在别人身上还可凑合，但概述焦循则既不准确也不贴切。别人旁通一经、一家、一时，可焦循能贯通群经，贯通百家，贯通古今。《雕菰楼集》卷六有《读书三十二赞》，篇中所标举的作者，如顾炎武、阎若璩、梅文鼎、王锡阐、毛奇龄、张尔岐、胡渭、江永，固然是清初大师。至于程瑶田、钱大昕、段玉裁、王念孙，年辈虽较焦氏为早，但多见过面或通过信。其他如阮元、王引之、姚文田、汪中、凌廷堪、汪莱、李锐，便是和他常相往来的人。他都各取所长，加以赞扬，体现了他虚心服善、不薄今人的精神。

于是他能往来于百家之间，贯通于群书之内。他不但在一经内贯通，还贯通于群经之间。《卫灵公篇》第9章"志士仁人，无求生以害仁，有杀身以成仁"条，先引孔曰："无求生以害仁，死而后成仁，则志士仁人不爱其身也。"焦循按："杀身成仁，皇、邢两《疏》引比干夷齐固矣，乃杀身不必尽甘刀锯鼎镬也。舜勤众事而野死，禹勤其官而水死，为民御大菑、捍大患，所谓仁也，以死勤事，即是杀身成仁。苟自惜其身，则禹不胼胝不至于跳步则水不平，民生不遂，田赋不能成，即是不能成仁。故有杀身以成仁者也，不爱其身以成仁则能敬其事。故修己以敬即能安人安天下也，管仲不死而民到于今受其赐。则成仁不必杀身，死不死之关乎仁不仁，可互见矣。"[1]

此与"殷有三仁"章可互参，此能纠正前人解说之偏颇处，有新解，特别是对"杀身成仁"作出了富有哲理的解释，其强调事功的思想给人留下深刻印象。这些缘自于他胸襟和识见。因为兼采贯通，他能见广识高，心游万仞，他能见微知著，窥全豹而聚焦一斑。

刘宝楠《论语正义》是清代研究《论语》的集大成之作，它的最大特点就是取材繁富，充分体现了刘宝楠父子兼收并蓄的治经态度。卷首凡例中"不专主一家""以证向来注疏家墨守之失""悉为列人"及后叙中"不欲分汉、宋门户之见"等语，皆能说明刘氏父子广征博采、兼收并蓄的注疏指导思想。

---

[1]　《无求全备斋论语集成》22 函，第 19 页。

刘氏父子充分吸收历代注疏成果。一是重视汉人经注。清乾嘉学者解经，藉由训诂考证，其目的乃在探求圣人著述之本义，因此认为去古未远的汉人经说最接近圣人之意，故特为注重。二是保存魏、晋人著录之旧。三是在疏解上注意释经与义疏结合，对于何晏《注》、邢昺《疏》能加以审核抉择。

刘氏父子能够突破经传范围，扩大于诸子学及史书的整理。《论语正义》一书援引了历代诸多著述作为考据之用，其引用书目计有一百五十种以上，既用以校订文字、考证名物制度，也用于发明《论语》之经义。

刘氏父子能够兼采宋人之长义。清代官学尊奉朱子学，然而学术上却宗乾嘉考据学。考据学又以恢复汉学为依归，因此便形成了汉宋之争。汉宋之争是清代学术史上的重要课题，清初诸儒之所以提倡汉学，其重要原因之一在于反对宋学。但至嘉庆间的经学家皆已不存汉宋之门户。刘宝楠著《论语正义》亦欲打破汉宋壁垒，不分门户之见。书中明言引用《朱子章句》或《朱子语类》的约有三十条，另外也有引朱《注》而未言明，或纠正朱《注》的。①

刘氏父子以汉为尊、以古为尚的同时，亦能兼采当代注经成果。他在《论语正义》的注解中，大量吸收清人之研究成果，如顾炎武、毛奇龄、阎若璩、江永、惠栋、尤侗、王念孙、王引之、宋翔凤、凌鸣喈、包慎言、俞樾、钱大昕、段玉裁、金榜、冯登府、方观旭、孔广森、顾栋高、沈涛、柳兴恩、戴望、邵晋涵等，尤其注意吸收戴震、焦循、阮元等人的观点和见解。兹举一例。

疏《里仁篇》"吾道一以贯之"时，《正义》引了焦循、王念孙、阮元的话作注解：

> 焦氏《雕菰楼集》曰："孔子言吾道一以贯之。曾子曰：忠恕而已矣。然则一贯者，忠恕也。忠恕者何？成己成物也。"……又云："孟子曰：'物之不齐，物之情也。'惟（虽）其不齐，则不得以己之

---

① 参见杨菁《刘宝楠〈论语正义〉的注疏方法及其特色》一文，收入蒋秋华主编《乾嘉学者的治经方法》（下册），"中央研究院"中国文哲研究所，2000，第707~729页。

性情，例诸天下之性情；即不得执己之所习、所学、所知、所能，例诸天下之所习、所学、所知、所能。故有圣人所不知而人知之，圣人所不能而人能之；知己有所欲，人亦各有所欲；己有所能，人亦各有所能。圣人尽其性以尽人物之性，因材而教育之，因能而器使之，而天下之人，共包函于此化育之中，致中和，天地位焉，万物育焉。"王氏念孙疏证《卫灵公篇》："……一以贯之，即一以行之。……"阮氏元《揅经室集》曰："吾道一以贯之，此言孔子之道，皆于行事见之，非徒以文学为教也。……"

刘宝楠在引文后下案语道："一贯之义，自汉以来，不得其解，若焦与王、阮二家之说，求之经旨，皆甚合，故并录存之。"由此，可见《论语正义》不主一家、不辨汉宋的治经特点。

兼采贯通是吴皖两派尚古求是经学实践的理性超越，是乾嘉学术走向高峰的思想基础。兼采贯通是一种胸襟，是一种智慧，是经学研究追求实事求是的历史必然。只有兼采贯通，才能真正走向实事求是，要实现实事求是的目标，必须藉由兼采贯通之路径。在兼采贯通之路径和实事求是的目标下，扬州学派具有通脱的治学态度和开放的学术胸襟，能够广征博采、兼收并蓄，多闻能抉，多见有识。

刘台拱《论语骈枝》，"兼采汉宋，故是书之作虽仅十六则，然考证名物，研精理义，兼而备之"。"考证名物，研精理义，未尝离而二之，所著《论语骈枝》，精深谛确，能发先儒所未发。"王念孙亦云："其于汉宋诸儒之说，不专一家，而惟是之求。"

刘宝楠具有兼采备录、不囿陈说的治学态度，其对于旧说，既不盲从，亦不轻易诋毁，凡于众说难以取舍者，则皆尊而录之。《论语正义》除对于前人之注疏审于去取、纠正其谬外，于诸异解可合经义者，皆并存论列，不轻易去之，以供后学比较参考之用。

焦循的《论语》诠释，虽然没有"证实"的长篇巨制，但留下"运虚"的亮丽风景。这不是那些"暖暖姝姝，守一先生之言"的人所能梦见的。他的治学，所以能有卓越的识见和宏阔的规模，该源于他兼采贯通的胸径，他认为天地间没有一成不变的事物，也没有固定不移的见解。故能用发展贯通的思想研究经学，从辩证法的高度诠释经学。如《卫灵公篇》第9章，此与"殷有三仁"章可互参，此能纠正前人解说之偏颇处，有新解，特别是对"杀身成仁"作出了富有哲理的解释，其强调事功的思想给人留下深刻印象。这些均缘自他之胸襟和识见。因为兼采贯通，他能见广识高，心游万仞，他能见微知著，窥全豹而聚焦一斑。

小　结

清代之《论语》诠释，扬州学派无疑具有承前启后的作用。吴、皖两派固然在《论语》诠释方面有着不可动摇的地位，但其规模、其广度、其深度皆不及扬州学派。扬州诸儒，会通吴皖，平分汉宋，往来于百家之间，贯通于群书之内。始由专精之学汇为贯通之学。将清代《论语》研究推向高峰，诞生了《论语》研究的集大成之作——《论语正义》。

扬州学派秉承皖派训诂明而义理明的治经宗旨，并将其发扬光大。他们诠释《论语》时注重训诂考据和义理阐发，做到考据义理，两不偏废。这种兼容贯通的治经思想，既避免了见树不见林的饾饤之学，亦避免了游谈无根、主观臆断的空疏之学，有利于《论语》诠释推向深入。

阮元"师承东原，守以古训发明义理之意"。① 在其有关著述中反复申述。如"圣贤之道存乎经，经非诂不明"。"圣人之道，譬若宫墙，文字训诂，其门径也。""圣贤之言，不但深远者非训诂不明，即浅近者亦非训诂不明。""古今义理之学，必自训诂始。"足可见出其自训诂而明义理的治经门径。

焦氏虽反对为考据而考据，但真正反对的不是考据本身，而是那些仅仅满足考据、以考据为目的据守固隘之辈。其经学实践并不疏于考据，王引之称他《易学三书》为"凿破混沌，扫除云雾……一一推求，至精至实"。其《论语补疏》即以训诂通达义理，即使《论语通释》这样的义理阐发之作，亦是穿越于群经之内，贯通于经史传注之中，并不排斥考据，只是不饾饤、不烦琐而已。

刘宝楠礼乐典章、名物制度，亦有精详考证。如《学而篇》释"千

---

① 钱穆：《中国近三百年学术史》，第529页。

乘之国"。马融依《周礼》，即"千乘之国，其地千成，居地方三百一十六里有畸"。包咸依《王制》和《孟子》，认为千乘之国是百里之国；何晏则并存两说。《正义》则征引大量先秦古籍和前人考证，如《左传》《周礼》《说文》《邢疏》《贾疏》等文献及郑玄、赵歧、金鹗、孔仲达、江慎修等人之考证，证明"包氏之说，可无疑矣"。解决了何晏留下来的疑难。此外，如《为政篇》之北辰、车制；《八佾篇》之堂制、夷狄之名、太庙之制、古代的社制；《公冶长篇》之瑚琏之器，宰、邑制，守龟、山节、藻棁之制；《子罕》之麻冕、纯、鸟、河图、冕、齐、衰、缊袍、狐貉；《乡党篇》之宗庙、朝廷、上大夫、下大夫、公门、缁衣、羔裘、素衣、麑裘、寝衣、玄冠、居室、饮食、车制；《颜渊篇》之十一税；《尧曰篇》之天禄、律历等，均有非常翔实的考证，充分显示出刘宝楠精于名物的考证功力。

当然，扬州学派毕竟是晚出于吴皖两派的后起之秀。经过吴派、皖派的经学实践，至扬州学派时，其经学研究已经很少停留在单纯的音韵、训诂、名物、制度上。就《论语》研究而言，亦很少见到乾嘉初期惠栋《论语古义》、江永《乡党图考》那样的比较典型的辑佚、考据之作了，刘台拱、焦循、阮元、刘宝楠等人十分重视《论语》诠释的义理凸显。在他们心目中，考据已经成为一种手段，目的是"以训诂明义理"，探求经典的微言大义。可见，清代考据学发展至扬州学派，已由一字一句、一名一物的研讨，进入会通集成的阶段。

扬州学派之通，就《论语》诠释而言，主要体现在以下几方面。

第一，诸家融通。

清代学术史上，吴派固守家法，皖派则有所兼容，如戴震与惠栋交往后，学术旨趣有所变化。扬州学派则打破门户，不别汉宋，能够融通诸家，超越古今。阮元历经乾隆、嘉庆、道光三朝，曾为"九省疆臣"，一生走南闯北，倡导学术，督学浙江时，以研读经史必先通训诂，曾主编了《经籍纂诂》一书。至广东，建学海堂。延揽各路大儒俊杰于门下，如张惠言、陈寿祺、王引之、钱大昕、刘台拱、孔广森、焦循、凌廷堪等。特殊的经历与执着的追求，形成了合流天下的学术胸襟。焦循深恶执一，其在《家训》一文中指出因考据者惟据汉儒许、郑，而专执许、郑之言则导致废百害道；其《雕菰楼集》卷六《读书三十二赞》中所标举的作者有顾炎武、阎若璩、梅文鼎、王锡阐、毛奇龄、张尔岐、胡渭、江永，固然是清初大师；至于程瑶田、钱大昕、段玉裁、王念孙，年辈虽较焦氏为早，但多见过面或通过信。其他如阮元、王引之、姚文田、汪中、凌廷堪、汪莱、李锐，便是和他常相往来的人。他都各取所长，加以赞扬，体现了他虚心服善、不薄今人的精神。刘宝楠生平交游，皆"多识方闻缀学之士"，"十六岁应试为县学生，得以接纳当日的博学硕儒"。其《论语正义》征引典籍几乎涉及古代所有的学科门类，如经学类、音韵类、训诂类、诸子类、史学类、地理类、金石类、历算类、文学类等。刘宝楠不仅能大量吸收前人的注疏成果，也能大量采用毛奇龄、江永、刘台拱、刘宝树、方观旭、钱坫、包慎言、焦循、刘逢禄、宋翔凤、戴望、翟灏、黄式三等清代同时代人的学术观点。

第二，群经会通。

扬州学派走上博通一途，具有"圆通广大"的气象，打破了宋元以来空谈心性的面貌，清算了汉学烦琐考据的格局，"由狭窄变为广大，由拘隘变为圆通"。① 这一空前盛况的形成有诸多原因，但会通群经当为其中重要原因之一。刘台拱是乾隆时期有名的经学家，治经范围广泛，且重视考证训诂，反对虚词臆说，对于经义有所发明，必旁引曲证。段玉裁称其："于天文、律吕、六书、九数、声韵之学，莫不该洽。"王念孙《叙端临遗书略》曰："端临邃于古学，自天文律吕至于声音文字，靡不该贯。"② 阮元学问渊博，对于经史、小学、天算、舆地、金石、校勘等，无不穷极隐微，有所阐发。其《论语注疏校勘记》是以何晏《论语集解》为模本，不但校勘《论语》经文，且对汉代诸家诠释经文之内容亦作出考订。阮元将其与汉石经、唐石经、宋石经、皇侃义疏、高丽本、十行本、闽本、北监本、毛本等，比较观照，考其同异，勘出增字、脱字、误字等，是研究《论语》文本及《论语》传播的重要资料。可谓会通群经，博采百家。刘宝楠具备深厚的学术修养，治学范围包括了经传、金石、舆

① 张舜徽：《清代扬州学记》，第 17 页。
② 《清儒学案》106 卷。

地、百家等。其《论语正义》参考了《尔雅》、《说文》、皇本、高丽本、《考文》、足利本、《唐石经》、《宋石经》、陆德明《经典释文》、《玉篇》、顾炎武《金石文字记》、惠栋《九经古义》、冯登府《论语异文考证》、阮元《论语校勘记》、宋翔凤《过庭录》、臧庸《拜经日记》、翟灏《考异》等文献，对经文脱字、误字、假借、衍文等予以具体的考订。

第三，一以贯通。

阮元曾著《论语一贯说》，目的是通过训"一贯"而明义理。阮元直以"行事"训"贯"，训"一"为"皆"，训"一"为"专"。明确地宣称："一以贯之，犹言一是皆以行事为教也。"由此观之，扬州学派的"一以贯通"乃是治经实践的升华与超越。一为虚，贯为实；一为道，为理，贯为用，为行，为事，为丰富多彩的经学实践。焦循云："古学未兴，道在存其学；古学大兴，道在求其通。前之弊，患乎不学；后之弊，患乎不思。证之以实，运之于虚，庶几学经之道也。"① 此乃学为实，道为虚，证为实，运为虚。不学不思亦为实，道存于学中，学与证皆为用，为行，为事，将各种各样学与证之方法、路径、特点"运思"则为虚，一之则为道。

扬州学派的一以贯通，即能"主以全经，贯以百氏，协其文辞，揆以道理"。将经学实践中的诸家、诸派、注经、诸法，皆加统摄，专以提炼，壹以为纲。"一以贯之"是一种方法论，是一种整体观，是一种境界，是一种智慧。

扬州学派唯以贯通，方能有所超越，不断创新。其《论语》诠释博大精深，所涉者广，所考者深，所见者新。不分古今，与学无所不通；不辨汉宋，唯求经典本义。此为扬州学派独具的精神和风格。

---

① 《焦循文集》卷十三《与刘端临教谕书》。

第五章　常州学派《论语》
诠释特点论

论及清代《论语》诠释，常州学派无疑具有重要的地位和影响。晚清时期，何以在常州或以常州为中心产生了如此特殊的《论语》诠释群体？常州学派何以能够实现《论语》诠释的转型？常州学派在高举西汉今文学大旗、阐发《论语》"微言大义"之外，是否还有其他方面的突破和创获？常州学派的《论语》诠释在论语诠释史上具有何种意义和价值？这些追问驱使着我们对常州学派《论语》诠释作更深入具体的分析，以观乎幽微，窥其奥窔。

一　学派界定

分析常州学派《论语》诠释的特点，有必要先将常州学派与今文学派、公羊学派作出辨析和界定。

常州学派诞生于清朝乾嘉年间，以庄存与、庄述祖、刘逢禄、宋翔凤等为代表，由于他们都是清代常州府人，故而得名。学派之形成，有因出于同一师门而学术观点相同的"师承性学派"，有因出生或工作在同一地域而学术观点相近的"地域性学派"，有因研究相同或相近问题、且研究方法相同学术观点一致的"问题性学派"。经学史上，学派研究是一个复杂的课题，这主要缘于学派发展的复杂性及学派属性的多元性或交叉性，还缘于学派群体成员经学思想的变化、学术倾向的转型。这导致了学派界定、学派研究表述的模糊性及两难性。常州学派以地域命名，其学派创始人、学派骨干均为常州籍人士，"地域性"色彩十分强烈，但亦明显兼有师承性和问题性特点，"常州之学，始于武进庄存与"，传于庄述祖、庄绶甲，显于刘逢禄、宋翔凤之时。① 其师承特点十分明显；常州学派高举西汉今文学大旗，倡导公羊学"大一统""三世说"思想，强调经学与现实社会政治的关联，致力于挖掘经文背后的"微言大义"。其问题意识十分强烈。这种状况，极易导致晚清学术研究往往将常州学派与今文学派乃至与公羊学派模糊，特别是在界定常州学派学术群体时异说纷呈，莫衷一是。

今文学与公羊学是两个既有密切联系又存在区别的概念，然学术史上的有关表述似乎凸显了两者之间的联系而消解了两者之间的区别，以至于有关著述中出现清代常州学派、清代今文学派、清代公羊学派的概念时，人们往往从晚清学术转型、阐发经典"微言大义"、学术为现实政治服务等角度去做习惯性思考和定势性认知，并不深究相互之间是否存在什么不同。事实上这两者之间的联系容易说清楚，而区别却很难道明白。笔者奢望在前人的表述已经相当模糊的情况下，作一些概念上的澄清及界定，显然是一件吃力不讨好却又无法回避的问题，因为本章需要具体阐述常州学派《论语》诠释的特点，需要对有关学者及有关著作文本作出具体的分析。若对上述概念不作澄清，则很难确定常州学派《论语》诠释的有关成员。

今文学和公羊学都是产生于西汉时期的学术思潮。汉代在发展儒家学术时出现了今文经和古文经。前者是凭记忆背诵、根据先师口授、用当时通用的隶书文字记录成书的，主要经典是《春秋公羊传》《齐诗》《今文尚书》等，而后者是从地下或孔壁中发掘出来的用先秦六国古文即所谓科斗文写成的，主要经典有《左氏传》《周官》《逸礼》《古文尚书》《孝经》等。今古文经不同的版本源流逐渐形成了两个互相对立的学派，并由刘歆的《移让太常博士书》正式挑起今文经学和古文经学的争端。

在西汉今文经学阵营中，公羊学最先受宠，公羊学家在政治舞台上最为活跃。公羊学的经典依据是《春秋公羊传》，传授系统是公羊寿、胡毋生、严彭祖、董仲舒、何休，核心思想是通三统、张三世、三科九旨、变易改制等，因其微言大义受到最高统治者的特别垂青，故在有汉一朝一直

---

① 钱穆：《中国近三百年学术史》，商务印书馆，1997，第580~583页。

处于独尊地位。唐晏云："考西汉以来，《春秋》学以《公羊》为最盛。凡朝廷决大疑，人臣有献替，必引《春秋》为断，而所尊者，《公羊》家言也。"①尽管公羊学地位最为显赫，尽管公羊学思想是今文学的核心思想，但它毕竟不能涵盖今文学全部思想，今文经学外延更为广阔丰富，比如今文学十四博士中公羊学仅占二席，比如今文经学还提倡天人感应、阴阳五行、灾异符瑞之说，比如今文学家还有范升、刘昆、桓荣、李育等。

可见汉代今文学与公羊学可谓相辅相成，关联密切，但亦存在区别，两者之间不可互换。今文学可以包孕公羊学，而公羊学却不能包孕今文学。

西汉时期，今文经学一直处于独尊地位。进入东汉，古文经学在民间影响日益强盛。东汉中期以后，由于社会危机加剧，经学的社会政治功能逐渐衰退，经学博士的政治地位大大下跌，今文经学作为维护封建政权合法工具的政治意义不断消解，加之郑玄在今古文合流中主要立足于古文，无形之中推倒了今文经学的垄断地位，今文经学逐渐衰退，并从此潜伏隐匿，默默无闻。

东汉后期熄灭了近两千年的今文经学火焰，由晚清常州学派重新点燃。常州学派由庄存与开其先河，踵其后者有刘逢禄、宋翔凤、戴望等人。常州学派以微言大义始治公羊，承公羊之说以论时政，借公羊倡言变法改制。梁启超云："今文学之初期，则专言公羊而已，未及他经。"②显然，常州学派无疑以公羊学为中心。但不能就此将公羊学等同于常州学派，因为常州学派固然以偏重义理的公羊学为中心，然在此之外还有偏向考据的今文学研究，比如刘逢禄在对古文经的文献学批评方面发挥了关键作用，宋翔凤曾怀疑《周礼》的真实性而对古文经的真伪问题提出质疑。更何况乾嘉时期汉学家中已经有人开始研究公羊学，如褚寅亮的《公羊释例》、洪亮吉的《公羊谷梁古义》等。所以，公羊学是一个时间跨度较长而治经范围相对窄小的概念。

今文经学的真正复兴，无疑以常州学派的出现为标志。故在某种程度

---

① 唐晏：《两汉三国学案》卷八。
② 梁启超：《清代学术概论》，上海古籍出版社，1998，第75页。

上，常州学派与常州今文学派两者之间的区别并不十分显著。但不能据此将常州今文学派等同于清代今文学派。因为这两者之间不仅在时空关系上存在显著的区别，而且在治经范围、治经方法等方面亦表现出较大的差异，概言之，清代今文学派的发展，"始则为公羊"，"转而为今文"，其后逐渐趋向多元化。如在"喜以经术作政论"的公羊义理层面外，还有遵守治经"游戏规则"的考证运作；如在《春秋公羊传》之外，还有西汉十四博士之学的研究，乃至发展到对古文学的怀疑辨伪，有学者甚至提出"应将今文经典的辑佚工作纳入今文学的范围之内"①，这些看法不无道理。

可见，今文学的概念大于公羊学，清代今文学的概念大于常州今文学。本章所论常州学派，界定学派成员时主要从地域、血缘、师承关系等方面考量，如湖南邵阳人魏源、浙江仁和人龚自珍、浙江德清人戴望皆曾受学于刘逢禄，故可归为常州学派，而扬州人刘恭冕、南海人康有为与常州学派没有直接的师承关系，故不宜纳入常州学派。

故此，本章所论常州学派《论语》诠释，不同于清代今文学派《论语》诠释。主要包括刘逢禄之《论语述何》、宋翔凤之《论语说义》、《论语发微》、戴望之《论语注》等。

二　转型今文

清代之《论语》诠释，至常州学派风气为之一变，其显著标志是从乾嘉考据学向今文义理之转型。

开今文学风气之先者无疑是庄存与。庄氏认为《春秋》无空文，《春秋》有王道，《春秋》有公羊学"大一统"之微言大义。庄氏燃起了熄灭千古的公羊学火焰，庄氏刷新了乾嘉时期"人人贾马、家家许郑"的经学风气，其转型创新之功十分巨大，龚自珍誉其曰："以学术自任，开天下知古今之故，百年一人而已矣。"②然庄氏解经仅仅局限在《春秋》经传内，未能将《公羊》学之微言大义与《论语》关联起来。

---

① 彭林：《经学研究论文集》，上海书店出版社，2002，第79页。
② 《龚自珍全集》，中华书局，1959，第141页。

经学史上，庄存与被誉为"今文学启蒙大师"①，其外甥刘逢禄为"常州学派的奠基人"②，此论当为公允。刘逢禄将庄存与开启的《春秋》公羊学思想引向深入。他著《春秋公羊经何氏释例》《公羊何氏解诂笺》，反复深入地阐述圣人"微言大义"；他将《公羊》学"大一统"思想进一步与何休之"三科九旨""张三世""通三统"整合建构。更为重要的是他以何休为中介，将《论语》与《春秋》公羊学思想予以贯通勾联，他认为东汉何休《论语注训》中有公羊义法，但其书早已失传，为弥补何休《论语注训》久以亡佚的缺憾，刘逢禄撰《论语述何》，将《公羊》微言运用于《论语》之中，用何休公羊学精神去重新诠释《论语》经义。

刘逢禄《论语述何》无疑是常州学派《论语》诠释转型之标志。清初的《论语》诠释，在怀着亡国之痛的民族主义情感涌动下，主要围绕清算宋学空疏、排斥佛老玄虚的倾向而展开，对抗空疏玄虚的实证考订之学自然成为有力武器。乾嘉时期的《论语》诠释几乎笼罩在典章制度、名物训诂的汉学氛围中，偶有汉宋兼采的调和之作仍然滞留在原意真义的文本层面或仁义道德的内圣阶段。故刘逢禄的《论语述何》扭转了《论语》诠释拘泥考据、疏离现实的封闭僵化之风，这种将《论语》诠释由汉唐义理考据向何休公羊旨意的聚焦、由笺注训诂之学向经世变法之学的转型，无疑对清代的《论语》诠释产生了强烈的冲击和震撼。更何况刘逢禄将今文学思想由《春秋公羊传》引申到《论语》，这一"暗渡陈仓"的处理对阐发今文学微言大义具有事倍功半的效果。因为此前的学术界习惯于将公羊学思想与《春秋》关联，且清儒治《公羊》者，多认为孔子作《春秋》，但此种观点证据不凿、难以服众。然《论语》是孔子弟子及再传弟子记录孔子言行的书，直接承载了孔子的思想。若《论语》中含有今文学或公羊学思想，则无疑增强了儒家经典中公羊学变法改制思想的依据性、可信性乃至权威性，这对提高孔子在今文学中的影响、恢复孔子的神圣地位无疑起着巨大的作用。

刘氏撰写《论语述何》，主要是辑录何休已佚的《论语》注。然何休

① 梁启超：《清代学术概论》，上海古籍出版社，1998，第74页。
② 吴雁南：《中国经学史》，福建人民出版社，2001，第554页。

注训《论语》，梁《七录》、隋《经籍志》皆不载，其亡佚久矣。刘氏所据仅是虞世南《北堂书钞》卷九十六引《论语何休注》云："君子儒将以明道，小人儒则矜其名。"然这样一条孤证所引出处尚存争议，清人侯康、曾朴从文献学、版本学角度作出具体考证，认为虞氏此说当从他书转引。疑"休"为"晏"字伪[1]，江瀚指出《北堂书钞》将"何晏曰"误作"何休曰"，直言刘氏之说为妄断[2]。可见，从学风上言刘氏仅凭一条尚存争议的孤证立论，虽有轻率之嫌，但在治经倾向上却透视出刘氏强烈的诠释动机。《北堂书钞》一条孤证，窗口而已，门径而已，是否准确、是否讹误不太重要，无关大局，关键是要借此推阐何休之经学大义。事实上，刘氏所追述的并不是何休之《论语》注，而是何休《公羊解诂》中所引《论语》之有关内容。刘氏《论语述何序》云："今追述何氏《解诂》之义，参以董子之说，拾遗补阙，冀以存其大凡。"刘氏从《后汉书》中看到何休"精研《六经》，世儒莫及"，刘氏认为"《论语》总六经之大义，阐《春秋》之微言，固非安国康成治古文者所能尽"。(《论语述何序》)，可见，刘氏在治经过程中，显然意识到汉代的经学研究非孔安国、郑康成等古文家所能涵盖，还有造诣很深、罕有匹敌的今文家董仲舒、何休，且何休的公羊学不仅体现在《春秋》学方面，还与《论语》有充分的关联，尽管其《论语》注已经亡佚，但在《公羊解诂》中仍有案可稽。故刘氏欲通过辑录何休《公羊解诂》中引《论语》之内容，以窥何氏公羊学及汉代今文经学之全貌。

分析刘氏《论语述何》之体例，亦可看出其申述公羊学之强烈动机。此书不是全注，当为选注。共分两卷，仅一万多字。所列经文，不标篇章，直接引出有关经文，且并不全章完整标引，有不少是分割的句子，如"主忠信""时哉时哉""何有于我哉""明日遂行"等。疏解之文，亦极为简明，集中追述何休之意，此外不引他注，不备他说。这种体例无疑给阅读和检索带来了不便和困难，显然不太适宜经典文献的注疏。但从这种简明、集中与不便、困难的矛盾之中，似乎能够折射出刘氏"直奔公羊

---

① 《二十五史补编》第二册，中华书局，1955，第2114、2489页。
② 《续修四库全书总目提要》，中华书局，1993，第865页。

主题"的强烈倾向。

刘氏之体例直接影响了宋翔凤《论语说义》。宋氏《论语说义》同样是选注，同样不标篇章，甚至不作区隔地将经文和说义联在一起，或直接引出有关经文，或引出有关经文关键词句，然更多的是先引出其他经文或历史背景，而后再自然引出需要诠释的有关经文。这样的体例，读者必须根据宋氏议论释语之关键词才能找到有关对应的《论语》篇章经文。

刘宋选择这种体例契合了他们的注疏目的，在他们看来，不必具体标注，不必完整引经，惟但取所需，凡能揭示何休公羊之意旨者，皆当迅速、直接地加以申述推演。

刘宋体例之缺陷，戴望给予了较好的整合和纠偏。戴望曾从宋翔凤为庄刘之学。在经学内容上特别重视《春秋公羊传》和《论语》，在治学方法上热衷于探寻"圣人之微言，七十子之大义"。戴望"深善刘礼部《述何》及宋先生《发微》"，但其有"约举"及"不列章句"之缺陷。故作《论语注》二十卷。戴望的《论语注》是典型完整的章句体。全书按照《论语》篇目分为 20 卷。每卷按篇名标出顺序，如"学而第一""为政第二"，篇下再列章句，一章一节，一章一注。戴望之体例确实较刘宋广博完备，阅读也十分方便。

戴望之所以采用全注形式，其直接原因当然是欲弥补刘宋"约举""不列章句"之缺陷，更深层的原因可能是其认为《论语》有完整的体系。戴望曾在《论语注》最后集中论述《论语》篇次及篇旨问题，对《论语》篇章结构作出了系统阐述、对各篇内容作出了概括提炼。认为《论语》的篇章结构体现了孔子思想的逻辑关系及完整体系，启发人们从篇次体例上探寻《论语》微言大义。在戴望看来，经典的完整性是不宜拆散切割的，分散的、残缺的经文注解会破坏经文义理的完整性。故戴望采用完整的章句体，以保持《春秋》大义的完整性，维护救乱治平的神圣性。可见，戴望追求完备之体例其实是为转型之义理内容铸造一个合适的形式载体。

常州学派《论语》诠释之转型具体表现在集中阐述公羊学大一统思想。

　　公羊学大一统思想是今文经学的中心，主要由三科九旨、张三世、通三统、正名分、异内外等微言大义构成，刘逢禄、宋翔凤、戴望等人都有集中深入的阐述。

　　刘逢禄在《论语》和《春秋》经传及何氏解诂中，看到了"正名"的语义关联，故在《论语述何》中，往往以"正名"义理诠释《论语》章句。如明确指点《八佾》篇是"类记正名辨分之事"，并具体指出名不正则必然导致僭礼败俗之严重后果。宋翔凤十分重视"正名"的意义，他将"名"与"字"联系起来，"古者曰名，今世曰字"，认为"正名始于皇帝"，正名为了"宣教明化"，"必有文字而教立"，故造字"必合于道"。其呼吁："孔子之修六艺，多闻阙疑，无不知而作。故其礼义科指可世世通行，则安可不以正名为先乎？"戴望认为"圣人谨于正名"，"物各有名，名各有义"。"《春秋》别物之理，以正其名。名物如其真，不失秋毫之末。"通过正名，可以"诘其名实，观其离合"，可以审辩"是非曲直"。

　　刘逢禄利用"三统"的变易学说作为政治改革的理论依据。其云："正朔三而改，文质再而复，如循环也。故王者必通三统。"又云："继周者，新周故宋，以《春秋》当新王，损周之文，益夏之忠，变周之文，从殷之质，百世以俟圣人而不惑者也，循之则治，不循则乱，故云可知。"戴望认为《春秋》有"通三统之义"，云"王者必通三统"其在解释"近者说远者来"时云"叶都大而国小，民有背心。故告以说近而来远，《春秋》大一统必自近者始也"。宋翔凤云："孔子作《春秋》，以当新王而通三统。"并从宇宙循环论的哲学高度，强烈意识到王朝更替，必须通三统，改正朔，变文质，必须损益变革，这是"十世"乃至"百世"不能违背的客观规律。"四代之礼成，制作损益之原因，其道如一。""见其礼而知其政，闻其乐而知其德，由百世之后等百世之王，莫之能违也。盖以春秋继周，而损益之故遂定，虽百世而远，孰能违离孔子之道变易《春秋》之法乎？"

　　刘逢禄常援何氏"三世说"来说明《论语》之微言。如《为政》篇"子张学干禄"章，这是一段孔子和子张关于"耳""目""言"的讨论，然刘氏藉其"多闻阙疑""慎言其余""多见阙殆"等与"所见世""所闻世""所传闻世"等搭配起来，认为公羊学的"三世说"已为《论语》所证实。宋翔凤云："《论语》为微言，故与《春秋》之辞同。"又云："所谓仲尼微言，即性与天道之言，求微言者在《论语》。"其在解释"七十而从心所欲不逾矩"时与"三世说"有明显的关联，"《春秋》之作，备五始三科九旨七等六辅二类之义，轻重详略，远近亲疏，人事浃，王道备，拨乱反正，功成于麟，天下太平。故曰从心所欲不逾矩也"。戴望《论语注》反复申述"三世说"，如"多闻谓所传闻世、所闻世也""多见谓所见世也"，值得注意的是，戴望之"三世说"在刘逢禄、宋翔凤的基础上有了进一步的发展，其释《雍也》第三十章"己欲立而立人，己欲达而达人。能近取譬，可谓仁之方也已"时强调了"能近取譬"的道德实践，从修身、齐家层面，突出了个人和他人、个人与集体利益的一致，隐含了我为人人、人人为我的价值取向。戴望在此基础上，进一步突出了"能近取譬"的政治运作，即"能近取譬"可以"横而充之"，扩而大之，引而申之，亦即"能近取譬""有张三世之法"，"于所传闻世治起衰乱，录内略外；于所闻世治升平，内诸夏，外夷狄；于所见世治太平，天下远近大小若一。皆由能近取譬横而充之"。这一解释和历代注家不同，戴望的创新意义在于将"所传闻世、所闻世、所见世"与"据乱世、升平世、太平世"两种社会形态对应统一起来，而在《春秋》公羊学的理论中，"三世说"的两重含义是分离的。可见，戴望将"三世说"两层含义合为一体，"构成一代政治教化的发展规律论，这对《春秋》公羊学的历史观可以说是巧妙的改造"。① 这一改造不仅给《论语》诠释注入新的义项，而且还充实完善了今文经学的理论内涵。

可见，常州学派《论语》诠释确实从乾嘉考据走向了今文义理，从文字训诂、典章制度走向了"微言大义"，从"故纸堆"走向了损益变革的社会发展现实。

三　博大会通

常州学派不仅怀有经世的学术期待，在治经实践上还体现出会通的学

---

① 田汉云：《中国近代经学史》，三秦出版社，1996，第292页。

术品格。当然会通只是方法和手段，目的仍然集中在变法改制等"微言大义"上。

常州学派强烈的经世意识被聚焦凸显，乃至被放大，为人们普遍接受。长期以来，研究清代学术，人们习惯于在公羊学视域下观照常州学派的《论语》诠释，这种定格确能强烈聚焦常州学派《论语》诠释的现实期待和政治寄托，但在一定程度上却束缚了人们的发散思维和创新探索，以至遮蔽了常州学派《论语》诠释其他方面的特点。实际上，常州学派的《论语》诠释并不固陋狭隘，拘泥一端，而是胸襟博大，视野开阔，在经学观念上能够会通诸家，不别古今。

庄存与学贯六艺，于群经皆有著述。诸经兼治，能够使他自如地运用六经，并形成了博大会通的经学观念。他不赞成当时学术界视《春秋》为"记事之史"的看法，认为："《春秋》非记事之史，不书多于书，以所不书知所书，以所书知所不书。"[①] 他对经典的真伪问题也采取折中的态度，认为他们都是人类的文化成果，毕竟遗留了经典的"微言大义"，蕴含了人类进程中的文化理念及伦理价值，轻易否定可能会造成思想混乱，因此他不同意将伪《古文尚书》从科举考试中删除。他既不分古今，亦不辨汉宋，开辟了"荟萃于六经、四子之书"的独特路径，虽以今文《公羊》诠释《春秋》，但又能逾越家法拘囿，引古文《周礼》阐发《公羊》微言大义。庄存与努力摆脱汉宋之争、直溯经典"微言大义"的追求，直接影响了庄述祖、刘逢禄、宋翔凤等人。

庄述祖崇尚今文学，但同时研究《毛诗》《古文尚书》，他致力于充实完善庄存与开创的公羊学研究，但同时又成为文字学和金石学领域的专家，他认为"《春秋》之义以《三传》而名"。他是今文学的信徒，但并不否认古文经学的重要性，且用汉学考据方法研究今文经学。

刘逢禄具有明显的会通折中的学术立场。于《易》《诗》《书》《春秋》皆有研究，尤精于《春秋公羊传》。刘氏重视《春秋》与《论语》的会通整合，他认为，《论语》《春秋》可以互相补充，如《论语》中不可得闻"性与天道"，盖因其是"微言也"，而"《易》、《春秋》备焉"，

---

① 庄存与：《春秋要指》，《续修四库全书》141 册，上海古籍出版社，2002，第 120 页。

如《论语》言"齐人归女乐"之事，而"《春秋》不书者"，"于内讳大恶也"。他认为董仲舒、何休"游于圣门"，亦"游夏之徒"，他们是孔子学说的嫡传。故欲辑录何休已佚的《论语》注，"参以董子之说"，阐发《春秋》之"微言大义"。

宋翔凤主治《论语》，兼修《周易》《尚书》《礼记》《尔雅》《孟子》诸经。他关注经学与政治的会通、《春秋》义例的会通、《春秋》与《论语》的会通。他强调经学与社会、经学与政治的关联。他认为《春秋》的核心内容在"义"而非"例"，若过分强调《春秋》"释例"会导致经学研究只见树木不见森林的状况。他在《论语》研究方面用力尤勤，著述颇丰，有《论语郑注》《论语篡言》《论语说义》等，致力于将诠释微言大义的经典依据从《春秋公羊传》扩展到《论语》，他认为《春秋》中的"不书"与《论语》中的"无言"互相关联，只要把《春秋》与《论语》综合起来考察，就不难看出《论语》中的"无言""不言"就是《春秋》中的"微言""不书"。

可见，经常州学派的会通阐发，孔子"微言大义"昭示得更加具体清晰。因为从《春秋》中寻绎孔子思想，虽有权威性，但其依据毕竟是间接的，因为《春秋》毕竟是通过记史来寄寓圣人心迹，且叙事甚简，存有局限，留有不便。而《论语》记述了孔子及其弟子的论述言说，直接表述了孔门弟子的思想观点，故由《论语》去领悟孔门学说则更为直接和便利。故常州学派用公羊学解《春秋》的方法来解说《论语》，开启了从《论语》求"微言"的宽广大道。可以说是新辟路径，对于彰显孔子学说意义重大。

常州学派《论语》诠释会通之特点，还充分体现在考据、义理的兼采融合方面。

常州学派萌芽于乾嘉考据学风潮中，倘若没有考据的"斑痕"或"纹路"是不可想象的。事实上，常州学派有优良的考据传统，如臧林、孙星衍、洪亮吉、李兆洛、张惠言等，均为常州一流学者，也是汉学运动的活跃分子。18世纪末，考据大家卢文弨到常州龙城书院任教，将汉学传入常州。这些对庄氏家族成员及庄氏后学都会产生不同程度的影响。庄存与举起汉代今文学大旗，但汉代今古文之争对他不可能没有任何触动，尤其是古文家郑玄入今文学之室、操今文学之矛以伐今文家，且最后使古文学发扬光大的创举，不啻常州学派的反面教材。庄存与显然作出了平衡今古文的战略选择。他承认伪《古文尚书》的地位，拒绝将其撤出科举，反对《古文尚书》真伪之争。但在战术上，他却孑然独立于考据运动之外，片面强调今古文经的"义理"阐发。

庄存与只重"义理"忽视"考据"的经学实践，无疑造成"缺胳膊少腿"的局面，这在考据学风盛行的乾嘉时期，很难得到广泛的认同并被发扬光大。比如当时学界享有盛名的是孔广森，而不是庄存与。孔广森的《公羊春秋经传通义》被认为是今文学的开山之作。产生这种状况的主要原因是庄存与忽视了考据的方法。更为尴尬的是阮元编著《皇清经解》时仅收录了庄存与《春秋正辞》，竟然拒绝将庄存与《易说》等其他著述收入《皇清经解》。是阮元轻视今文经学？显然不是，他在广东建学海堂是为纪念汉代今文学大师何休。是对庄存与不敬？显然也不是，阮元对庄存与的学术造诣印象深刻，其在1771年庄存与参与主持的会试中考中进士，其为《味经斋遗书》作序时曾自称为庄氏的学生。可见，其根本的原因还是庄存与"不注重经书字句中的考证，而着力于发挥其中的微言大义"。①

庄存与忽视考据而产生的被动与尴尬不可能不对刘逢禄产生震撼。刘逢禄深深意识到没有考据学的支撑，公羊学研究就缺乏认识论手段，常州今文学将"行之不远"，无法得到学界的认可。事实上，在刘逢禄之前，庄述祖、庄有可、庄绶甲已经注意将庄存与的公羊义理研究与考据方法结合起来。如庄绶甲继承了庄述祖的小学考证研究，特别强调文字学对经学研究的重要性，他认为要准确挖掘经文的原意真义，了解古文字十分关键，只有深入考察古文字的演化过程，才能揭示今、古文的真正差异。他在《尚书》研究中，引用了阎若璩、惠栋、戴震、钱大昕、段玉裁等人的考证成果，追求通过训诂考证的方法诠释公羊大义。

刘逢禄在庄氏家族受学期间，曾与庄绶甲、宋翔凤建立了密切的关系。他对考据在当时学术界的作用和地位有深刻透彻的认识。他高屋建瓴

---

① 吴雁南等《中国经学史》，福建人民出版社，2001，第552页。

地意识到考据不是某一学派的垄断物，而是一种认识论工具，必须运用考证学的实证方法补充、支持庄存与的理论成果，才能使常州今文学赢得学界的广泛认同。他寻求考据、义理的平衡发展，毕生致力于今文学之发扬光大，但对文字音韵、考据训诂之学专注甚笃，在汉学研究尤其古音研究方面建树卓著。刘逢禄在《论语》诠释考据学方法与今文学义理的会通重建工程中，发挥了关键性作用，并通过《论语述何》开了这二者一体化进程的先河。刘逢禄《论语述何》实际上是重新辑录何休已佚的《论语》注的工作，堪称考据辑佚与义理阐述的会通之作。刘逢禄之后，宋翔凤、戴望则体现得更加充分和深入。

　　宋翔凤亦深深意识到必须借助名物训诂的力量，才能恢复今文学"微言大义"在儒学话语中的主导地位，呼吁折中汉学考证与宋儒义理之学。其云"训诂之学，兴于汉而成于唐，义理之学，起于唐而盛于宋。训诂、义理若各执一端，或流于附会之说，或牵于虚空之论，则必为后世学者所讥弹"。① 故其诠释《论语》时，并不拘泥一端，偏寓一方。宋氏在《论语说义》中反复论述"明堂"之义，认为"明堂"指"五行四时之令"，有"除旧布新之象"，"明堂之法"亦即"《春秋》之法也"。然宋氏并不蹈空虚言，而是通过训诂考据为"明堂"之"微言大义"提供实证。如释《卫灵公》第 11 章"颜渊问为邦"时云："明堂者，祀五精之帝，行五行四时之令。""周公作《明堂月令》，首孟春之月，即周月篇之义。先儒言尧正建丑，舜正建子，而《虞书》言授时巡守，皆用建寅，即明堂之法。"此处之"明堂之法"当为"五行四时"之法，亦是礼制之法。新朝立国，必须改正朔，四时应该合于正朔，要符合"春生冬终"的规律。又如，宋氏解释《为政》篇第 1 章"为政以德，譬如北辰居其所而众星拱之"时，引《尔雅·释天》、《郑注》、《春秋》等，证"北辰"即"北极"，"北极"在《尚书》为璇玑，《尧典》正月土日受终于文祖，在璇玑玉衡，以齐七政。文祖者，五府之大名，犹周之明堂。宋氏云："按《大传》言帝王之为政如此。圣人南面而听，天下向明而治。故所居曰明堂。明堂太学同处，教士则曰太学，为政则曰明堂。"宋氏视明

---

① 　见艾尔曼著、赵刚译《经学、政治与宗族》，江苏人民出版社，1998，第 147 页。

堂为圣人之堂、仁德之堂、为政之堂。由此，足可见出宋氏在《论语》诠释中，努力寻求汉学考证与宋儒义理的会通均衡。

戴望将《论语》视为理解今文经学的重要窗口，并把公羊学"三科九旨"作为探讨《论语》的理论框架。但他并不片面申述《论语》义理，而是结合考据方法予以论证。如释"七十而从心所欲不逾矩"时，具体考出"孔子年七十，适当哀公十四年获麟之岁，使子夏等十四人求周史记得百二十国宝书，以作《春秋》"。进而指出"《春秋》之作，称天受命，假鲁以寓王法"。戴望还注意考证孔子言说的历史背景，如《子路》14章："冉子退朝。子曰：何晏也？对曰：有政。子曰：其事也。如有政，虽不吾以，吾其与闻之"时，戴望先对"政"、"事"作出界定："大曰政，小曰事。政者，有所改更匡正；事，日行常事也。"然后结合当时背景分析孔子诘问之原因："孔子恐鲁君臣变古异常，故言如有大政，虽不用吾，言其使吾与闻之。冀冉子来告，庶可匡正也。"此论符合孔子素王性格，此时孔子虽不在位，但仍为朝中智囊人物，可以辅助决策。此不为臆测，有史为证。《左传》哀公十一年传："季孙欲以田赋，使冉有访诸仲尼。仲尼曰：'丘不识也。'三发，卒曰：'子为国老，待子而行，若之何子之不言也？'"① 最后，戴望还进一步举例论证："其后用田赋、伐颛臾，冉子皆以告孔子。"可见，戴望之《论语》诠释通过引经典、引文献、引人物、引史实等考据手段，达到了阐发微言大义的目的，其明显的效果就是增强了真实性和可信度。

值得注意的是，常州学派的《论语》诠释还出现了会通中西的萌芽。庄存与的先祖庄起元在晚明时期就已与耶稣会士庞迪我建立联系，通过会通天主教的"真心"说与儒家的"道心"说以阐发自己的理学主张，并将天主教主张引入自己的殿试答卷。戴望《论语注》虽只有一处引西学诠释《论语》，但毕竟有开先河之意义。

总之，常州学派无论在诠释观念还是诠释方法乃至诠释途径上，均显示出兼采会通的特点。诚如魏源所言，常州学者折中义理、考证，综汇训

---

① 李学勤主编《春秋左传正义》，北京大学出版社，1999，第 1661~1662 页。

诂、经世之学于一体①。

常州学派会通之结果是将一个想象的理想的命题演绎成为一个历史的现实的图景，由义理阐述层面具体到考据实证层面，使《论语》的义理内涵增强了可信度和权威性。

四　文本拓展

常州学派《论语》诠释拓展了《论语》的文本世界，敞开了《论语》的意义结构。会通主要是一种诠释方法或诠释策略，而拓展主要是对《论语》文本的意义挖掘或重建。

《论语》是孔子思想的文献载体，但《论语》不是孔子思想的唯一经典宝库。孔子思想还保存在《易传》、《孝经》、大小戴《礼记》、《孔子家语》、《孔丛子》等有关文献中。《论语》不仅记载了孔子的思想，也蕴含了孔子弟子的思想。孔子思想实际上包含了孔门思想，孔门师生形成了春秋后期中国历史上第一个思想团体，孔子是这个团体的精神领袖，故而形成了以孔子思想指称孔门思想的传统。吕思勉先生认为"治先秦之学者，可分家而不可分人"②，其见解精辟。因为先秦诸子之作，大多不是自己直接著述，多为弟子、门人辑录而成。《论语》中的孔子思想，经过孔子弟子或再传弟子的"接闻""各有所记""辑而论纂"的过程，不免渗透了弟子、门人在接受时的主观性选择、创造性理解乃至"误读性"拓展等因素。如子贡认为孔子之道"不可得而闻"，而曾子将孔子的"一贯之道"仅仅理解为"忠恕而已"；如子夏重视"言而有信"，子贡强调"言不可不慎"。在这些不同的理解中，无疑看出是孔子弟子融合了自己的视阈而得出的认识。可见，孔子思想、《论语》意义经过了孔子弟子的拓展重建。

《论语》是儒家的重要经典，但其意义并不单一、封闭，体现出立体、多元、开放的特点。其与墨家、道家甚至佛家思想都有不同程度的关联。如《论语》强调"仁爱"时具有"兼爱"的色彩，《颜渊》篇子夏

---

① 艾尔曼著、赵刚译《经学、政治与宗族》，江苏人民出版社，1998，第87页。
② 吕思勉：《先秦学术概论》，东方出版中心，1985，第22页。

云"四海之内皆兄弟",无疑具有墨家"兼爱"思想。《学而》曰"节用而爱人",《八佾》云"礼,与其奢也,宁俭",显然与墨家"节用"思想相通。又如《论语》一书中包含了道家思想的因子,孔子"欲居九夷"(《子罕》),欲"乘桴浮于海"(《公冶长》),追求"无道则隐"(《泰伯》),"无道则愚"(《公冶长》)"舍之则藏"(《述而》),屡屡流露出消极避世的人生态度;孔子云:"天何言哉?四时行焉,百物生焉,天何言哉?"(《阳货》) 孔子曰:"为政以德,譬如北辰居其所而众星拱之。"(《为政》) 孔子感叹:"无为而治者其舜也与?夫何为哉?恭己正南面而已矣。"(《卫灵公》) 多处契合道家"无为而治"的政治理想。《论语》还具有法家思想的质素,这从孔子并不否定"政""刑"的作用、孔子对管仲的评价中可以清晰地昭示出来。孔门弟子子路重视军事活动,强调通过战争和暴力手段达到政治目的,明显具有法家理性精神。李泽厚认为:"儒学也有孔子盛赞管仲的一面,有称许子贡、子路的一面,从而与法家接轨也不困难。"[1]

不仅《论语》文本或孔门思想本身具有多义性特点,而且在传播过程中或在诠释实践中,也不断变异、拓展出新的意义。伽达默尔说:"理解从来不是一种达到某个所给定对象的主体行为,而是一种达到效果历史的主体行为。"[2] 效果历史就是解释者与解释对象的统一。《论语》在历时性的文化传播的长河中,不同时期的诠释者总要根据自己的经验、挖掘出符合时代需求的《论语》经义。如春秋战国时期,有"儒分八家"之说,如孟子提出了"性善"说,荀子则提出了"性恶"说。后来董仲舒掺入了"阴阳"学说,何晏融合了玄学色彩,皇侃注入了佛教思想。再后来韩愈、欧阳修、程颐、朱熹、陆九渊、王守仁、戴震等不同的诠释者都根据自己的"先见",作出了不同的继承和发展。

当然,《论语》经义在传播阐释过程中,并非一直处于向外拓展的状态,有时也会发生内敛聚焦的情况。如康有为认为孔学被曾学遮蔽、被刘歆篡乱,即"上蔽于守约之曾学,下蔽于杂伪之刘说"(《论语注》序),

---

① 李泽厚:《论语今读》,安徽文艺出版社,1998,第334页。
② 伽达默尔著《真理与方法》二版序言,洪汉鼎译,上海译文出版社,1999,第5页。

导致孔学进一步萎缩局限，单薄狭窄。如唐代韩愈力复儒道，排斥佛老，如清初顾炎武认为经典诠释一旦"借以谈禅""则其害深也"，毛奇龄强调欲求《论语》去古未远之真义，必须清除"老氏之学"，此皆明显具有纯正儒学的色彩。乾嘉时期的《论语》诠释专注于考据训诂，热衷于原意真义，这无疑是自小疆域、自设樊篱，挤兑束缚了《论语》的意义空间。

可见，《论语》的传播过程实际上就是不断地建构和解构的过程，不断地拓展和变异的过程，在某一时期被凸显、被肯定的意义可能到了另一时期遭到遮蔽甚至排斥。《论语》诠释正是在这种否定之否定的过程中，不断地拓展与超越，实现着效果历史价值。常州学派追求从"对作者原意的把握"向文本的"意义的创生"的拓展，无疑是对乾嘉时期封闭僵化学术思潮的反拨，在《论语》诠释史上无疑有着重要意义。

刘逢禄《论语述何》在某种程度上是为申述何休公羊学思想寻找另一经典依据，其对公羊学思想深入拓展的代表性著作当为《春秋公羊何氏释例》一书。刘氏将何休之注文总结成有关公羊学方面的三十个问题，深入开掘、系统整理，以说明公羊学说的体系和义法。

常州学派中，在诠释《论语》经义方面挖掘最深拓展最广者当属宋翔凤。宋氏把诠释微言大义的经典依据从《春秋公羊传》《论语》扩展到《周易》经传，乃至关联到《老子》，他对《春秋》公羊学的义理诠释从政治方面扩展到伦理道德层面和哲学层面。

宋翔凤直接将"善""过"与《易》之"乾""坤"联系起来，"君子以见善则迁，有过则改。乾为善，坤为过。"《易·象》曰"大哉乾元"，《易·文言》曰"元者善之长也"，可见，善与乾之联系，并非无稽之谈；过与坤关联在一起亦十分自然。宋翔凤又将乾坤与性情联系起来，宋氏以乾喻性，以坤喻情，性为阳，情为阴。宋氏强调抵制情欲之恶，追求性善之正，必须以"五性之正正六情"。宋氏还将"元亨利贞"与仁义礼智作比，并将"利贞"与"性情"联系起来，具体阐述了"利与命与仁""元亨利贞"即"仁义礼知"相互之间的逻辑关系，即仁义为体，礼知为用，或即义为体，利为用，义利统一的前提条件必须是"以义治我"，"以仁治人"，孔子之微言，备于利与命与仁之中，而欲闻"性与天道"之微言，必先求利，而后得性得仁，最后得天道。

深入阅读宋氏《论语说义》，可以发现其多次引《易》说仁，每每将"乾"与"元"与"仁"结合起来，如"天命之性备五德五行，仁则五德五行之始"，再如"仁为五性之初"，"五性皆统于仁"。"回之心见天地之心，故复初有元吉之象。元者，乾元，回能体复，故三月不违仁。于《易》为乾元，两移为天地，于《易》为乾坤，于气为阴阳，乾盈坤虚，阴消阳息。……盖北辰静而日月动，乾元静而坎离动，以勿用故静，静故含元出气，流精生一。此则孔子颜渊用行舍藏，如一死而不亡也。坎离为大用，故动。故孔子为素王，七十子皆奔走。"在这些诠释和拓展中，可以看出宋氏将"仁"与"乾"、"元"如此关联的目的是集中思考为君之道。将《论语》之"微言大义"昭示得更加具体透彻，拓展得更加浩瀚幽远。宋氏不仅引《易》诠释《论语》，还引《老子》诠释《论语》，进一步拓展了《论语》诠释视野，丰富了《论语》的意义世界。

《论语》和《老子》是两个不同的文本，亦是两个不同的文化系统。《论语》诠释史上，引他经证《论语》者不乏其人，但引《老子》者可谓凤毛麟角。然宋翔凤却每每将《老子》与《论语》互释。宋氏认为"老子与孔子道同一原"。"《归藏》，黄帝易，而老子传其学。""老子所述皆皇帝之说、《归藏》之说也。"而"《十翼》之文，则孔子赞《易》，亦多取于《归藏》"。老子之学多出于《归藏》，孔子之学亦多取于《归藏》，故老子与孔子道同一原，皆与《归藏》相通。

儒道本是"道同一原"，何以会分道扬镳？宋翔凤认为是儒家有弟子述之，未有支流之失，而道家有放者独任清虚，产生支流之失。宋氏云：《论语》与"五千言之文悉相表里。惟孔子言诗书礼乐，所谓文章可得而闻，而道德之意，则为性与天道，不可得闻。弟子述之，不致有支流之失。老子之失，则有放者之独任清虚，即居简行简，仲弓亦言其弊非老子之本意也。"宋氏认为"老子之失"，不在老子本身，将其责任归咎于"放者"之"独任清虚"。放者，居简浪荡；独任者，无守无持，出格狂诞。这显然与儒家格格不入，《论语》云"居敬行简"即心存严肃，认真思考，而操作简明，即举重若轻。道家讲清虚，但亦讲自守、自持，亦讲执本、静笃，故不允许独任清虚，其境界是追求无为而无不为。而"放者"只讲独任清虚，是欲去礼去乐去仁去义，其趋势必然是无本无守无持，其结果无疑是欲有为而必无为。故是"放者"导致"老子之失"，将道家引入歧途。

既然孔子老子道同一原，源于归藏。那么，同于一原的儒道原典《论语》《老子》，在义理意蕴上自然有相合、相通、相近之处，故将两者经文放在一起互参比较，是完全可行的。经典之诠释，将不同经典之经文关联一起并不困难，是否牵强也不是十分重要，关键是其效果如何？能否带来新的认知、新的启迪。

试看宋氏对《里仁》篇"一以贯之"之诠释。宋氏曰："许慎云：惟初太极，道立于一，造分天地，化成万物。故造文字，始一终亥。"此为一幅丰富而又神秘的远古文化背景。太极是宇宙的原始混沌体，是"天地未分之前，元气混而为一，即是太初太一也。""始一终亥"为许慎《说文解字》诠释文字的排列顺序。一者，始也，乾也，元也；亥者，该也，备也，根也，故终于亥。始一终亥，"以究万原"，"知化穷冥"，囊括天地万象，体现哲学规律。"一"为《易》乾卦之初爻，始盈而终藏；"一"在《易·系辞传》中具有非常特殊的地位。宋氏云"大衍之数五十，其用四十有九"，"虚一不用，有不用者而用之以通"。正是在这"用"于"不用"之间形成了《易经》的种种变化推演，产生了八卦、六十四卦、三百八十四爻，且触类旁通，以类相从，天下万事万物之变化则尽在其中。可见，四十九在动，而其一不动，但恰恰是其一不动，才有四十九之不断变动。所以，是"一"导演了"四十九"的种种变化。虚一不用，但胜似有用，有不用之用之神奇功效。接着，宋氏引《老子》11章"三十辐共一毂，当其无，有车之用"，进一步阐明"虚一之义"。宋氏强调"虚一"，实际上就是要超越具体的"一"、片面的"一"，就是从具体对象中抽象出一般的规律。"虚一"的过程就是消解、抽象的过程，就是一种否定之否定的过程。在此基础上，又引《老子》三十九章、四十二章，强调天、地、神、谷、万物、王侯得一之神奇景观和道生一、生万物的神奇力量。并明确指出："《老子》之说通乎《易》，与《论语》一以贯之说意相发也。"显然，《老子》之"道生一，一生二"与《易》

之"易有太极，是生两仪。"具有惊人的相似之处，实为殊途同归，均揭示出宇宙生成发展的规律。老子的"虚一""不盈"，老子的"致虚""守静"，老子的"有不用者而用之以通"，高度概括了宇宙世界无穷无尽的变化。

宋氏将孔子"一以贯之"之"一"与《易》乾之初爻之"一"及《老子》道生一之"一"联系起来予以解释，确实能将《论语》放在更广阔的时空中玄思幽想，带来更多的启发。宋氏之诠释反复聚焦，多点透视，让我们体会到"一以贯之"是一种方法论，是一种整体观，是一种境界，是一种智慧。如果仅从《论语》文本理解则难有这样的体验，感受不到孔子此语的幽远博大、深邃绵长。《论语》诠释史上，何晏、皇侃、朱熹、邢昺没有带来这样的体验，是宋氏翔凤打开了这扇独特的窗户，让我们领略到独特的风景。

宋氏对《论语》的诠释，完成了一次《论语》文本的意义创造过程。诠释学认为：我们对文本意义的理解，作为对重建问题之回答，必然打上理解者的烙印，理解者的修养经验等意识结构，无疑制约着"问题的重建"。但一切活动皆植根于文本之中，一切理解都是对文本的理解，所理解的是文本向我们敞开的意义。就此而言，它不同于单纯的重新创造意义；但理解又不是纯粹的再现文本的意义，他通过问题重建融入了新的意义，也就是在新的世界中所理解的意义。就此而言，理解过程就是意义的创造过程。

小　结

至此，我们对常州学派的《论语》诠释有了比较具体深入的了解。常州学派在《论语》诠释史上无疑有着独特的地位和贡献。最后，对常州学派兴起的原因及产生的影响试作全面的分析。

常州学派的兴起有其深刻的社会政治经济基础。清朝乾嘉年间，江南地区的资本主义生产关系得到较快发展，市民阶层在政治、经济领域的力量有所加强，他们反对封建专制、要求参政、议政的呼声有所提高，社会矛盾日趋复杂。乾隆中期以后，吏治败坏，奢侈无度，加之和珅擅权贪婪，中饱私囊，导致军事废弛，财政虚耗，故清王朝表面"鼎盛"的背后，已掩盖不住日益衰败的迹象。封建统治阶级已经意识到必须寻找新的思想统治方式，适应"人心开化"的新的现实。而当时的学术思想沉浸于名物训诂，无视国家兴衰及社会沉浮，无法提供满足现实需要的"药方"，对西方资本主义思想又知之甚少，最后只能从中国传统文化儒家经典里寻找思想理论武器，西汉时代提倡改革变易的今文经学进入了他们的视野，"常州学派"就这样兴起了。

以上见解是比较通行的观点，凡分析常州学派兴起之原因几乎都不落俗套，都离不开这一视角。但这显然是比较笼统的判断，因为学派的形成是一个动态复杂的过程，外部环境在不同时期、对不同对象施加的影响和作用是不可能等量齐观、整齐划一的。梁启超认为道咸以后清学的分裂，"有发于本学派之自身者，有由环境之变化所促成者"①，并具体指出所谓"由环境之变化所促成者"，则指道咸以后的经世致用思潮。然在乾嘉汉学盛行之际，经世取向对士人影响还不明显。故周予同提出，庄存与、刘逢禄为代表的前期今文学乃"发于学派自身"，而龚自珍、魏源、康有为等后期今文学则"由环境之变化所促成"②。这种区分不无道理，他告诉我们在社会变动尚不明显的背景下，尤需重视学术理路，他启发我们在讨论常州学派兴起原因特别是讨论常州学派《论语》诠释特点之成因时，更应该将目光投向学术自身的发展。

晚清以来亦有不少学者从学术理路思考常州学派兴起之原因。如晚清名士李慈铭曰："自道光以来，经学之书充栋，诸儒考订之密，无以复加。于是一二心思才智之士，苦其繁富，又自知必不能过之，乃创为西汉之说。"③ 如钱穆云："庄氏为学，既不屑屑于考据，故不能如乾嘉之笃实，又不能效宋明先儒寻求义理于语言文字之表，而徒牵缀古经籍以为说，又往往比附以汉儒之迂怪，故其学乃有苏州惠氏好诞之风而益肆。其实则清代汉学考据之旁衍歧趋，不足为达道。而考据既陷绝境，一时无大智承其弊而导之变，徬徨回惑之际，乃凑而偶泊焉。其始则为公羊，又转

---

① 梁启超：《清代学术概论》，上海古籍出版社，1998，第70页。
② 朱维铮编《周予同经学史论著选集》（增订本），上海人民出版社，1996，第519页。
③ 徐珂：《清稗类钞》第八册，中华书局，1986，第3825页。

而为今文，而常州之学，乃足以掩胁晚清百年来之风气而震荡摇撼之。"①李、钱二人似乎认为常州学派形成得很自然，也很偶然，是"苦其繁复"下的无奈选择，是无法超越后的独辟蹊径，是"既陷绝境"后的牵缀旁衍，是"彷徨回惑"之际的凑泊偶成，可谓简明扼要，高度概括，无疑是一种学理层面的分析，只是凸显了偶然因素，弱化了偶然性中的必然性，给人意犹未尽之感。

近年来美国学者艾尔曼提出，庄存与在18世纪80年代转治今文经学与乾隆晚年和珅专权、庄氏被迫退出全国政治舞台相关。② 这一观点难以令人信服。第一，庄存与专注公羊学"微言大义"，适应了乾隆皇帝"乾纲独断""以维统一"的统治需要。第二，乾隆四十年以前，和珅尚未进入权力中枢，谈不上庄存与因受和珅排挤而转治今文经。第三，庄存与经学的具体内容主要是宣扬天命，维护皇权，尤其是阐发"大一统"思想，没有明显讥讽朝廷、贬斥奸臣的意味。

事实上，仅就学术理路而言，常州学派的形成当是多种因素综合作用的结果。首先，经过清初反对宋学空疏至乾嘉专注训诂的经学实践，学术视野不断扩大，开始反思汉学泥古积习及门户之见的弊端。如王引之认为惠栋治学"考古虽勤，而识不高，心不细，见异于今者则从之，大都不论是非"③。如焦循指出"惟汉是求，而不求其是，于是拘于传注，往往扦格于经文。是所述者，汉儒也，非孔子也。而究之汉人之言，亦晦而不能明"。④ 他们在反思的过程中逐渐认识到汉宋之学内在的联系，治经时虽重考据，但也注意博通，甚至还讲义理。这对当时的学术走向应该产生影响。于是，一些人的学术视野超越东汉，向西汉经学乃至先秦诸子延伸。其次，乾嘉汉学"征实太多，发挥太少"，考据繁荣而义理枯竭，这种拘泥执一的偏颇局面显然不利于学术的常态发展，连精于文字训诂的段玉裁也深感文字校勘不能不涉及义理，晚年自称："喜言训诂考核，寻其

---

① 钱穆：《中国近三百年学术史》，商务印书馆，1997，第582页。

② 艾尔曼著《经学、政治和宗族》，赵刚译，江苏人民出版社，1998。

③ 王引之：《与焦里堂先生书》，《王文简公文集》卷四。

④ 焦循：《述难四》，《雕菰楼集》卷七。

枝叶，略其根本，老大无成，追悔已晚。"① 这足以说明学术界对烦琐考据的怀疑和厌倦，促使人们补偏救弊，呼喊着新的学术样式或学术形态，义理之学便以不同形式应运而生。再次，在汉宋对立走向汉宋调融的磨合实践中，无论是汉学家兼采宋学的努力，还是宋学家融合考据的实践，都显得隔膜、零碎，甚至牵强，无法超越各自的藩篱，如焦循、阮元等虽治义理，但仍从属于考据。可见，汉宋融合并非简单，确非易事。况且，宋学空疏无根，已成众矢之的，几乎被清初诸儒批驳得体无完肤，故完全从汉学转治宋学需要跨越多重关口，难度太大。在汉、宋之学山穷水尽之时，西汉今文经学可谓柳暗花明，况"求之汉儒，惟董生之言最精，求之《六经》，惟《春秋》改制之说最易附会"。且西汉今文之学"其学派甚古，其陈义甚高，足以压倒东汉以下儒者"②。故此，一些学人逐渐专注于西汉今文经学。

在常州今文经学兴起的过程中，我们不能忽视庄存与个人的作用和庄存与家族力量的影响。艾尔曼将常州学派的经世传统追溯到 16 世纪的唐顺之及东林党人。唐家是明代常州最著名的家族之一，唐顺之既是官吏、儒生，又是一位古文家，22 岁时在会试中名列第一，深受王阳明学说的影响，但仍信奉程朱学说，忧惧阳明学派的佛道气息淡化儒学的经世意识。退出仕途后研治数学、天文和兵法，强调儒家义理与技术知识的结合，试图以训诂方法理解经典的微言大义。唐顺之娶常州显族庄氏庄齐之女。庄齐的孙子庄以临又娶唐顺之之女，此为常州庄氏第八世重要人物庄起元的母亲。"庄起元在他母亲的传记中描述了唐顺之对程朱理学的精通，他也记述了其母亲将唐顺之之学传于他本人及其他庄氏族人的情况。因此，我们可以把庄氏家族尊尚程朱及宋明理学传统的家风直接归因于与唐氏姻亲关系的影响。"③ 因此，我们也可以说，庄存与的血脉里流淌着庄氏家族讲求义理的儒学传统，庄存与是庄氏家族经世传统的继承人。庄存与自幼秉承庭训，潜心研读朱子学说。庄存与早年治学即不取小学考证方法，主要从科举层面钻研以朱子解释为基础的经义。庄存与久居京师，

---

① 段玉裁：《博陵尹师所赐朱子小学恭跋》，《经韵楼集》卷八。
② 朱一新：《无邪堂答问》卷一，光绪二十一年广雅书局刊本，第 24～25 页。
③ 艾尔曼著《经学、政治与宗族》，赵刚译，江苏人民出版社，1998，第 60 页。

又长期在上书房、南书房任职。他作为一名官僚型学者，他有这样一种识见和敏感，他有这样一种责任和能力，他要将庄氏家族一代代累积起来的地方性学术声望转化为国家政治权力，他视古典理想为治理现代混乱的药方，认为《春秋》为治乱安邦的重要经典，欲藉《春秋》公羊学阐述变法思想，倡导改革意识。

但真正将常州学派推向深入的是刘逢禄、宋翔凤。在庄存与前后，还有其他学者研治西汉今文经学。如褚寅亮著《公羊释例》，如洪亮吉著《公羊穀梁古义》，如孔广森著《春秋公羊通义》，且孔广森的著作成于庄存与之前。可这些学者及著作为何没有产生庄存与这样的影响？通常将他们"其学不昌"的原因归结为"阐发甚少"，"述理不多"，他们以考据古文经之法研究今文学，且孔广森不取后世看重的"三科九旨"说，然"无三科九旨，则无《公羊》；无《公羊》，则无《春秋》，尚奚微言之与有！"① 但这只是其中一个原因。若将其与庄存与放在一起比较，则很容易发现其他原因。如缺少庄存与那样的政治资源与学术资源，缺少庄存与那样的家族力量与家学传统。在有清一代，庄氏家族就出了90名举人，29位进士，有11人任职翰林院。庄存与是庄氏家族最有影响的后裔，是庄氏家族自明代以来绵延不绝的家学传统的象征。他敏锐地感受到并勇敢地承担了历史传承与创造未来的一种责任，体现出敢于和当下所流行的文化相对立的思维方法及学术精神。但庄存与毕竟只是清代复兴今文经学的开创者，常州今文学经其侄庄述祖传衍，至外孙刘逢禄、宋翔凤才发扬光大。在考据盛行的乾隆年间，庄存与的学术影响不大，其著述亦在死后多年才刊印。事实上，庄存与播下的今文学种子主要是通过家族而生根开花、枝繁叶茂的。其侄庄述祖10岁丧父，由叔父庄存与收养，从其治学，曾以优异成绩中进士，但在和珅与阿桂的争斗中，因不愿趋承迎逢，遭和珅嫉恨而彻底退出官场，这种气节为庄氏家族赢得了政治声望。庄述祖运用自己的研究成果进一步充实庄存与开创的公羊学研究。庄存与病逝后，刘逢禄、庄绥甲、宋翔凤皆从庄述祖受业，皆以公羊学为主。庄绥甲倾向于将汉学方法融入其祖庄

---

① 刘逢禄：《刘礼部集》卷三，光绪十八年重刊本，第19~20页。

存与的公羊阐发，通过自己的大量成果"证明《公羊传》在《春秋》注释方面的中心地位"①。刘逢禄、宋翔凤在庄述祖研究的基础上，建立了一整套系统的今文学学说，特别是把庄存与"义理"与庄述祖"考据"沟通结合的努力，形成了内容更加丰富的今文经学体系，为今文经学的兴盛、为今文经学进入学术中心奠定了基础。且刘逢禄、宋翔凤将《论语》诠释推向了今文学义理高峰。

常州学派注重《春秋》"微言大义"的倾向，契合了晚清社会的学术潮流和时代发展，对后来的学术研究和思想发展产生了重大的影响。随着民族矛盾的激化和社会危机的加剧，社会各界强烈呼喊着经学诠释的经邦济世价值，而经世之学则无法离开义理阐述。晚清以后的今文经学就是在此学术传统与社会环境的相互激荡中演绎发展，并逐渐形成了自刘逢禄以下的两条路向。一方面是继续为庄存与今文经学进入主流学术话语而进行学术层面的保守探索，如王闿运、冯登府、皮锡瑞、沈涛、丁晏等，他们为增强今文学的权威性，为扩大其影响，为寻求广泛的认同，不断拓宽今文学的研究范围，不断丰富今文学的研究方法，但把持有度，大致能够将其兴趣集中在学术层面，能够将学术与政治区隔开来，遵守治经的"游戏规则"，不会离经叛道。为什么有学者提出今文学还应该包括辨伪、辑佚、考据学方面的著述②？实际是准确概括了晚清今文经学的影响。另一方面是极力将今文学改革变易思想和救亡图存联系起来而进行政治层面的激进思考，将今文经学进一步义理化，如龚自珍、魏源，特别是康有为，则走上了另外一条道路。龚自珍反对"泥乎经史"，主张"通乎当世之务"③，常引《公羊》义例批评时政，他将公羊学"张三世""通三统"等"大一统"思想改造成"据乱而升平而太平"的"三世"变异学说④，表达了对政事的关心及对"太平世"的期望。魏源由《春秋》公羊学而转手，走向"通经致用"的道路，以《诗古微》《书古微》《皇朝经世文编》等发出了经世思潮的强劲呐喊。康有为根据现实需要对今文学进行

① 艾尔曼著《经学、政治与宗族》，赵刚译，江苏人民出版社，1998，第146页。
② 彭林：《经学研究论文选》，上海书店出版社，2002，第80~81页。
③ 《龚自珍全集》第一辑，《对策》，中华书局，1959，第114页。
④ 《龚自珍全集》第一辑，《古史钩沉论》，中华书局，1959，第27页。

了大胆的维新改造，将学术与政治关联起来。其在《论语注》中，对旧政旧制深恶痛绝，为了阐述自己托古改制的思想，甚至将西方的民主、自由思想及议会制度引入儒家经典，尽管牵强粗糙，但毕竟给传统学术注入了新的活力，为晚清的启蒙运动及思想解放打下了基础。

第六章　浙东学派《论语》诠释特点论

　　浙东学派是一个以浙东区域命名、学人辈出、成果丰硕、影响深远的重要学术流派。它因时而变，与时俱进，在中国的学术版图中独树一帜，富有活力，不仅对地域文化精神传承与重建发挥着重要作用，而且在日本和东南亚地区拥有广泛而深远的影响，具有多方面的研究意义与价值。

　　清代浙东学派在经史研究方面成果显赫。章太炎在《清儒》一文中对清代浙东学派的代表人物及治学特点已有论述："自明末有浙东之学，万斯大、斯同兄弟皆鄞人，师事余姚黄宗羲，称说《礼经》，杂陈汉、宋，而斯同独尊史法。其后余姚邵晋涵、鄞全祖望继之，尤善言明末遗事。会稽章学诚为《文史》，《校雠》诸通义，以复歆、固之学，其卓约近《史通》，而说《礼》者羁縻不绝。定海黄式三传浙东学，始与皖南交通。其子以周作《礼书通故》，三代度制大定，唯浙江上下诸学说，亦至是完集云。"① 章太炎指出浙东学派杂陈汉宋、经史兼治、精通礼学等学术特点，这些治学特色在《论语》诠释中也有所体现。

　　浙东学派关于《论语》研究亦特色鲜明，成绩斐然，以黄式三成就最著。黄式三《论语后案》秉承浙东学派的学术传统，重视对经典原义的追本溯源、对历史的人文关怀以及对礼制的终极肯定，可谓浙东学术在《论语》诠释方面的集大成者。此外，毛奇龄的《论语稽求篇》，反对何晏《集解》"本老氏之学，不习众说"，反对朱熹《集注》"仅见何氏一书，别无他据"，故欲攻驳"宋儒之书"而达"夫子之书"，追求《论

---

① 《章太炎全集》，上海人民出版社，2001，第474页。

语》去古未远之真义与本意，在清代《论语》研究史上有着鲜明的特点和特殊地位。徐养原的《论语鲁读考》，专取唐代陆德明《经典释文》所载鲁读，考其异同，是《论语》研究史上第一部专门考订《鲁论》的专书。体现出"浙东贵专家"①的学术特点。俞樾在《论语》方面用力甚勤，著有《论语郑义》《续论语骈枝》《论语平议》《论语古注择从》等。是晚清"最有声望"②的一位经学家。日本学者将他誉为中国经学"殿后之巨镇"。③

一　会通不拘

章学诚《文史通义》曰："学者不可无宗主，而必不可有门户。"④浙东学者大多博学会通，而不恪守门户，在《论语》诠释中也力求实事求是。黄式三，浙江定海紫微人，为清代浙东学派代表学者。黄式三一生著述颇丰，在经学、史学方面成就尤为显赫。据《清史稿·儒林传》载："于学不立门户，博综群经，治《易》治《春秋》，而尤长《三礼》。论禘郊宗庙，谨守郑学。论封域、井田、兵赋、学校、明堂、宗法诸制，有大疑义，必厘正之。有《复礼说》、《崇礼说》、《约礼说》。尝著《论语后案》二十卷，自为之序。他著有《书启蒙》四卷，《诗丛说》一卷，《诗序说通》二卷，《诗传笺考》二卷，《春秋释》二卷，《周季编略》九卷，《儆居集·经说》四卷，《史说》四卷。"⑤

《论语后案》为黄式三代表性经学著作。该书仿照王鸣盛《尚书后案》体例，先录经文，并随经文附注异文古字，后录何晏《论语集解》及朱熹《论语集注》，再加以按语。全书汉宋兼采、义理考据相得益彰，颇受学界好评。李慈铭《越缦堂读书记》称其"不专主汉宋，而悉心考据，务求至当。其诠释义理，亦深切著明，绝去空疏诘曲之谈。于经文之异文古字，皆随文附注，近世汉学诸家之说，采录尤多。以之教授子弟，

---

① 章学诚著，严杰、武秀成译注《文史通义全译》，贵州人民出版社，1997，第714页。
② 顾颉刚：《秦汉的方士和儒生》，上海古籍出版社，1988，第5页。
③ 俞樾：《春在堂全书》卷二十三，光绪二十五年重订本。
④ 章学诚著，严杰、武秀成译注《文史通义全译》，贵州人民出版社，1997，第714页。
⑤ 赵尔巽等撰《清史稿》卷四百八十二，中华书局，1977，第13297页。

既不背于功令，又可以资实学，诚善本也。"① 李慈铭评其 "可资实学，称可善本"，可谓公允之论。清代《论语》诠释文本众多、大家林立，李慈铭何以单独垂青《论语后案》？这与黄式三博采众长、包容会通的诠释理念有关。

黄式三《论语后案·自序》言：

> 汉魏诸说之醇，有存于何氏之《解》，皇、邢之《疏》，及陆氏《释文》诸书，而不可尽废者；诸经注疏与子史中杂引经文及诸说解，有可拾其遗而补其阙者；元明数百年遵朱子《注》，有能发明之而纠正之者；近日大儒实事求是，各尽所长，有考异文者、精训诂者、辨声类者、稽制度名物者、谍圣贤事迹者，有考验身心、辨析王霸、学务见其大者，有不惑于异端，复明析于儒之近异端，学务得其正者。凡此古今儒说之荟萃，苟有裨于经义，虽异于汉郑君、宋朱子，犹宜择是而存之。……于是广收众说，间附己意，书成，名之曰《后案》。夫近日之学，宗汉、宗宋判分两戒。是书所采获上自汉、魏，下逮元、明以及时贤。意非主为调人，说必备乎众，是区区之忱端在于此，而分门别户之见不敢存也。②

此段自序可窥见黄式三不分门户、博采众长的诠释思想及学术旨趣。《论语后案》荟萃汉魏、宋明以及近代《论语》注本，广收历代儒者经说，且旁及诸经注疏以及子史中经文及解经材料。所引典籍多达数百种，文献类型极为广博，囊括经学、史学、子学、文学、小学、地理学、类书以及历代学术笔记等。尤其是与《论语》相关材料，从先秦自当代皆广加搜罗，可谓一部简明的《论语》学史料汇编。如《学而》篇 "人不知而不愠" 章，黄式三博采皇侃、邢昺、程子、罗近溪、焦里堂、阮云台等历代学者经解。正如李慈铭所言 "既不背于功令，又可以资实学"，《论语后案》不仅使后学掌握历代《论语》诠释历程，亦可从中慎

① （清）李慈铭：《越缦堂读书记》，上海书店出版社，2000，第127页。
② （清）黄式三撰，张涅、韩岚点校《论语后案》，凤凰出版社，2008，第552页。

思明辨、增进学养。

在《论语后案》中，黄式三不设门户，不加壁垒，对古今各家之说博采众长，择善而从，抒发己见。

第一，黄式三对于已知是非者加以明确判定，以"是也""非也"等作出判断，对众说纷纭者则采备呈、折中态度。《卫灵公》篇"子曰：众恶之，必察焉"章，王弼注"或众阿党比周，或其人特立不群，故好恶不可不察也"，黄式三后案："众不可轻殉，王《注》所言是也"①，肯定王注简明恰当。又如《里仁篇》"子曰：不患无位，患所以立"章，黄式三后案："谢显道疑此《经》非圣人之至论，驳谢者谓圣人就名利以诱人，二说皆非……君子之于位与名，听其自至而已，避之与急求之皆非也。"② 黄式三不仅明确判断两种说法不正确，还详加解释，令人涣然冰释。对于说法欠妥者，黄式三以"尤失之""殆不可从""当删"等表明观点。如《里仁》篇："子曰：君子欲讷于言而敏于行"章，黄式三后案："皇《疏》'敏，疾速也'，与'讷'之训迟钝相对。近解'敏'训不惰，失之。陆稼书曰：'上耻不逮，专为放言者戒。此并论言行，凡讷言不能敏行，敏行不能讷言，皆在所儆也。'陆说是，《注》胡氏语当删。"③ 黄式三对比汉儒与近儒关于"敏"字的训释，认为汉儒训释精当，近儒失之。而对于宋儒经注，黄式三则认为陆说是，胡氏语欠妥当删。对于众说纷纭者，黄式三往往以"一说""又一义"等存其折中态度。如《八佾》篇"王孙贾问曰：与其媚于奥，宁媚于灶，何谓也？"章，黄式三后案："何解以奥喻近臣，灶喻执政？皇《疏》引栾肇说，以贾自周出仕卫，奥比周，灶比卫。朱子以奥喻君，灶喻权臣。诸说不同，其以奥、灶喻两类人则同也。……（顾氏《日知录》以）奥喻朝廷，灶喻燕退，别一说。"④ 以上诸说不同，黄式三择要而录、求同存异。上述例子皆体现出黄式三会通不拘、务求精当的诠释理念。

第二，黄式三对于宋儒经注不设藩篱，惟求其是。清代一些学者拘于

---

① （清）黄式三撰，张涅、韩岚点校《论语后案》，凤凰出版社，2008，第451页。
② （清）黄式三撰，张涅、韩岚点校《论语后案》，凤凰出版社，2008，第93页。
③ （清）黄式三撰，张涅、韩岚点校《论语后案》，凤凰出版社，2008，第100页。
④ （清）黄式三撰，张涅、韩岚点校《论语后案》，凤凰出版社，2008，第66页。

门户之见，急分汉宋。尊汉学者往往崇古薄今，对宋儒大加攻讦；尊宋学者则信奉程朱理学，标举朱子学说。黄式三则能超越汉宋，实事求是，理性判断。如《雍也》篇"子曰：回也，其心三月不违仁"章，黄式三后案："程子以无私欲为仁，朱子云'无私欲而有其德'，朱子为精。"① 通过比照程子和朱子注释之后，黄式三肯定朱子突出仁之德行，相比程子而言训释更加透彻精微，此段评价平正公允、实事求是。难能可贵的是，对于朱子诠释欠妥之处，黄式三也敢于指摘。如《公冶长》篇"子张问曰：令尹子文三仕为令尹"章，后案指出："朱子既言楚之僭王猾夏子文与有罪焉，又称子文'物我无间'，失之。"② 黄式三指出朱子经注的前后矛盾之处，随后指出"是《经》言智以成仁之道也"。此处既指出朱注之不足，又另释经旨，可谓破中有立。

第三，黄式三对于近儒经注也是博采众长、详加辨析。《里仁篇》"子曰：古者言之不出，耻躬之不逮也"章，黄式三后案："谈论、著述皆言也。空谈可耻，著述者仰而企古人亦耻之。"③ 这正可体现其不厚古薄今的学术主张。对于近儒经解，说法可信者，黄式三加以征引采纳；其说不可信者，则引之予以批驳。如《泰伯》篇"卑宫室而尽力乎沟洫"条，后案征引戴震《考工记补注》而对"沟洫之法"详加考证，经义因此释然。又如《阳货》篇"子曰：夫召我者，而岂徒哉"条，黄式三后案："崔式历诋《论语》后十篇之失，于此经尤专辄咨议焉，意在考信，乃不信经之尤者耳。暴秦焚经之祸由于不信经，世有说经如崔氏者，可惧哉！"④ 清代学术有"凡古必好"者，亦有疑古之风予以反拨，此皆矫枉过正、过犹不及。崔氏《考信录》疑经为伪而妄加诋毁，并无着实依据，因此受到黄式三激烈批判。

徐养原少承家学，一时名宿。阮元抚浙，相从诂经精舍论学，助校诸经注疏。徐氏兼通三礼、六书、古音、历算、舆地、氏族之学。其学养、经历足以铸造其会通不拘的视野及胸怀。《论语鲁读考》虽是专取唐代陆

---

① （清）黄式三撰，张涅、韩岚点校《论语后案》，凤凰出版社，2008，第145页。
② （清）黄式三撰，张涅、韩岚点校《论语后案》，凤凰出版社，2008，第127页。
③ （清）黄式三撰，张涅、韩岚点校《论语后案》，凤凰出版社，2008，第100页。
④ 黄式三撰，张涅、韩岚点校《论语后案》，凤凰出版社，2008，第484页。

德明《经典释文》所载鲁读现象的专书考订。但"鲁读"涉及《论语》版本及传授系统等复杂情况，且《张侯论》是在以《鲁论》为底本，且兼采《齐论》之善的基础上，整理出的一个新本子。此本实为今传《论语》之祖本。更何况"汉末，大司农郑玄，就《鲁论》篇章，考之《齐》、《古》，为之注。"郑玄《论语注》所祖之本实为张禹本。郑玄在"就《鲁论》篇章，考之《齐》、《古》"时，经过比勘，揭示出《鲁论》和《齐论》《古论》之间文字上的差异，是郑玄最先提出了"鲁读"问题。然一个很有意思的问题是：

郑玄《论语注》，何晏《论语集解》有所采，但未引鲁读；皇侃《论语义疏》亦采其注，仍未引鲁读。但郑《注》本至梁时尚存，这从《论语义疏》所引内容或不见于《论语集解》可以推知。郑玄《注》本传至唐代也应无疑问。唐陆德明《经典释文》引郑注达 90 多处，引鲁读 23 处，并言"郑校周之本，以《齐》、《古》读正凡五十事"。可见，陆氏对郑注有深入研究和具体统计，如果没有郑《注》之文本，是不可能有如此准确的数据的。此后，"鲁读"问题鲜有问津，时间穿越至清代，浙东徐氏再次插足郑玄最先提出的"鲁读"问题，若没有广博的见闻及视野，恐徒有"仰之弥高"之叹。郑玄者，东汉末年融贯古今文的经学大师也。"自秦焚《六经》，圣文埃灭。汉兴，诸儒颇修艺文；及东京，学者亦各名家。而守文之徒，滞固所禀，异端纷纭，互相诡激，遂令经有数家，家有数说，章句多者或乃百余万言，学徒劳而少功，后生疑而莫正。郑玄括囊大典，网罗众家，删裁繁诬，刊改漏失，自是学者略知所归。"① 足见郑玄在当时学术界的巨大影响。

徐养原《论语鲁读考》，不拘门户，征引广博。主要运用义训、声训、形训等方法会通古义。如《学而篇》"传不习乎"释云：

《鲁》读传为专，今从《古》。养原按：《说文》寸部：专，六寸簿也。《左传》桓公二年：衮、冕、黻、珽，《注》：珽，玉笏也。若今吏之持簿。《正义》曰：礼之有笏者。《玉藻》云：凡有指画于

---

① 《后汉书·张曹郑列传》，第 1212～1213 页。

君前，用笏，造受命于君前，则书于笏。《释名》曰：笏，忽也。君有命则书其上，备忽忘也。或曰笏可以簿疏物也。徐广《车服仪制》曰：古者贵贱皆执笏，即今手板也。然则笏与簿，手板之异名耳。《蜀志》称秦宓以簿击颊，则汉魏以来皆执手板。今按：笏与专，其用同而大小有别。《玉藻》云：笏，度二尺有六寸。专则六寸而已。有所闻见，辄疏记之，以备忽忘。暇则笔之于书，时时省览，所谓习也。或疑专为传之省文，非也。古文省，今文繁；古文多假借，今文多用本字。今《古论》作传，而《鲁论》作专，其非同字，明矣。①

以上按语，徐氏引用《说文》《左传》《礼记》《释名》《车服仪制》《蜀志》及杜预《注》、孔颖达《春秋左传正义》等资料，持经典文献中相同的文句互相比证，以求"传"在先秦经典中之确切意义。通过比勘，徐氏认为"专""笏""簿"在古语中皆为手板，只是大小有别，并进而指出"专"不是"传"之省文。"专"和"传"不是同字。故此句中"传"字当为动词作名词用，此句应解为"老师传授的学业是否复习了呢？"若此字按《鲁论》从"专"，则此句难解，古义亦难明。正是会通不拘的诠释视域，拓展了经文的意义空间。

俞樾，"通经甚早。六岁即由母姚氏授以《论语》、《孟子》及《大学》、《中庸》。十六岁已粗通群经大义"。② 其特殊的学养和经历造就他审视经文大义的宽广视野。《群经平议·叙》云："尝试以为，治经之道，大要有三，正句读，审字义，通古文假借，得此三者以治经，则思过半矣。"此种治经原则和方法，充分体现出会通不拘的经学思想。

如《学而》篇第2章"孝弟也者其为仁之本与"句。俞樾曰：何氏《集解》但言先能事父兄，然后仁道可大成。语意浑然，无所发明。朱文公作《集注》，引程子曰：为仁以孝弟为本，论性则以仁为孝弟之本。又曰：孝弟是仁之一事，谓是行仁之本则可，谓是仁之本则不可。于是其说始多宜，象山陆氏病其支离矣！又观过斯知仁矣。孔安国《注》曰：观

---

① 《续修四库全书》一五五册，第21页。
② 田汉云：《中国近代经学史》，三秦出版社，1996，第318页。

过，使贤愚各当其所，则为仁矣。夫经言知仁，不言为仁。孔注自不可从。朱《注》引尹氏曰：于此观之，则人之仁不仁可知矣。夫经言知仁，不言知不仁。尹氏之说亦非经旨。余著《古书疑义举例》，有上下文异字同义。例如，《孟子·公孙丑》篇有仕于此而子悦之，不告于王而私与之。吾子之禄爵夫士也，亦无王命而私受之于子。按有仕于此之仕，即夫士也之士。夫士也，正承有仕于此而言。士，正字；仕，假字。是上下文用字不同，而实同义也。今以此例读《论语》上文曰：其为人也孝弟而好犯上者鲜也，下文曰：孝弟也者其为仁之本与。仁即人字，孝弟也者，其为人之本与，即承其为人也孝弟而言。上文曰：人之过也，各于其党。下文曰：观过，斯知仁矣。仁亦即人字。观过，斯知人矣。即承人之过也而言。如此读之，疑义冰释矣。①

俞氏此处讨论"仁"之经解。先云何晏《集解》之解"仁"字，"语意浑然"，"无所发明"；朱《注》引程子之解亦不得要领，模棱两可。陆氏象山亦病其支离。再举《里仁》第 7 章"观过斯知仁矣"之"仁"字，认为"孔注自不可从"，朱注引"尹氏之说亦非经旨"。在此基础上，俞氏结合自己的著作，举例说明此"仁"字当与上文"人"字同义，即"仁"通"人"，经俞氏这一"指点"，此两章之经义确实不再模糊，不再支离，给人豁然冰释、澄澈明了之感。

二　经史兼治

在悠远绵长的文化长河中，文史之间一直存在互相交织、渗透、融通的密切关系。清代浙东学派的一些代表人物长期耕耘在经史互参的学术实践中。既是史学巨擘，又是经学大家。他们不仅深知经学与史学的不同特征，而且对经史会通有十分深刻的认识。他们以丰富的历史知识和深邃的历史眼光去考察经学问题，思考经文大义，提出了许多精深独到的见解。

清代浙东学派以经史兼治著称于世，黄式三继承了这一学术传统，他对《论语》中诸多史事详加考辨，并援引史书、以明经义，彰显其深厚的史学功底。黄式三还秉承了浙东学派"以史经世"的学术精神，特重

① 俞樾：《续论语骈枝》，第 1~2 页。

史义的阐释。《论语后案》对儒家伦理道德、治国之道、民生治乱等现实问题作出精彩的论析，体现其"以史经世"的诠释理念。

　　浙东之学，在史书修撰、古史考证、地理方志等领域成就卓然，黄式三承袭浙东学派传统，其《论语后案》对于古代典制、名物、人物、事件、地理等诸多史事进行了细致入微的考辨，通过考史以求还原历史本真，探寻去古未远的真意。黄式三精通礼学，对于古代典章制度尤其是礼制往往不惜笔墨，加以考订、辑补。如《八佾》篇"孔子谓季氏""八佾舞于庭"章，黄式三后案："服子慎《左传注》云：'天子用八，八八六十四人。'"为论证服注是否正确，黄式三援引韦氏《晋语注》、杜氏《左传注》《宋书·乐志》《汉书·刘向传》《韩非子·十过》《韩诗外传》《楚辞·招魂》等众多史料详加考辨，最终得出"皆舞列八人之证，当以服《注》为是"的结论。对于汗漫难通的古代名物，黄式三也加以详解。如《为政》篇"子曰：'人而无信，不知其可也。大车无輗，小车无軏，其何以行之哉'"章，孔子用"大车无輗，小车无軏"来比喻人而无信，寸步难行。然而不知"輗"和"軏"为车之何物，此语即难以深入理解。黄式三先引《说文》训释字义，又加以疏通："然则輗軏皆著辕端以持衡。衡者，横木，輗軏所以持之。古者作车，先取横木缚著辕端，又别取曲木为輈，缚著横木。……《韩非子·外储说》：墨子曰：'不如为车輗者巧也，用咫尺之木，不费一朝之事，而引三十石之任'。戴东原据是谓'輗者咫尺之木，车之关键。信之在人，亦交接相持之关键，故以此为喻。'"① 此段注解训释字义、细加疏通、引而论之几个环节层次递进，可谓逻辑严密、环环相扣。名物典章晓然之余，圣人之旨清晰可见，史事考证与义理阐释完美结合。

　　由于扎实深厚的史学功底，黄式三对于历史事件谙熟于心，在诠释经典时能够信手拈来，通过援史明经、以求其是。在《论语后案》中，黄式三所引史书，或是训释字词，或是校勘经文，或是阐发经注，或是疏通经文，对于诠释经文起到拨云见日、印证是非的作用。如《乡党》篇"孔子于乡党，恂恂如也"章，黄式三后案："《后汉书·张湛传》引

---

① （清）黄式三撰，张涅、韩岚点校《论语后案》，凤凰出版社，2008，第43页。

《经》注引郑君注：'恂恂，恭顺貌也。'王扶传引经《注》：'恂恂，恭顺之貌。'是与王《注》同也。……《史记·世家》引此经《索隐》云：有本作'逡逡'。《汉书》'李将军恂恂如鄙人'，《史记》作'悛悛'。恂、悛，皆'逡'之假借字。"① 黄式三先引《后汉书》论证王弼将"恂恂"释为"温恭之貌"颇为正确，又引《史记》《汉书》，证明恂、悛皆"逡"之假借字，如此训释之缘由豁然分明。又如《里仁》篇"子曰：能以礼让为国乎？何有？"章，黄式三后案引《后汉书·列女传》作："能以礼让为国，于从政乎何有？"② 黄式三认为此处《经》文当补"于从政"三字，原文以"乎"断句，难以读通，而通过援引史书、增补经文后，句意通顺易读。

黄式三援史明经，并不限于字词训诂，在义理阐释方面往往也相得益彰。如《里仁》篇"子曰：朝闻道，夕死可矣。"黄式三后案："依朱子说，是因至道难闻，老将死而昧于道，深叹其不可也。《汉书》夏侯胜、黄霸同下狱，霸欲从胜受经，引此文与朱子《注》合。"③ 黄式三通过引用史书，将读者带人具体历史情境，读者从中可以深刻体会"朝闻道，夕死可矣"之内涵，而朱子《注》之深意也不阐自明。又如《里仁》篇"君子无终食之间违仁，造次必如是，颠沛必于是"章，朱子《集注》释为："造次，急遽苟且之时。颠沛，倾覆流离之际。"朱子释义虽明，但过于空泛，精神内核难以把握。黄式三后案援引《后汉书·卢植传论》："风霜以别草木之性，危乱而见贞良之节。……君子之于忠义，造次必于是，颠沛必于是也。"④ 卢植为汉代大儒，其忠贞不屈的人格为后人称道。黄式三引此证经，具体可感，令人对其高尚人格肃然起敬。

浙东学派历来强调经世致用，章学诚就曾提出"史学所以经世，因非空言著述也"的论断。黄式三继承了浙东学派追求史义的经世致用传统。他在《论语后案》中阐发宏论，表达出自己的观点，对历代治乱、民生疾苦、士人情操等诸多方面予以深切的人文关怀。如《子路》篇

---

① （清）黄式三撰，张涅、韩岚点校《论语后案》，凤凰出版社，2008，第252页。
② （清）黄式三撰，张涅、韩岚点校《论语后案》，凤凰出版社，2008，第92页。
③ （清）黄式三撰，张涅、韩岚点校《论语后案》，凤凰出版社，2008，第89页。
④ （清）黄式三撰，张涅、韩岚点校《论语后案》，凤凰出版社，2008，第86页。

"子曰：'诵《诗》三百，授之以政，不达；使于四方，不能专对；虽多，亦奚以为'"章，黄式三后案："政之大本莫先于正心修身，《诗》则举一代之盛衰，必推本于在上者，一心之好恶，一事之兴废，而大本著矣。政之由本而推者，正心以正朝廷，正朝廷以正百官，正百官以正万民，必以正万民而宏政之用，《诗》则备举斯民饮食男女常情隐曲之感，使诵之者知体民之情、遂民之欲必出于至纤至悉。"① 黄式三将时代之兴衰归根于统治者之好恶，他希望为政者能够通过读《诗》察民情、遂民欲，这与儒家传统的诗教观及学以致用思想一脉相承。黄式三指出，国家长治久安之道在于居安思危、广开言路。《子路》篇"一言而丧邦，有诸"章，黄式三后案："言莫予违，敢自是也。自是则谗谄所蔽，祸患所伏，而人莫之告。自古丧国之祸，多由自是。陆敬与所谓天下大虑在于下情不通，所谓忽于戒备，逸于居安，惮忠骾之佛心，甘谀诈之从欲，不闻其失，以至大失也，皆自是也。自是者安知难？"② 晚清社会日趋没落，与盲目自是有很大关系，黄式三提出"自古丧国之祸，多由自是"的观点，颇有针砭时弊的意味，发人深思、令人警醒。又如《泰伯》篇"子曰：好勇疾贫，乱也"章，黄式三后案："《后汉书·郭泰传》引此《经》注引郑君说云：'不仁之人当以风化之。若疾之甚，是益使为乱也。'又《张俭传论》云：'终婴疾甚之乱。'范蔚宗以后汉党锢之祸起于疾恶之已甚也，是古说亦指世乱言，欲治世者平其心。"③ 社会黑暗不公之际，好勇之人往往疾恶而起，进而导致社会动荡不安。黄式三援引史书，列举后汉党锢之祸的例子，他认为只有"治世者平其心"，这才是解决好勇之人作乱问题的最佳途径。

作为知识分子，黄式三颇重视士人情操。《子路》篇"子贡问曰：'何如斯可谓之士矣？'子曰：'行己有耻'"章，黄式三后案："士之一己，练德练才，所行甚广。以有耻咳之，有耻则物耻，足以振国耻；足以兴所行之不辱者，可知使事之大，非特须谙练时务，亦重风节懔然。于此

---

① （清）黄式三撰，张涅、韩岚点校《论语后案》，凤凰出版社，2008，第366页。
② （清）黄式三撰，张涅、韩岚点校《论语后案》，凤凰出版社，2008，第349页。
③ （清）黄式三撰，张涅、韩岚点校《论语后案》，凤凰出版社，2008，第208页。

不辱，能去所耻矣！"① 黄式三论士人情操，注重德才兼备，要求士人所学能够致用，更重风骨气节。又如《子路》篇"子路问曰：'何如斯可谓之士矣？'" 黄式三后案："由学问真积、性情涵养而能兼得之，兼得之则分用必不偏，所以谓之士也。能怡怡者切偲不激，能切偲者怡怡非媚，朋友兄弟各尽其道矣。"② 黄式三认为士人既要有形而上的学养追求，又要有内在的性情涵养，最后更要将之落实到形而下的生活伦理中去。黄式三此类按语，大多借助经文有感而发，发语平易客观，颇有史论家风范。

浙东学派经史兼治的学术倾向在毛奇龄《论语稽求篇》中亦有充分体现。在此书中，毛氏非常重视史实的考证，常常引经征史，经史结合，追求证据的翔实。如释"桓公杀公子纠章"条云：

> 子纠、小白，皆齐僖之子，齐襄之弟。然子纠兄也，小白弟也。《春秋传》书齐小白入于齐，《公羊》曰篡，《谷梁》曰不让，皆以纠兄白弟之故。故经又书齐人取子纠杀之，而《公羊》曰：子纠贵宜为君者也，《谷梁》以为病鲁不能庇纠而存之，皆以兄弟次第为言。故荀卿有云：桓公杀兄以反国。又曰：前事则杀兄而争国。《史记》亦云：襄公次弟纠，次弟小白。杜元凯作《左传注》亦云：小白，僖公庶子；公子纠，小白庶兄。即管仲自为书其所著《大匡篇》首曰：齐僖公生公子诸儿，公子纠，公子小白。鲍叔傅小白，辞疾不出，以为弃我。盖以小白幼而贱，鲍叔不欲为傅故也。观此，则纠兄、白弟明矣。而程、朱二子独云：桓公兄，子纠弟。桓公宜立，子纠不宜立。一以轻召忽之死，一以减管仲之罪，一以定唐太宗及王、魏二臣杀兄事雠之案而求其所据。皆因误读汉薄昭上淮南王长一书中，有"齐桓杀弟以返国"语，遂引之作据，而不知薄昭此语因有忌讳，以汉文是兄，淮南王长是弟，不敢斥言杀兄。故改兄作弟，此见之《汉书》与《淮南本传》韦昭之注，明明白白，而故误袭之以颠倒古人之兄弟。何其诬也，况欲以此诬后世也。……③

---

① （清）黄式三撰，张涅、韩岚点校《论语后案》，凤凰出版社，2008，第378页。
② （清）黄式三撰，张涅、韩岚点校《论语后案》，凤凰出版社，2008，第385页。
③ 《四库全书》二一〇册，第190页。

此条考纠、白孰兄孰弟，引经书《公羊》、《谷梁》、史书《史记》及诸子等材料证之，皆云"纠兄白弟"。而程朱独云"白兄纠弟"。程朱之误盖因误读薄昭上淮南王长书所致。淮南王长者，汉文帝同父异母之弟也。文弟待他"甚厚"，但其"骄蹇""甚横""数不奉法""数上书不逊顺"、常谓文帝"大兄"①。时薄昭系文帝之舅，为将军。文帝遂令薄昭书谏淮南王长。书中先述文帝待他"甚厚"之处，再数长之"甚过""不贤""无礼"之短，接着引"周公诛管叔，放蔡叔，以安周；齐桓杀其弟，以反国；秦始皇杀两弟，迁其母，以安秦；顷王亡代，高帝夺之国，以便事；济北举兵，皇帝诛之，以安汉"。以上皆为兄杀弟或兄废弟之史实。足可见出其劝戒、警告、威慑之意。惟"齐桓杀其弟"不然，韦昭注曰："子纠兄也，言弟者讳也。"薄昭故意颠兄倒弟，亦可见其用心之良苦也。惜程、朱只见《汉书》，不见《汉书》之注，终致误读酿错。此例尤可见毛氏读书之细致，考订之翔实。其言之凿凿，不能不令人信服。

又如"以吾从大夫之后不可徒行也"条云：

> 颜渊死时在孔子去位之后，此不必言。但伯鱼之死亦有言在颜渊后者。据《史记》颜渊少孔子三十岁，至二十九岁发尽白，早死。《家语》亦云：颜渊少孔子三十岁，二十九岁而发白，三十一岁早死。……则五十九与六十一，总在夫子去位之后，所云'不必言者'，此也。独是伯鱼之死，据《史记》当在夫子七十岁时，距颜渊之死已九年，所以与《论语》所记鲤死在前不合。予尝参校诸书，知其间原有误者，颜渊之死断不在夫子六十一时。何也？夫子五十六仕鲁，在定公十四年，然仕鲁去鲁亦总在一年之间。自此适卫适陈，凡两往返而复至于卫，实为哀公之三年。是年夫子已六十矣，明年自陈适蔡为六十一，又明年自蔡迁叶为六十二，又明年去叶反蔡为六十三，然而是年当陈蔡之厄，尔时子路愠，见子贡色，作匪兕之歌，独颜渊能解之，则是夫子六十三时，颜渊依然在也。即自是以后，自楚反卫，自卫返鲁，凡《论语》所记颜子言行可与《世家》参考者，

---

① 《汉书》，第 2136 页。

则多在夫子六十以后。七十以前岂有其人已死而尚见行事且载其语言者？尝考颜渊之死，《公羊传》及《史记》、《世家》所载年月则实在哀公十四年春狩获麟之际，夫子是时已泣麟矣，而颜渊、子路同时俱死，因连呼丧予祝予而有道穷之叹，则是颜渊之死在夫子七十一岁，非六十一岁，在哀公十四年，非四年。其间舛错所争确确以十年为断，则必《弟子列传》所云，少孔子三十岁者原是四十之误。而《史记》一传写，《家语》又一传写，遂不能辨。向使改三为四，则颜渊前后踪迹俱无所误，而以此考伯鱼之死，则刚在渊死之前。按《家语》夫子年十九娶宋之上官氏，又一年而生伯鱼。则伯鱼之生在夫子已二十岁矣。《史记》云伯鱼年五十，先孔子死。以二十加五十，正当夫子七十岁，为哀公之十三年，是鱼死在七十岁，渊死在七十一岁，先后相距刚值一年，鲤死之谕引痛正切，如此则《论语》可读，《史记》、《家语》诸书可据，孔氏不必误，王肃不必疑矣。若《阙里志》载孔子六十九岁伯鱼卒，时哀公十二年，则考究不精，误迟一年。

毛奇龄引《公羊传》《论语》《史记》《家语》《世家》《阙里志》等，诸书参校，经史互证，广博厚实，翔实透彻。正是基于文史兼治的学术修养，《论语稽求篇》才会显得文风纵横，论述周详。

徐养原《论语鲁读考》虽是考察"鲁读"的专书，但却是一个《论语》传播史和学术史课题。因为唐代陆德明在《经典释文》中，实际上只是提出了"鲁读"和"从古"问题，但对此并未作出具体的考证和回答，即东汉时郑玄为何要改鲁从古？人们知其然而不知其所以然。徐养原试图作出论证。且徐氏考证时常常经史结合。如《先进篇》"咏而馈"条云：

> 《鲁》读馈为归，今从《古》。养原按：《论衡·明雩篇》"咏而馈。"馈，祭也。歌咏而祭也。……王充此论乃《古》文说。《史记·仲尼弟子列传》"咏而归。"徐广曰：一作馈。盖因《古论》与《鲁论》文异，故传录者两存之。馈、归音同，古字通用。《阳货篇》

"归孔子豚。"《古》文亦作馈。《孟子》曰："馈孔子蒸豚。"是读"归"为"馈"也。《聘礼》"归饔饩五牢"、《聘礼》记"夕夫人归礼",古文皆作馈。是"馈"为古文,"归"为今文也。然《说文·食部》有馈字,又有餽字。馈字《注》云"饷也"。餽字《注》云"吴人谓祭曰餽。"如王充说则"馈"当作"餽"。盖馈、餽,古亦通用。《汉书·食货志下》:"千里负担餽饟。"师古曰:"餽亦馈字。既可读餽盖为馈,则亦可读馈为餽矣。"今本仍依包咸作"归",此亦何晏所定。①

此条先考证"馈、归音同,古字通用",接着引《论语》、《孟子》、《礼记》等经文参证,指出"馈为古文,归为今文",最后引《说文》、《汉书》,训出"馈、餽,古亦通用"。由此即可推论:归、馈、餽,古皆通用。这样,为人们更准确地理解"咏而馈"之原典经义,提供了参照。此外,如"好行小慧"条,徐氏引《列子》、《后汉书》等史书,考明"慧、惠通用,至唐犹然。"②如"崔子弑其君"条,"《鲁》读崔为高,今从《古》"。徐氏引《春秋》之史实,说明不从《鲁》读之理由。

俞樾诠释《论语》时,亦能在经史互参中提出新见。如《里仁》26章"子游曰:事君数,斯辱矣,朋友数,斯疏矣"。樾谨按:此数字,即《儒行》所谓"其过失可微辨,而不可面数"之数。数者,面数其过也。《汉书·高帝纪》:"汉王数羽。"师古《注》曰:"数责其罪也。"是此数字之义也。《礼记·曲礼》曰:"为人臣之礼,不显谏。"故谏有五,而孔子从其讽。其与朋友,则曰忠告而善道之。事君而数,则失不显谏之义;朋友而数,则非所谓善道之矣。取辱取疏,职此之故,唐宋以来,以犯颜极谏为人臣之盛节,至有明诸臣,遂有聚哭于君之门者,盖自古义湮,而君臣朋友之间,所伤多矣。③

此章之经义,关键在"数"字之解。然此素有模糊。《集解》解"数"字,不够明朗。皇疏强调事君交友应"适时"见往,"非时"则招

---

① 《续修四库全书》一五五册,第24页。
② 《续修四库全书》一五五册,第24页。
③ 俞樾:《论语平议》,第13页。

辱致疏。有点游离。朱《注》引程子曰："数，烦数也。"显然模糊。又引胡氏曰："事君谏不行则当取，导友善不纳则当止。至于烦渎，则言者轻，听者厌矣。是以求荣而反辱，求亲而反疏也。"① 虽较明白，但合上之"数"，未必合于下之"数"。此外，有解"数"为"骤"、为"疾"者，即为"骤谏""疾谏"之说②，此解释上句尚可，但解下句显然不通。比较而言，俞樾在经史互参中阐发新见甚可称道。第一，具体明了，此章之经义显豁易懂，跃然纸上；第二，言之有据，作者引《儒行》、《汉书》、颜《注》、《礼记》等文献予以佐证，令人信服；第三，上下一律，贯通前后，犯颜面数君王之过则自取其辱，屡屡面数朋友之过则自招疏远，既合于上又统于下；第四，直陈历史上犯颜极谏之危害，催人深思，给人启迪。

三　以礼为本

清代浙东学者中，万斯大、万斯同兄弟之礼学研究成果显赫。万斯大之《三礼》研究，被当时学者誉为"冠古今必传之作"。黄式三沿袭浙东学派治礼传统，精通礼学，曾在《复礼说》《崇礼说》《约礼说》中提出自己独到的礼学思想，将浙东学派礼学研究推上新的高峰。其"礼学即理学"的思想，更是激励其子黄以周最终写就《礼书通故》这样的精邃之作。

浙东学派礼学思想亦熔铸到《论语》诠释中。如毛奇龄追求"古义"，大多采自先秦经典，虽因朱子信《仪礼》而不采，然《论语稽求篇》亦时引《周礼》《礼记》诠释经义。徐养原相阮元从诂经精舍论学时，助校诸经注疏，兼通三礼、六书、古音、历算、舆地、氏族之学，尝著《仪礼今古文异同疏证》，足见其礼学方面的修养和造诣，且《论语》注疏时屡屡以礼释经。如释《乡党篇》"下如授"时，引《聘礼》论证"上如揖，下如授"两如字，当读为而。又复引《聘礼》有关文字，说明《鲁论》"趋如授"与"将授志趋"同意。又如，释《先进篇》"咏而馈"

①　《四部要籍注疏丛刊·论语》，第 524 页。
②　《四部要籍注疏丛刊·论语》，第 805 页。

时，引《聘礼》参证，指出"馈为古文，归为今文"。

当然，浙东学派《论语》诠释中的礼学思想，最充分、最透彻地渗透在黄式三《论语后案》中。具体表现在以下几个方面。

首先，考释礼制，务求知礼。

黄式三提出"复礼"说与"崇礼"说，欲"复礼""崇礼"，当以"知礼"为先，因此黄式三在《论语后案》中首先对古代礼仪、礼制详加考辨，显示其对于古代礼学的重视。古代礼制是维系社会稳定的客观规范，其等级森严、细节繁复，黄式三对此详加训释与考辨。如《公冶长》篇"子曰：赤也，束带立于朝，可使与宾客言也"章，黄式三征引诸多礼书，对"诸侯宾主之礼"及"束带之礼"详加解释。为了解释"诸侯宾主之礼"，黄式三对于宾主的副手及称谓，不同等级宾副的人数，主人出门相接的规格，求辞之法以及迎宾之礼等具体细微的礼节娓娓道来，以此来还原古代迎宾之礼的细枝末节。而对于古代束带之礼，黄式三则援引《玉藻》《左传》等史料，对束带的等级规定，束带之法及其意义等详加说明。黄式三最后指出"凡以见容仪之重也如此"，仪礼关乎古代士人的等级身份及个人修养，因此应当予以重视。又如《子罕篇》"拜下，礼也"章，黄式三对于古代"拜下之礼"也考释周详。他援引《觐礼》《燕礼》《大射仪》《公食大夫礼》《聘礼》等史料，对于不同场景的拜下要求、等级、程序等详加论述，读之令人晓然。

黄式三考释礼制，不仅是为了让当下士人明晰古代礼制，更是试图从礼制沿革中明乎治乱之道。如《为政》篇："子曰：殷因于夏礼，所损益，可知也。"黄式三后案："此言礼之百世不易也。"[①] 黄式三认为，通过分析礼制沿革，可以因往推来，明了兴衰存亡之道。黄式三考释礼制，往往也以史学家眼光，剖析其历史教训及现实意义。如《八佾》篇"子曰：管子之器小哉"章，黄式三对管子"三归之台""树塞门""有反坫"等背礼行为详加考辨，随后指出："愚谓孔子讥管仲之器也，其旨深也。或人不知而疑其俭，故斥其奢以明其非俭。或又疑其知礼，故又斥其僭，以明其不知礼。盖虽不复明言小器之所以然，而其所以小者，于此亦

---

① （清）黄式三撰，张涅、韩岚点校《论语后案》，凤凰出版社，2008，第43页。

可见矣。故程子曰：'奢而犯礼，其器之小可知。盖器大，则自知礼而无此失也。'"① 孔子强调"克己复礼以为仁"，管子知礼明犯，是为不仁、器小。黄式三此番训释，重视礼的客观规定性及约束性，旨在通过礼制约束士人行为，提升自身道德修养。

其次，以礼为本，克己复礼。

在《论语后案》中，黄式三借助经文所言礼制，对"礼理之辨"详加辨析。"礼理之辨"作为清代学术思潮有其发展脉络。宋明理学以"理"为本体，倡导"存天理，灭人欲"，而忽视礼的内在规定性。清初顾炎武对宋明理学进行反拨，提出"经学即理学"的观点，主张实事求是、回归原典，乾嘉考据学由此兴起。后来凌廷堪提倡"以礼代理"的理学观点，力图解构宋学本体论，以礼的实践性替代理学的本体性，进而扭转宋明理学的空疏。黄式三在此基础上提出"以礼为本"的观点，并发展成为"礼学即理学"的思想。② 黄式三探讨"理"与"礼"内在价值，认为当"以礼为本"，并将"礼义"视为追求仁义道德的"理则"，通过"约礼求理""克己复礼"提高士人内在修养，进而矫正凌廷堪"以礼代理"的偏颇之处。

如《八佾》篇"礼后乎"章，黄式三后案："《礼器》云：'先王之立礼也，有本有文。忠信，礼制本也。义理，礼之文也。……近解专以仪文为礼，遂滋本末轻重之说。申其说者，遂云未有礼，先有理也。信如是，则忠信，理也，本也；礼，文也，末也：与《礼器》之言不大相背谬乎？抑五经中固有此言乎？"③ 黄式三为礼正名，指出礼为本源，而后才有仁义忠信之类的理则，以礼为繁文缛节者本末倒置。黄式三旨在揭示宋明理学之弊端，强调礼制不仅紧扣国家兴衰更替的命运，而且关乎个人的道德修养。又如《八佾》篇"林放问礼之本。……礼与其奢也，宁俭。丧，与其易也，宁戚"章，黄式三后案："异端家齐生死，而治丧皆简

---

① （清）黄式三撰，张涅、韩岚点校《论语后案》，凤凰出版社，2008，第77页。
② 关于清代"礼理之辨"可参见林存阳《黄式三、以周父子"礼学即理学"思想析论》，《浙江社会科学》2001年第5期；韩岚、张涅《黄式三〈论语后案〉以"礼"为本的思想及其意义》，《孔子研究》2009年第2期。
③ （清）黄式三撰，张涅、韩岚点校《论语后案》，凤凰出版社，2008，第57页。

率。……取俭、取戚者，俭则有不敢越分之心，戚则有不忍背死之心，是礼中之本也。"① 黄式三认为礼制之根本不仅在于外在的仪式，更在于内在的道德约束。孔子时代即已出现"礼崩乐坏"的局面，庄子齐生死、以繁文缛节为虚伪。黄式三将树立社会规范准则作为礼之根本目标，提倡"不敢越分之心"，以此来对民众加以约束，使之归于仁义忠信。

在强调以礼为本的基础上，黄式三进一步指出"礼学即理学"，通过"克己复礼"，可以"以礼成仁"，士人道德修养由此提升。《颜渊》篇"克己复礼"章："人能于四者去其非礼，不忍专恣于己，不忍欺诲于人，必循礼而心始安，仁之道也。……去非礼者复于礼，非不视听，不言动，空求仁也，乃以礼成仁也。"② 黄式三认为礼的根本指向即是通过克己复礼以成仁。由此，礼成为道德规范的准则。

再次，治平修身，约之以礼。

黄式三不仅对礼制详加考辨，对礼之根本加以论析，更加注重礼之功用，力图以礼经世。在《论语后案》中，黄式三重视礼制对国家及个人的内在规定性，并认为"约之以礼"是治平修身的重要途径。《里仁》篇"子曰：能以礼让国乎"章，黄式三后案："《荀子·强国篇》曰：'人之命在天，国之命在礼。'……《荀子·修身篇》：'故人无礼则不生，事无礼则不成，国无礼则不成。《荀子》之言甚备。'"③ 黄式三肯定荀子的礼治思想，他认为修身治国尤当约之以礼。在治国方面，黄式三也借助《论语》阐释其礼治思想。如《为政》篇"道之以德，齐之以礼，有耻且格"章，黄式三后案："礼者，制度之显著于行事，秩然不可变乱，使人俯就仰企者也。民之贪邪侈僭由于不知足，而礼之等贵贱、辨长幼者俾惕于分之不敢踰。民之畔离悖逆由于不相爱，而礼之重丧纪、联族党者俾感于情之所难已。感于情而仁慈之德广，惕于分而敬让之德昭，礼之辅德而行者如此。"④ 黄式三认为，礼可以辅助德行，使民众有感于情而心生仁慈，不越等级而崇尚敬让，只有如此国家方可秩序稳然、民风淳朴。而刑

---

① （清）黄式三撰，张涅、韩岚点校《论语后案》，凤凰出版社，2008，第51页。
② （清）黄式三撰，张涅、韩岚点校《论语后案》，凤凰出版社，2008，第330页。
③ （清）黄式三撰，张涅、韩岚点校《论语后案》，凤凰出版社，2008，第92~93页。
④ （清）黄式三撰，张涅、韩岚点校《论语后案》，凤凰出版社，2008，第24页。

法在于事后惩戒，并不能"绝恶于未萌"，礼教则"化于将然之前"。黄式三援引汉文帝缺礼致使风俗不敬以及汉宣帝严设刑法导致众人不服之例，指出"礼原于人情之所安，而小大由之，礼教行而刑可几于措矣。"以礼治国，上行下效也尤为重要。《泰伯》篇"君子所贵乎道者三"章，后案："在上者能重礼，则一动、一正、一出，民必以礼应也。"①

　　黄式三认为君子修身养性，亦当约之以礼。《雍也》篇"子曰：君子博学于文，约之以礼"章，黄式三后案："约之以礼，谓行其所学必节之以礼也。君子多识前言往行，非以为口耳之资，固孜孜然欲法古人之所为也。而法古人所为必节之以礼；礼者，先王制为不易之经，以别仁义、明是非也。读诸子杂说，衡以先王之礼，可否定而始行。即《诗》《书》所载，必以礼准之，知其浅深醇驳之殊，始可以力行不惑，于道乃不背也已。《曲礼》曰：'道德仁义，非礼不成。'《荀子》曰：'学始乎诵经，终乎读礼。'"② 黄式三指出，礼制的约束对于君子修身、博学笃行起到关键作用。又如《学而》篇："知和而和，不以礼节之，亦不可行也"章，黄式三后案："此为放荡者戒。陆稼书说是也。好放荡者，其意以礼为不和耳，视为繁琐拘苦，以旧坊'无用'而坏之，好脱略简率之为，卒生悖逆欺陵之衅。其人非特不循礼，并不得谓之能和。有子特揭礼中之和以示之，见节文自然，人各甘心行之，所以能范围小大之事不待矫拂，而外礼者之和失其和矣。《荀子》谓'先王制礼以养人之欲，给人以求'，孰知夫恭敬辞让之所以养安也！孰知夫礼义文理之所以养情也！"③ 人之性情各异，或温柔敦厚，或流于狂狷。魏晋士人追慕老庄，崇尚率简通脱之风，提出"礼岂为我辈所设"之论；晚明心学倡导"心外无物"，终究流于狂禅，此非安情养性之本。黄式三有感于异端邪说之流弊，重视从礼的层面提升士人的内在修养及道德情怀，进而达到中正平和之境。礼不仅可以修身养性，更是士人立身之道。《泰伯》篇"立于礼"章，黄式三《后案》："内而起居出入之微，外而尊卑亲疏之节，各有所持循。存于心

---

① （清）黄式三撰，张涅、韩岚点校《论语后案》，凤凰出版社，2008，第202页。
② （清）黄式三撰，张涅、韩岚点校《论语后案》，凤凰出版社，2008，第162页。
③ （清）黄式三撰，张涅、韩岚点校《论语后案》，凤凰出版社，2008，第17页。

者庄敬日强，非僻无自入，施诸事者固执而允蹈之，不为习俗所惑也。"①

黄式三对于礼制不厌其烦地加以考释，并说明礼制的"体用"价值，显示其关注当下的经典诠释理念。晚清社会日趋没落，士人道德情操也随之下滑。黄式三试图通过考辨礼制，呼吁士人建立起"以礼为本"的内在道德约束。虽然其学术理想与现实政治存在差距，"复礼成仁"的美好追求也未能实现，但作为一个有良知的知识分子，黄式三将其现实观照融入经典诠释中，为后世学术研究起到了很好的示范作用。

四　温故知新

浙东学派不仅是一个地域概念，还是一个绵延累积的历史范畴。

唐肃宗以后，分置浙江东、西两道，自此"浙东"一词遂作为行政区域开始沿用。南宋，浙江析为浙东、浙西两路，此后"浙东"一词遂约定俗成，经常在学者著作中出现。关于"浙东学派"这一概念，虽见仁见智，识见纷纭，然有一种观点近乎公认或通行。即浙东学派的源流，"近承"明代的王学，"远绍"宋代以吕祖谦为代表的金华学派，以陈亮为代表的永康学派，以薛季宣、陈傅良、叶适为代表的永嘉学派。其悠久绵延的纵深感，积淀了浙东学派的温故求古意识，加之清初朴学的兴起，惠栋、戴震、王夫之、黄宗羲等人反对宋学空疏、提倡考据训诂的学风，驱使浙东学派崇汉好古，追求经典原意真义。当然，浙东学派温故并不保守，求古并不泥古，能够超越传统，质疑辨异，开创新说。

毛奇龄虽学术渊源于理学，但他融义理于考据中，反对杜撰臆说，主张"说经贵有据"。他遍治群经，引据古人，辨讹正误，如认为《大学》无古文、今文的区别，指出宋儒图书《易》说之非，考证周敦颐《太极图》出于道士，证明《太极图说》之援老入儒，成为一时定论。其《论语稽求篇》自序云："少读《论语》皦皦然，至再读而反疑之，迄于今再三读而犹像顿生。似宣尼所言，与七十子之所编记，其意旨本不如是，而解者以己意强行之。汉初立《论语》学官，其时去古未远，尚有《鲁论》《齐论》《古论》三家本，每家立学，亦尚有师授十余人。其在《鲁论》，

---

①　（清）黄式三撰，张涅、韩岚点校《论语后案》，凤凰出版社，2008，第206页。

则常山、都尉、龚奋、长信少府夏侯胜，以及丞相韦贤父子、前将军萧望之等，各名其家。而至于《齐论》《古论》，则王吉、贡禹、胶东庸生，以及马融、郑玄，各有解说。然且安昌侯张禹能统古、齐、鲁三家合为之《论》，以授成帝。而惜其后之俱无传也。西晋何晏本老氏之学，不习众说，专与侍中荀觊辈，略取孔安国、包咸及司空陈群、太常王肃、博士周生烈余论，而参以己见，杂采成篇，名其书曰《集解》。正始中上之。而宋朱氏《注》则又仅见何氏一书，别无他据，旁汇以同时学人之言，似与圣门之所记稍有龃龉。先仲氏尝曰：此宋儒之书非夫子之书也。……"① 由此可见毛氏著述之缘起。他反对何晏《集解》"本老氏之学，不习众说"，反对朱熹《集注》"仅见何氏一书，别无他据"，故欲攻驳"宋儒之书"而达"夫子之书"，追求《论语》去古未远之真义与本意。《四库提要》指出此书："皆辩驳朱子《集注》之说，盖元陈天祥《四书辨疑》之类也。朱子《集注》研究文义，期于惬理而止，原不以考证为长，奇龄学博而好辨，遂旁采古义，以相诘难。"②

可见，毛奇龄《论语稽求篇》故欲攻驳"宋儒之书"而达"夫子之书"，名曰"稽求"，实为"稽古"。如释"有朋自远方来"云："同门曰朋，此是古注。自《说文》及《诗注》《左传注》《公羊传注》皆然。孔氏正义引《周礼·大司徒》注'同师曰朋'，便不如同门之当。盖朋是门户之名，凡曰朋党曰朋比，比是乡比，党是党塾，皆里门闾户学童居处名色。故朋为同门，此是字义，本尔不可易也。若朱注作同类，则他无可考。惟《孟子》有云：'圣人与我同类者'，然是凡人泛称非明矣。大抵学中境次，从党庠肄习之后，既已分门又复来合致足娱乐，此与《学记》所云'敬业乐群'，《檀弓》所云'离群索居'，正可比观。盖以离为苦，则必以合为乐也，至若学问相长，彼此宣畅，亦朋来必有之事，即以此言乐亦无不可，但朋来不可混耳。……"③ 朱熹《论语集注》释"朋，同类也"④"同类"较之"同门"，显然前者大而无当，后者明确具体。

---

① 《四库全书》二一〇册，第 134~135 页。
② 《四库全书》二一〇册，第 133 页。
③ 刘宝楠：《论语正义》，中华书局，1990，第 136 页。
④ 《四部要籍注疏丛刊·论语》，中华书局，1998，第 487 页。

毛氏所谓"古义",大多采自先秦经典。他对自汉至唐的经解多持否定态度,认为陆德明"作《释文》极其诬罔"①,认为何晏"援儒入道"。即使是东汉郑玄、马融之持论,若无所考据者,他也并不信服。如"周有八士"条云:"《集注》或曰成王时人,此本郑康成说。或曰宣王时人,此本马融、刘向说。然总无考据。惟《晋语》胥臣谓晋文曰:文王即位,询于八虞。贾氏注'周八氏,皆在虞官',引《论语》十六字为证。此庶外传之有征者。若《逸周书》武王克商,乃命南宫忽振鹿台之财,南宫伯适迁九鼎三巫。则二名偶同,然亦未见有兄弟八人。即《君奭》五臣,马融注十乱具有适名。然余无他见。如谓八虞,即南宫氏子。则适非虞官。且《晋语》胥臣于询八虞下又曰:度于闳夭而谋于南宫。则在八虞外别有南宫氏。难强同矣。况八虞八士有名无氏,在古今人表每多此等。至于一母四乳,则见于董仲舒《春秋繁露》,有云:四产得八男,皆君子雄俊,此天之所以兴周也,此或当时去古未远,师承有据之言。"② 关于"八士"之解,或云成王时人,或云宣王时人,或云武王时人,或云文王时人。郑玄、马融、刘向虽为古注,然无考据,毛氏不能信之;其他诸说,或为孤证,或有自相矛盾处,亦难令毛氏信服之;惟董氏之说,因"去古未远","师承有据",或可信之。再如释"虞仲"条时云:"《左传》、《史记》去古未远,至班史稍后矣,且班氏此志,明属偶错。"③ 此条从《左传》《国语》《史记》而不从《汉书》,因前者"去古未远",后者则"去古较远",足可见出毛氏尊古求真之治经倾向。

黄式三对于汉魏古注,大多择是而从、实事求是。汉儒经解正确者,黄式三予以肯定,而对有误者,则敢于指正。如《里仁》篇"子曰:我未见好仁者"章"不使不仁者加乎其身"条,孔安国注:"言恶不仁者能使不仁者不加非义于己,不如好仁者无以尚之为优",黄式三后案:"好恶只是一人,何分优劣?孔《注》失之。"④《先进》篇"师也辟"条,后案:"马《注》以'辟'为邪僻文过,固非。"又如《先进》篇"子

---

①《四库全书》二一〇册,第174页。

②《四库全书》二一〇册,第202页。

③《四库全书》二一〇册,第200页。

④ (清)黄式三撰,张涅、韩岚点校《论语后案》,凤凰出版社,2008,第87页。

曰：论笃是与，君子者乎？"章"色庄"条，后案指出："色庄者，心不厚而言厚也，何《解》误。"① 诸多按语皆直言要害，敢于直抒己见。

　　黄式三在汉魏古注中最重郑注。在字词训诂、名物考证、礼制源流等诸多方面，黄式三大多遵从郑玄，《后案》中标明"郑君注是也"者比比皆是。这一方面是由于清代尊古崇汉思潮的影响，另一方面与黄式三本人推崇礼学、颇重郑注有关。虽然《论语后案》中一些经注因为从郑而有讹误，但黄式三主观上并未盲从郑注。他在《八佾》篇"或问禘之说"后案中言："说经者岂必据守郑君学，但求异于郑君说者往往不可通于经，则知从郑君说之为得矣！"古代礼制尤为难辨，刻意求异者往往难通，黄式三遵从郑玄古注，也是出于谨慎之选。

　　黄式三寄望于溯源求真，醇正儒学。在《论语》诠释史上，从王弼以老庄思想诠释《论语》开始，到隋唐以佛理解经，到宋明理学大谈心性，再到晚明学术三教混杂，经典之本意淹没难见。清初顾炎武等学者已开始反对宋学空疏，进而开启乾嘉考据学新风，力求通过考据还原经典本意。黄式三《论语后案》不拘于以考证明经义，而是对程朱学说探其本源、细加辨析，并对晚明心学末流之异端邪说痛加批驳，力求溯本清源、还原真意。如《为政》篇"子曰：攻乎异端，斯害也已"章，黄式三后案：

　　　　自古圣贤修齐治平、外内合一者曰仁与义，凡邪说诬民充塞仁义者曰异端。异端起而仁义塞，孔子、孟子辟之不见信于天下，由是天下不以仁义为务，而秦、项之祸流毒生民，烈于水火，此害之极也。其在后世，汉董子倡言仁义以辟异端，唐韩子《原性》、《原道》明道德之合仁义而言，明仁义之本于性而治行于天下以辟异端。宋当程、朱之时，儒、释不分，程、朱二子所以于此《注》专辟释也。观朱子晚年论仁论义，欲学者分明界限，不宜笼统言理。然则后人浑言"心"、"理"，借仁义以谈异端，害尤无穷也已。②

────────

① （清）黄式三撰，张涅、韩岚点校《论语后案》，凤凰出版社，2008，第312页。
② （清）黄式三撰，张涅、韩岚点校《论语后案》，凤凰出版社，2008，第37页。

　　黄式三极呈"异端"之害,但指出对宋学应该严加区分,"不宜笼统言理",反对清儒对宋明理学一概否定。黄式三虽排斥心学末流,但对朱子学说却评价公允、实事求是。如《学而》篇"敬事而信"条,黄式三后案:"朱子作《集注》,意在详录宋儒之说,而说之未醇者亦存之,意在节取也。读《注》者或误衍之,或以此攻朱子矣。"① 黄式三充分考虑到"集注体"注经体例杂糅不纯,并不能代表朱子思想的全部,且易于被异端邪说所歪曲,因此他常将朱子《集注》与朱子其他解经文本互参,以求还原朱子之本意。实际上,一些学者对心学末流之弊端也早有预料。《公冶长》篇"子在陈……吾党之小子狂简"章,黄式三后案:"朱子云:'志大而略于事,或陷于异端者。'后世明心见性之学以敬为拘,以格致为支离,而别矜其潇洒简捷之术,朱子正指此言也。陆稼书《讲义》引徐氏《惜阴录》曰:'庄周亦是狂士,以不知裁,遂肆为异学之倡。后世禅学,往往收高明之士。夫子此忧,已烛见来兹之祸根。'"② 黄式三援引此段材料并非为维护朱子,而是试图淘净异端、纯正儒学。

　　黄式三抨击异端邪说,同时也对"心性""虚静""仁智"等义理进行追本溯源,以求摆脱理学、心学及佛学之干扰,进而还原经典本意。如《为政》篇"七十二从心所欲,不逾矩"条,朱子《集解》引胡氏注:"圣人之教亦多术,然其要使人不失其本心而已。"黄式三后案:"胡氏'本心莹然'之说,为后儒明心见性者所藉口,不可不知。盖学者未及圣,骤求本心莹然,鲜不谬矣!"③ 晚明心学对宋明理学任意发挥,空谈心性而步入狂禅之境,黄式三对此加以批判。黄式三认为此段经文中孔子的愿意为"心与矩一,犹以矩自印圣心,不自是也",这既指出宋儒欠妥之处,又澄清经典之本意,心性学说由此不攻自破。又如《雍也》篇"子曰:知者乐水,仁者乐山"章"仁者静"条,黄式三后案:"儒者言心之虚壹而静,本于《荀子》。……诸言静者,与《经》专言仁者之静微有异而大旨同也,与释氏言无眼耳鼻舌身意迥然异矣。近儒言仁,空论本心,因以瞑目静坐心无所著为仁,是老僧面壁多年,有一片慈悲心即可毕

---

① （清）黄式三撰,张涅、韩岚点校《论语后案》,凤凰出版社,2008,第9页。
② （清）黄式三撰,张涅、韩岚点校《论语后案》,凤凰出版社,2008,第131页。
③ （清）黄式三撰,张涅、韩岚点校《论语后案》,凤凰出版社,2008,第28页。

仁之事，尤谬也。"① 黄式三将儒家之"静"追溯至《荀子》，其本意为淡泊养气、无欲则刚，与释家所谓"空静"以及心学所谓"心外无物"迥异。通过追本溯源，经意自现。

黄式三尝作《求是斋记》曰："天假我一日，朗读一日之书，以求其是。"黄式三《论语后案》体式明晰、考释周备，不仅博采众长、权衡汉宋，更能抒发己见、实事求是。《论语后案》对于汉学考据成就细加辨别，又对宋学诸多义理溯本追源，这在清代《论语》诠释史上并不多见。黄式三反对异端邪说，试图探寻经典本意，这对于经典诠释有着极为重要的正面意义。

俞樾从挖掘古义入手探求真义。如《子罕》篇第 5 章"子畏于匡"句。正义曰：记者以众情言之，故云子畏于匡。其实，孔子无所畏也。樾谨按：《荀子·赋》篇：比干见刳，孔子拘匡。《史记·孔子世家》亦云：匡人于是遂止孔子，拘焉五日。然则畏于匡者，拘于匡也。《礼记·檀弓》篇：死而不吊者三：畏、厌、溺。郑《注》即以孔子畏于匡为证。而《通典》引王肃《注》曰：犯法狱死谓之畏，是畏为拘囚之名。后人不达古义，曲为之说，盖皆失之。

关于此解，《集解》引包氏之说，只是约《孔子世家》述其畏匡之由，即孔子路过匡地。匡人以前曾遭鲁国阳虎的残害，时孔子弟子颜剋又与阳虎俱行，而过匡地时颜剋为夫子御。匡人皆识颜剋，且孔子相貌颇像阳虎。故被匡人误认阳虎而围困起来。可见，《集解》未解"畏"字，即使有解，当解"畏"为"围"。

皇疏开始关注"畏"字，有"孔子同物畏之"一解。引孙绰云："畏匡之说，皆众家之言，而不释畏名，解书之理为漫夫。体神知几玄定危机者，虽兵围百重，安若泰山，岂有畏哉？虽然兵事险阻，常情所畏，圣人无心，故即以物畏为畏也。"可知，皇侃、孙绰虽然认同"畏"读如"畏"，但深感此解于理不合，圣人无心，岂有畏哉？不得不旁伸一枝，即云"以物畏为畏也"，然此解毕竟牵强、模糊、玄虚。

邢疏之解显然沿袭皇疏，仍解"畏"读如"畏"。然更加简练概括。

① 黄式三撰，张涅、韩岚点校《论语后案》，凤凰出版社，2008，第 158 页。

朱《注》亦然，另作"畏者，有戒心之谓"一解，实源于孟子。刘宝楠《论语正义》，主要笔墨集中在考证匡之地名及辖地。引《说文》《广雅释诂》解"畏"为"恶也""惧也""恐也"，云"夫子见围于匡，有畏惧之意"。①

显然，《论语》诠释史上，关于"畏于匡"之解，一直沿袭此一陈说。惟俞樾从大量文献中，爬罗剔决，择从古义，提出新解。解"畏"为"拘"，洗去尘埃，荡去疑虑。我们不必武断结论其为确解，但其源于史实，契合圣心，得其本旨。

可见，俞樾认为"不达古义"，难解经旨。其在《论语古注择从》《论语平议》中，亦多次考证阐述"后人不达古义"，导致说义之"曲解""曲说""失其经义"等现象。由此反映出俞樾崇尚古义、尊重原典的学术趋向。在俞樾看来，古义毕竟距古未远，最有可能符合经典原义，绝不能轻易废之、非之、易之。其在考论《子张》篇14章"伤致乎哀而止"句，批评朱《注》改易古注之误时云："夫所以改易古注者，必以古注有未安而吾说胜之也。今从古注则无弊，从吾说则有弊，乃必易古人无弊之说，从吾有弊之说，而又以有弊讥之，诚不能为考亭解矣。"②

当然，俞樾对古注并不迷信，并不盲从，仅是择善而已，即使对今注也不简单否定。总之，他对待一切文化遗产，均能理性审视，具体分析，深入思考，须臾不离探求真义之目的。能够实事求是地作出判断，当是则是，当非则非。如解《学而》篇第15章"如切如磋如琢如磨"句，俞樾认为古注"似浅而实深。"③解《宪问》篇27章"君子耻其言而过其行"时，认为邢疏"甚得经旨"，皇疏"语意更显"。解《雍也》第26章"井有仁焉"句时，云孔注"殊不可通"。④解《八佾》第13章"与其媚于奥，宁媚于竈（灶）"时，先云"此章奥灶当从古义"，后又曰"观孔注及邢皇二疏，并不以祭祀言也。然孔注谓奥喻近臣，近臣无所指，此

———————————

① 《四部要籍注疏丛刊·论语》，第864页。
② 俞樾：《论语古注择从》，第20页。
③ 俞樾：《论语古注择从》，第4页。
④ 俞樾：《续论语骈枝》，第6页。

则宜从朱注，喻君为是"。① 俞樾对古注与今注，不存偏见，不立门户，是非分明，实事求是。

小　结

众所周知，浙东学派是不断被建构、编织的过程。就历史本体论来说，它并非客观存在的实体，而是一个认知意义上的谱系建构问题。本章不对浙东学派在建构、解构中形成长期的拉锯战展开讨论，只是对狭义概念上的清代浙东学派《论语》诠释特点作出总体的归纳和揭示。总之，浙东学派有其独到的诠释理念和卓然的学术成就，浙东学派的代表人物是一批富有创新意识、包容精神的学者，他们不仅具有渊博的学识，而且善于独立思考，大力倡导并切实奉行兼收并蓄、广采博取的治学风格，反对墨守一家、好同恶异的狭隘学风。其在清代《论语》诠释史上当占有一席之地。

首先，浙东学派《论语》诠释不拘汉宋、力求会通，这与吴派"博古崇汉"、皖派"权衡汉宋"以及扬州学派"尊汉崇古"不同。浙东学派从黄宗羲、万斯大等学者开始就主张汉宋兼采，徐世昌评价黄宗羲曰："说经则宗汉儒，立身则宗宋学。"黄宗羲云："学术之不同，正以见道体之无尽也。"因而，对于学术上的"一偏之见""相反之论"应兼容并举。他还对那种"同者标为珠玉，异者訾为土炭"的恶劣学风予以猛烈抨击。黄式三、俞樾等继承了浙东学派这一传统，做到博采众长、旨在求是，其中既有对汉学考据成就的吸纳与辨析，也有对宋学义理的阐释与论断，兼具乾嘉考据学与宋代义理学之风。黄式三对于郑玄、朱熹等大儒也不盲从，他不主一家、不尚拘守，体现出融会贯通、实事求是的诠释理念。浙东学派包容并蓄、开拓创新的治学倾向为学界所称道，这对同代刘宝楠的《论语正义》以及后世程树德的《论语集释》皆有较大影响，两书在不同程度上都吸纳了《论语后案》的研究成果。

其次，浙东学派与吴派重视字词训释、皖派精于名物考据以及扬州学派证实运虚不同。浙东学派黄宗羲、章学诚等学者注重经史兼治、经世致

①　俞樾：《论语古注择从》，第 9~10 页。

用,《论语后案》也继承了这一学术传统。《论语后案》考证古史、以史证经,皆显示出黄式三深厚扎实的史学功底。与此同时,黄式三更重视史义的阐发,通过对相关史事的诠释,彰显其对民生治乱、士人情操的终极关怀。《论语后案》的考据之学,也与乾嘉时期单纯的汉学考据不同,它融会了浙东学派经史兼治的学术传统,将考据、史论及义理阐释完美结合。

最后,浙东学派《论语》诠释将礼学发扬光大。特别是黄式三在《论语》注疏文本中,通过从考释礼制到以礼为本再到约之以礼的阐释实践,其"礼学即理学"的思想体系的建构,在《论语》诠释史上具有范式意义。纵观清代《论语》诠释进程,从顾炎武提出"经学即理学"的文化诘难,到吴派、皖派、扬州学派的形上实证,这些基本属于回归经典、文化复兴的路线。而黄式三试图从礼制层面探讨治平修身之道,以求扫除现实道德没落之弊,这虽说是对传统礼制的复归,但对日后常州学派的制度反思也起到了借鉴作用。晚清社会动荡不安、内困外患。传统文化复兴不能救国救民、传统礼制也无法约束人心,面对西学东渐的局面,常州学派发出变法改制的呼喊。

第七章　岭南学派《论语》诠释特点论

岭南，主要指中国南方五岭之南地区和越南北部地区。《晋书·地理志下》将秦代所立的南海、桂林、象郡称为"岭南三郡"，明确了岭南的区域范围。岭南北靠五岭，南临南海，西连云贵，东接福建，范围包括了今广东、广西及海南的大部分和越南北部，宋代以后，越南北部才分离出去。故今天的岭南一词，当为特指广东、广西和海南三省区。岭南是中国一个特定的环境区域，是中国江南最大的横向构造带山脉，是长江和珠江二大流域的分水岭。在古代长江以南地方被中原称为"蛮夷之地"。这些地区地理环境相近，生活习惯相近，孕育了独特的地域文化。

岭南学派起源于明代，由著名哲学家陈献章创立。陈献章（1428~1500），字公甫，号石斋，出生于广东新会，后迁江门白沙村，故世人又称之为陈白沙，称其学派为江门学派。陈献章是明代"心学"大师，其创立"白沙学派"，打破了程朱理学原有的理论格局，在明初一潭死水的思想界荡起涟漪，开启了明代学术的新风尚。逝世后诏命从祀于孔庙，是广东历代圣贤位列于孔庙之中的唯一历史人物，故有"广东第一大儒""岭南一人"之誉。陈白沙开创的岭南学派，由湛若水发扬光大。湛若水（1465~1560），字元明，号甘泉，明代著名理学家，增城新塘人。曾任翰林院编修等职，官至南京礼、吏、兵三部尚书。弘治七年师事陈献章，继承白沙学说，加以发展提高，成为陈献章晚年得意弟子和学术继承人。

岭南学派源出程朱理学，开启阳明心学，但又有别于程朱理学和陆王心学。陈白沙以"自得"之学为基础，确立心的主体性。一旦人的主体性地位得以确立，就能摆脱天地万物的干扰，成为宇宙万事万物的主宰，且天地万物也因人的主体性而显示其自身的价值和意义。这样，陈白沙的"自得"之学就把"心"从程朱理学的"理"的禁锢和主宰之下解放出来了，使"心"成了真正自主自立的主体。

湛甘泉继承了陈白沙"自得"之学的心学路线，提出了"随处体认天理"的命题。并在"随处体认天理"的过程中确立了心的主体性，同时也使主体之心转化成了本体之心。这样，"随处体认天理"之心已不是纯粹内在的主体之心，"随时体认天理"之理也不是纯粹外在的客观之理。湛甘泉"随处体认天理"的心无内外、理无内外的思想在某种意义上克服了程朱理学理的外在性、王阳明心学心的内在性的弊端，进一步彰显了岭南学派本体层面上的心理合一的思想特色。

岭南学派崇尚"有教无类"的教育宗旨，本着"学贵知疑"的教育方法，鼓励学子独立思考，因而门徒甚众。陈献章从青年开始教学至授徒终老，从小庐山设帐至嘉会楼会友研学。湛若水为纪念白沙先生，其所到各郡，皆创设书院讲学，计有天关书舍、白沙书院、大科书院、云谷书院，以及增城、罗浮山、番禺和贵州、南京、扬州等地兴建和扩修的书院共40多家。"一时，讲学风气遍南北，名宦学者多有出其门者"，"白沙先生之教得行于天下"。由是，形成"岭南学派"与王守仁之"姚江学派"对峙局面。清中叶邑人阮榕龄著的《白沙门人考》，列有姓名的学子共164人，籍贯除隶属广东省内番禺、顺德、东莞、增城、潮州、吴川等十四县之外，远至东北、华中、西南、华东各省。

岭南学派自明代开端，由湛若水等众弟子传播发扬，遂开"岭学"之先河。清代以后经朱次琦、陈澧开发崛起，由康有为推向全国。其《论语》诠释崇实戒虚，不别古今，不避汉宋。梁廷枏《论语古解》"毕取汉唐古说"，"与宋儒相发明"，桂文灿《论语皇疏考证》证其所长、考其所短。潘衍桐《朱子论语集注训诂考》"窥先圣之微言，穷义理之所归"。康有为《论语注》将孔子思想廓清提升为变法思想，用西方进化理论、民主制度等，对《论语》进行创造性的诠释。岭南学派的《论语》诠释适应社会变动，代表了一种开拓创新精神。

一　融合汉宋

岭南学派之《论语》诠释，渗透着融合汉宋的鲜明特点。

岭南学派源出程朱理学，"原夫明初诸儒，皆朱子门人之支流余裔，师承有自，矩矱秩然"。然在明初的文化危机中，程朱理学由于居于意识形态的统治地位而逐渐僵化。故白沙、甘泉遂以理学心学，开辟了有别于程朱理学和陆王心学的阳明心学，但欲与程朱理学彻底疏离显然是不大可能。毕竟宋学在宋元明七百年间极盛，有清以来依然衰而不竭，而乾嘉以来兴盛百余年的汉学已现衰象。

有清一代，从清初诘难宋学空疏，至乾嘉朴学繁荣，经方东树《汉学商兑》挑起汉宋之争，迄晚清则走向汉宋合流之势。这一趋向与晚清岭南学派近乎一致。朴学无疑是岭南学派的强势传统，阮元开学海堂，尽管其实质是以汉学为中心而兼取宋学，但毕竟采取调和汉宋的态度，东塾学派虽被认为集岭南朴学之大成，但陈澧虽然早年秉承乾嘉汉学的治经方法，然中年以后走出汉学旧辙，打破汉宋门户，强调经世致用，指出"训诂考据有穷，义理无穷"。成为晚清汉宋调和思潮的代表人物。朱次琦既反对清中叶汉学考据的烦琐和门户之见，也反对宋明心学的空疏玄谈，追求学问的本源，知识的融会贯通，体现出鲜明的疏离汉学、融合汉宋的经学思想。

如此学术背景和治学宗尚，不能不对岭南学派的《论语》诠释产生重大影响。

梁廷枏《论语古解》，全书按《论语》篇目分卷，两篇一卷，不标篇名，篇与篇之间空一行间出。共选出《论语》经文318条，每句一行，低两格标出辑录内容。其所辑内容，梁氏卷首自序云："毕取自汉迄唐三十余家之说，摘与朱子《集注》异者，依次排篡，汇得十卷，名曰《古解》。……"① 梁氏为何无视宋代及宋代以后注家之解，独独毕取唐代以前三十余家注疏之"古解"，显然是要提醒人们《论语》之诠释，除了朱熹之《集注》外，还有自汉迄唐的诸家古解，无疑是欲呈现汉学与宋学

---

① 《四部要籍注疏丛刊·论语》，中华书局，1998，第1页。

互参比勘的诠释版图。我们知道，宋代以后，由于程朱理学的影响，科举读本的规定，加之《论语集注》本身的学术价值，《集注》盛行于元明两代，降至清初，顾炎武、黄宗羲、王夫之等虽激烈反对，但因官方提倡，科举不废，《集注》仍然门庭若市，这必然消解了古注的影响。故梁氏专辑与《集注》相异之汉唐古解，将《古解》作为朱熹《集注》的对照注本。无疑有益于倡兴古注，有功于融合汉宋。

细读梁氏《论语古解》，对梁氏融合汉宋的主观努力和客观效果会有更深入透彻的认知。梁氏自序云："……汉魏诸儒，正音读，通训诂，考制度，辨名物，其功博矣……"此为梁氏对汉魏诸儒治经之评价，也道出了汉魏诸儒经学研究的地位和影响。梁氏《论语古解》也大体按照以上四个方面辑录有关内容，辑录马融、郑玄、孔安国、包咸、王肃、何晏、王弼、李充、殷仲堪、卫瓘、梁冀、沈居士、范宁、郭象、孙绰、李峤、王朗、服虔、栾肇、江熙、琳公、缪播、熊埋、张凭、陆德明、韩愈、李翱、邢昺等诸家与朱注相异之汉唐古说，欲以古解"为学者广见闻"，欲以汉唐诸儒之说"与宋儒互相发明"，有助于我们在更广阔的领域里把握《论语》经文的微言大义。

梁氏《论语古解》可与朱注相发明。如，《卫灵公篇》"军旅之事，未之学也"（此句全章为"卫灵公问陈于孔子。孔子对曰'俎豆之事则尝闻之矣，军旅之事未之学也。'明日遂行。"）《集注》云："尹氏曰：'卫灵公无道之君也，复有志于战伐之事，故答以未学而去之。'"① 梁氏辑录："郑氏曰'军旅末事，本未立则不可教以末事也。'韩氏曰：'俎豆与军旅，皆有本有末，何独于问陈为末事也，吾谓仲尼因灵公问陈，遂讥其俎豆之小尚未习，安能讲军旅之大乎？'李氏翱曰：'俎豆，宗伯之职，军旅，司马之职，皆周礼之本也。'"两相比照，《集注》的解释简洁明白。梁氏《古解》引郑玄、韩愈、李翱三家注解，则显得丰富幽远。俎豆与军旅，皆为《周礼》之本。李氏持论出自经典，可考可稽。而俎豆、军旅，其本身皆有本有末，故韩氏之诘问当为有力，但贬抑俎豆之事、夸大军旅之事，恐未必允当。郑氏言"军旅末事"，应是相对于俎豆即礼义

---

① 《四部要籍注疏丛刊·论语》，第644页。

而言。在郑玄看来，孔子崇礼，强调礼治，安邦定国，当礼为本，兵为末。此句的解释，从邢氏《论语注疏》中可以得到更清晰的认识。邢氏曰："此章记孔子先礼后兵之事也。……孔子之意，治国以礼义为本，军旅为末，本未立则不可教以末事，今灵公但问军陈，故对曰俎豆行礼之事，则尝闻之，军旅用兵之事，未之学也。《左传》哀十一年，孔文子之将攻大叔也，访于仲尼。仲尼曰：'胡簋之事则尝学之矣，甲兵之事未之闻也。'其意亦与此同。军旅甲兵，亦治国之具也，彼以文子非礼，欲国内用兵，此以灵公空问军陈，故并不答，非轻甲兵也。"可见，朱子《集注》与梁氏《古解》，比较互参，确能起到增广见闻、互相发明的效果。

梁氏《论语古解》可补朱《注》之不足。朱熹《论语集注》虽不废古注，然集宋人之说较多，古注容量有限。《集注》虽重考据，但义理分析是其所长。故《集注》与古注相比，自有其长处，也必然有其不足之处，如未解处、不当处、空疏处、附会处等等。梁氏所撰《论语古解》，对《集注》之不足，有补救之用。如《里仁篇》"门人问曰何谓也"句。朱注未解。梁氏引皇氏曰："门人，曾子弟子也。"邢氏《论语注疏》亦从此说。此为补朱注未解者。又如，《泰伯篇》"侗而不愿"。《集注》云："侗，无知貌；愿，谨厚也。"此解显得笼统空疏。《集注》复引苏氏语："天之生物，气质不齐，其中材以下有是德则有是病，有是病必有是德。故马之蹄齧者必善走，其不善者必驯，有是病而无是德，则天下之弃才也。"此又显得游离玄奥。梁氏《古解》集孔氏、皇氏之说："孔氏曰'侗，未成器之人也。'皇氏曰'人幼未成人者，情性宜谨愿，而当时幼者亦不谨愿也。'"此为较朱注更具体贴切者。

凡此，足可说明梁氏《论语古解》融合汉宋的辑佚意图和实际效果。

综上，梁氏融合汉宋是专取与朱熹《集注》相异之古解与宋学呼应发明，完全是站在汉学的立场调融宋学，完全是提醒人们理解《论语》等儒家经典，除了宋学义理一途，还有汉学考据之路径，且只有这样，才能兼听则明，才能更全面地敞开经典的文本意义结构，才能更科学、更深刻地理解先圣的微言大义。而岭南学派另一位大儒潘衍桐融合汉宋的路径则迥异其趣，完全站在宋学的立场考证朱熹之注解源自汉魏诸儒之古解，将朱熹《集注》之经义源头予以爬梳剔抉，考镜源流。

　　潘衍桐，广东南海人，生卒年未详，同治间进士，官至翰林院侍讲学士。《朱子论语集注训诂考》，以《论语》20篇篇名为序，10篇一卷，共上下两卷。全书先列出论语篇名，另行定格辑出朱子注文，另行低一字详考朱子"义所从出"，"以著来历"，以明朱熹注释之经义"非朱子自造"。

　　清朝初期，因神州荡覆，宗社丘墟，一批明朝遗老将明朝灭亡的原因归结于宋学空疏、王学末流，笼罩着诘难宋学空疏的时风。当然，任何时期的学术应该是丰富和多元的，不可能清纯和单一。清初的顾炎武仍尊崇程朱理学，兼容汉宋；阎百诗虽崇汉抑宋，但对程朱理学也未轻易贬损。随着时代的发展和学术的迁移，清初诘难宋学空疏的风潮渐趋乾嘉汉学的繁荣，至晚清以臻汉宋合流之格局。潘衍桐集南方自然之灵气，具大海宽广之胸襟，没有门户壁垒之碍障，吐纳英华，贯通古今，铸就了大气、科学、理性的经学思想。强调研经之士须"以考制度辨名物，窥先圣之微言，穷义理之所归"。

　　潘衍桐对朱子学尊崇有加，这一尊崇源自对朱子学的深入了解。潘氏认为朱子论学，根诸训诂。他欲纠正世人对朱子学术的误解与偏见。其《朱熹论语集注训诂考》序云："《朱子论语训蒙考义》序云本之注疏，以通其训诂。语类云：某寻常解经，只要依训诂说字。又与吕伯恭书云：不读说文，训诂易谬。答黄直乡书云：近日看得后生且是教他依本子认得训诂文义，分明为急。"潘氏以排比的句式，大量引证朱熹关于汉学训诂的认知，反复论证朱熹经典释义源自汉魏训诂，朱熹的治经路径是由训诂明义理。事实胜于雄辩，"朱子解经教人阙初如此"，然"世儒谓朱子不明训诂，谬加诋词与？夫空疏浅率之流空谈性理，未知为学之伦类，皆失之也"。潘氏对世儒谬称朱子"不明训诂"大加轶伐，严厉呵斥。

　　为了进一步透彻论证朱子学与训诂学的关系，潘氏还组织一个团队，专门从一本专著中具体考据，爬梳辑佚朱子注文的具体出处。潘氏认为"朱子生平著书致多，而《论语集注》尤为精粹"。故以《论语集注》为样本，"命诂经精舍诸生寻绎此书，详考义所从出，遍采旧注及群经子史注，以注来历，明非朱子所自造。课卷甚烦，细加搴采，撮为二卷，取其易晓。义或简奥，则援某生以申明之"。① 这个团队的成员即为"援某生以申明之"人员，即为"书中所著邹寿祺、陈景绲、崔适、楼蔚然、王正春、袁尧年、汪昌烈、陆以增、杨誉龙、孙兆熊、袁宝忠、高兴元、项詠之说是也"。②

潘氏《朱子论语集注训诂考》，在群经子史、汉魏古注的浩瀚典籍中，编采寻绎，细加搴采，乃迄今朱子《论语集注》注文之依据辑佚的最为详尽的文本之一。细读朱熹《论语集注》，则可发现朱熹诠释经义时，分几种情况：征引前人之说并标引姓氏者；标明"就说""一说""或曰"字样者；在前人训诂基础上稍作变易者；未予指明出处而在它书中指出者，如《学而篇》"习，鸟数飞也"。此未标出处，然朱熹在《论语或问》中已经指出："习，鸟数飞也。出自《说文》。"由此，只读朱熹之《集注》，只能大致明义，或有时是懵懵懂懂、囫囵吞枣式的理解，或有时是一知半解、只知其然式的认知。但读了潘氏之《训诂考》，对朱子《集注》注文之源头依据有了最为详备的了解，不仅能知其然，还能知其所以然。如《学而篇》第1章朱熹注"学之为言效也"。潘氏注曰："《尚书大传周传洛诰篇》：学，效也；《广雅释诂》：学，效也。"不仅交代了出处，还辑佚出了两条证据，增强了朱注的说服力。此外，有时潘氏所辑之古解与朱子并不完全相同，朱熹略作变易，这些留下了思索探索的空间。如《先进篇》21章朱子注"饥馑"为"谷不熟曰饥，菜不熟曰馑"。潘氏注云："《尔雅释天》：谷不熟为饥，蔬不熟为馑；《说文食部》：谷不熟曰饥，蔬不熟曰馑。"此处朱熹为何将"蔬"改为"菜"？再如《学而篇》第1章朱熹释"说，喜意也"，潘氏辑"《广雅释诂》：悦，喜也。"朱熹何以将古解"喜"变为"喜意"，加一"意"字有何考量？经义有何拓展？可见，朱熹在接受汉学熏染时并不拘泥墨守。

由此，潘氏《朱子论语集注训诂考》实为证明朱子"覃精著述，博极群书"，充分凸显其融合汉宋、比勘发明的价值和意义。

此外，岭南学派刘明誉也积极倡导和践行汉宋融合。其有感于汉宋之

---

① 《无求全备斋论语集成》，台湾艺文印书馆，1996。

② 《续修四库全书总目提要》，第871页。

学各守门户，各执己见，各有所偏，故作《论语注解辨订》，欲加兼采融合。其序云："其治此（论语）者弊凡两派：一汉学派非真汉学也，苟焉于博洽之名而已，拾取一训诂之讹，剔抉一制度之颐，嚣嚣以驳朱子。艾千子有言，学莫陋于厌薄集注，骄语汉疏，遂欲驾马郑王杜于程朱之上，不知汉儒于道十未窥其一二也。宋大儒之所不屑，今且尊奉其弃余乎！诚哉斯言！其弊一也。一宋学派非真宋学也，漫然以为制艺而已。试观坊塾讲章，不曰某理某事也，而曰某字若何，某语气若何，某虚神若何，噫！抑未已具此两弊，安得有实学真材耶？"为纠偏汉宋二弊，刘氏全书于汉学取《集解》，于宋学取《集注》，采其正辨其偏，择其精订其陋，且旁采古今先儒诸说，综合训诂名物义理阐发而详加辨订，凡宋儒考据有讹者，取汉学辨之；汉儒义理不当者，资宋学订之。汉宋合流之特征十分鲜明。

康有为尽管借孔子言变法，但亦不忘用汉学的方法予以考证。能够打破门户，持平汉宋。《论语注》序云："以包周为今学，多采录之以存其旧，朱子循文衍说，无须改作者亦复录之。郑玄本有今学，其合者亦多节取，后儒雅正精确者，亦皆采焉。"①

二　平心求是

岭南学派之《论语诠释》，体现出平心求是的独特个性。

桂文灿（1823~1884），广东南海人。生于道光三年，卒于光绪十年或十二年。道光二十九年举人。桂文灿为东塾学派中"经学研究成果突出"的重要学者，经学著作繁富，于《论语》诠释撰有《论语皇疏考证》。桂氏自序云："《论语义疏》十卷，梁皇侃著。晁氏郡斋《读书志》谓：邢疏因皇疏而撰定，皇疏久佚。故二疏之异同优劣，昔人莫得而考之，近始得于日本国中，浙江鲍氏以文刊以行世。此书轶事旧闻多资考订，文字异同多可遵从，且征引遗说至数十家，博采兼收网罗富有，洵何氏之功臣，而后学之津梁矣。惟知者千虑必有一失，舛讹之处，时见卷中，文灿尝证其所长，考其所短，皆平心以求其是，不敢存墨守之见。仍

---

① 康有为《论语注》序。

依皇氏厘为十卷，治《论语》者尚其订之。"① 此序清楚地昭示了桂氏"平心求是"的著述态度及学术宗尚。

第一，平心互参。

桂文灿《论语皇疏考证》主要通过比较互参的方法，或先引他注，或先述皇说，考订详实，论据充分，屡屡在比勘参订中自然显示皇疏的允当确切。常常云之"皇本是也""皇说是""皇说是也""皇氏为得也""皇说得其意矣""皇说与某某说合是也"。

如解《尧曰》篇"兴灭国继绝世"时云："皇氏云：兴灭国者，若有国为前人非理而灭之者，新王当更为兴起之也。云继绝世者，若贤人之世被绝不祀者，当为立后孙之使得仍享祀也。"② 然后引郑玄、何休之意旨，最后结论曰："皇氏之说，与郑、何合是也。"又如考《八佾》篇"射不主皮"，最后云"皇氏之说与郑君《礼注》合是也"。③ 此为指出皇疏持论与诸家相合者。

如《先进》篇"赐不受命而货殖焉"条云："何注曰：赐不受教命，惟货财是殖，臆度是非。盖美回所以励赐也。皇氏曰：殷仲堪云：不受娇君命。江熙云：赐不受浊世之禄，亦庶几道者也。文灿谨案：子贡为言语之选，固孔门高弟也。岂孔子尚有讥其不受教命之事？古人言受命多以服官言，所谓一命再命三命也。不服官而货殖，亦不失为贤者也。皇氏引殷氏、江氏之说，得其意矣。"④ 此是指出皇疏之解释得诸家之意者。

如《雍也》篇"犁牛之子骍且角"。桂氏释曰："何平叔曰：犁，杂文也。言父虽不善，不害于其子之美也。皇氏云：犁或音梨，犁谓耕犁也。言假令犁牛而生好子色角合礼。文灿谨案：《山海经》后稷之孙叔均，始作牛耕。《注》始用牛犁也。孔子弟子冉耕，字伯牛，司马牛，名犁。《说文》犁耕互训。段《注》云：人耕谓之耕，牛耕谓之犁。其后互名之。又《后汉书》和《帝纪》永和十六年，夏四月遣三府掾分行，四州贫民无以耕者，为雇犁牛。此皆皇说之明证。皇氏此说，实足以正平叔

---

① 《丛书集成续编》13 册，上海书店出版社，1995，第 847 页。

② 桂文灿《论语皇疏考证》卷十。

③ 桂文灿《论语皇疏考证》卷二。

④ 桂文灿《论语皇疏考证》卷六。

之误，而父贱行恶之诬可雪已。"① 此为以皇说非其他注家之说。桂氏引《山海经》《山海经注》《说文》《说文注》《后汉书》等文献，大量考证，以证皇说之所长，以纠平叔之误。令人信服。

梁廷枏《论语古解》，虽有为汉学正名的意图，但能够超越个人好恶，从学理出发，做到平心求是。其对所辑录之古解引史实或经文再加旁证。如《为政篇》"书云孝乎惟孝友于兄弟"句，注家向来对"乎"字存有分歧。朱注未解，实仍"乎"字。梁氏先引陆德明语"陆氏曰：孝于如字，一本作孝乎。"陆氏实存两说，未作定论。梁氏曰："按汉、唐《石经》、《白虎通》皆作于。包氏曰孝于惟孝，美大孝之辞也。"此引汉、唐《石经》、《白虎通》及包咸等资料，证出"乎"当为"于"。如《八佾篇》"八佾舞于庭"句，《集注》云："佾，舞列也，天子八，诸侯六，大夫四，士二。每佾人数如其佾数，或曰每佾八人，未详孰是。"梁氏辑之："马氏曰：佾，列也，八人为列。服氏虔曰：每佾八人。按：佾，《说文》从八，月声，以八为义。《集韵》云：古文作佾（右上加一八字），从八人，象形也。"此条马融、服虔皆明确指出"每佾八人"或"八人为列"，梁氏再引《说文》《集韵》等进一步加以佐证。凡梁氏按语中所引史实或经文几乎不存于《论语集解》《论语义疏》《论语笔解》《论语注疏》中，由此，不难看出梁氏强调古解之价值的良苦用心，却也显示其在其他文献典籍中辛勤钩沉、平心求是的治经精神。

第二，平心纠偏。

皇氏《论语义疏》是六朝中土文献义疏体著作中唯一保存到今天的一部，其著述语体虽然总体上仍维持先秦以来的文言体系，但由于"义疏"这种特殊文本的形式，加之出于六朝这一特殊的历史时期，故不可避免地保存了一些具有时代特征的口语和一批受佛教影响而产生的词语，这些都是后来同类作品所不能具备的。故其在语言学、文献学、版本学方面都具有十分重要的价值。然皇侃《论语义疏》之文本，经历过一番断裂沉浮。其见于史籍文献者，有《隋书·经籍志》、《经典释文》、宋《国史志》、《中兴书目》、晁公武《郡斋读书志》、尤袤《遂初堂书目》等。

---

① 　桂文灿《论语皇疏考证》卷三。

而陈振孙《直斋书录解题》已不复著录，朱子《集注》亦未征引，可知其亡佚不出南宋。①乾隆中，浙人汪翼沧得日本宽延庚午根本伯修氏刊本，鲍廷博刻入《知不足斋丛书》，开四库馆时又收入《四库全书》，其书始显，遂引起学人比勘参订。

《论语》诠释史上如此重要的一部著作，因其传播过程中的亡佚，因其几百年间的无人问津，其间的得失短长无人知晓。一旦复出后，当能引起学界的关注和学人的思考，其中的失误、舛讹、脱漏之处，需要加以考证厘定，以正学术，以还面貌。

今观桂文灿之著述，共拈出《论语》经文约80条，对皇氏之疏文予以考证。其中以皇疏为是，证其所长者，约24条；以皇疏为非，考其所短者，约51条；余则或考订其篇章，或考版本之异文。无论是就篇幅还是条目而言，桂氏此书无疑以纠皇氏之误为主。桂氏纠谬之主要方法仍然是取参众注，择善比勘，在比较中简洁议论，自然地凸显意义，由此指出皇疏之错误。最后常常以"皇氏误已""迂曲甚矣""其说误已""皇说失之""皇氏载此无稽之事亦误也"作结。如考订《阳货》篇"可以群"时云："孔安国曰：群居相切磋也。文灿谨案：诗之教温柔敦厚，学之则轻薄可免，而嫉妒可消。故可以群居相切磋。皇氏云：诗有如切如磋，如琢如磨，是朋友之道可以群居也。失其义矣。"（卷九）孔安国之解释，虽然简洁，却明了。文灿之案语，从"诗教"之目的和效用角度，予以更具体清晰的揭示，显然近合孔安国，亦更加符合孔子意旨。相比之下，皇侃此之疏解，虽欲另辟一途，但毫无新意，且牵强笼统，因其没有明确的指向，这样的疏解实难让人接受。故桂氏断之"失其义"，当属允当。

较为可贵的是，桂氏在平实的考证文字中，常常能够彰显出皇疏失误的原因。归纳起来，大致有如下几点。

一是理解偏颇，导致失误。如"学而等篇名篇"云："《论语》名篇，多因其分篇在是，即取章首二三字以为篇名，惟《学而》第一，皇氏谓以学而最先者，言降圣以下皆须学成，此书故以学而为先也。此言极为近理。皇氏又云而者因仍也。夫'学而'二字本截此章之文，岂有因仍之

<hr />

① 《丛书集成续编》13册，上海书店出版社，1995，第865页。

义，失之已。至《为政》以下诸篇，皇氏必于篇名求出相次之理，如以《八佾》名篇为深责季氏之恶，季氏恶不近仁，宜居'仁里'，故以《里仁》次之，凡若此类皆非也。"① 今观皇侃《论语义疏》，于《论语》二十篇各篇之下，皇氏皆先解篇名，次解篇旨，再解其所以续前篇之缘由。但深入推敲，确实过于牵强，乃至无稽不经。《论语》是孔子弟子及再传弟子记录孔子言行的文本，初始时没有篇名，只是在传播过程中因其分篇，"即取章首二三字以为篇名"，且《论语》之主旨、结构、层次，没有严密的逻辑体系。当然，不排除后人在整理分篇时有这些方面的思考，此应该成为诠释家注解经文时的考量因素。但要权衡应变，不能机械僵化，生搬硬套。皇氏强调学之重要，以"学而"为先，言为近理。那么此"学而"之篇名当截章首之二字，可皇氏又凭空横来"而者因仍也""学必因仍而修"等释语，令人诧异！皇氏显然将"学而"当着篇旨之提炼或概述。这种对篇名理解之"首失"带来了他整体上的"此类皆非"。他疏《里仁》篇时云"此篇明凡人之性易为染著，遇善则升，逢恶则坠，故居处宜慎，必择仁者之里也"。今读《里仁》篇诸章，固然具论仁者之文字，但亦有诸多文字与居处无关。如"朝闻道，夕死可矣"。"不患无位，患所以立"。"古者言之不出，耻躬之不逮也"。"君子欲讷于言而敏于行"。这些文字与"里仁"之义关涉不大！况《泰伯》《子路》《颜渊》诸篇又岂是通篇叙述泰伯、子路、颜渊乎？足见皇氏之篇旨说无疑是以偏概全、断章取义，其篇次说更是穿凿附会，难以成立。皇氏之失，盖因其对经文篇旨认识之偏颇，或因其对篇目相次之理的预设先见，导致其疏解失之主观。

二是不辨真伪，导致失误。如《尧曰》篇"虽有周亲，不如仁人；百姓有过，在予一人"云："孔安国曰：亲而不贤不忠则诛之，管蔡是也。仁人谓箕子、微子，来则用之也。皇氏云：虽有云云者，《尚书》第六《泰誓》中文，言虽与周有亲而不为善，则被罪黜。不如虽无亲而仁者，必有爵禄也。文灿谨案：上云予小子履云云，孔氏注曰：墨子引《汤誓》，其词若此也。若虽有周亲数语，果为《泰誓》之文，孔氏岂犹

---

① 桂文灿《论语皇疏考证》卷一。

不知之。且孔注《论语》以周为殷周之周，而引管蔡微箕以释之，岂注《尚书》遂以周为至。言纣至亲虽多不如周家之少仁人，而商之才又不如周。其相悬绝如是，是岂出于一手乎？此乃东晋梅赜所献伪书之确据。皇氏不辨而反称之，失之已。"① 应该承认，皇侃之疏与孔安国之解，其意义相近。但皇氏认为"虽有周亲……"之经文为《尚书·泰誓》中文，被桂氏抓住了破绽。因为与此经文同章、在此经文上节有"予小子履敢用玄牡"句，孔安国注云"墨子引《汤誓》，其词若此也"。果若此经文出自《泰誓》，孔氏岂能不知？岂有不说之理？况孔氏注《论语》时言"周亲"，为何注《尚书》时"以周为至"而云"至亲"② 呢？显然孔氏所见之《尚书》非皇氏所见之《尚书》，皇氏所引之《尚书》为梅赜所献之伪书。皇氏不加辨别，反而称是，失之可惜。类似的例子还有，如考《为政》"孝乎惟孝友于兄弟"时云："惟皇氏谓此语亦与《尚书》微异，而不知为伪造古文者所袭改，则失之。"桂氏能够指出皇氏之失当指其征引材料之失，非指其疏解之失。足见其考订之细致，甄别之严谨。

三是仅凭孤证，且以附会之史实为据，实难信服。如《宪问》篇"卞庄子之勇"句，皇氏释曰："（卞）庄子能独格虎。一云卞庄子与家臣卞寿途中见两虎共食一牛，庄子欲前以剑挥之。家臣曰：牛者，虎之美食，牛尽虎之未饱，二虎必斗，大者伤，小者亡。然后可以挥之。信而言之，果如卞寿之言也。"桂氏证云："周生烈曰：卞，邑大夫也。考卞庄子，即孟孺子速也。左氏襄十六年齐侯围郕。孟孺子速徼之齐侯曰：是好勇去之以为之名。速遂塞海陉而还。庄子当时有勇之名。故子以为言文十五年齐人归公孙敖之丧，卞人以告。卞本孟氏私邑，庄子宰之，故称卞庄子。皇氏乃据格虎一事为证。文灿谨案：此事见《史记·陈轸列传》与《韩诗外传》，所载获田首事，皆傅会不经。无足信也。"③ 此联系当时背景，子路问如何才能称得上人格完善的人，孔子认为：要有臧武仲那样的智慧，要有孟公绰那样的清廉，要有卞庄子那样的勇敢，要有冉求那样的才艺，再加上礼乐的修养，就可以称为人格完善的人了。按照周生烈之解

---

① 桂文灿《论语皇疏考证》卷十。
② 李学勤主编《尚书正义》，北京大学出版社，1999，第277页。
③ 桂文灿《论语皇疏考证》卷七。

释，则孔子所云四人皆为大夫，孔子以四位大夫的突出优点归纳出完善人格的理想特点较为真实自然。且周生烈所云之卞庄子，其人其名，有记载，有事迹，有勇名，可查可考。而皇氏所云之卞庄子，仅据"格虎一事"之孤证，且为史书不经之附会，既无从查考，又似不如家臣，实在让人"无足信也"。

这样的情况，我们亦能在梁廷枏《论语古解》中发现平心纠偏的例证。《乡党篇》"不时不食"。《集注》云："不时，五谷不成，果实未熟之类。"① 梁氏引郑氏曰："非朝夕日中时也。"此解"不时"，二者明显不同。朱熹解为"不时之物"，郑氏释为"不时之饭"。从语境上看：《论语》文本中，"不时不食"前有"色恶不食，臭恶不食，失饪不食"数句，后有"割不正不食，不得其酱不食"两句。盖言身边饮食之事，强调饮食卫生应符合礼仪。且当时科技还没有发展到能够产出"不时之物"，即使有孔子也未必能够享受。故郑氏之解更为确切。从孔子思想角度分析，孔子十分重视日常伦用之事，强调行为规范，故郑氏之解更符合孔子思想实际。况皇侃疏曰："不时，非朝夕日中时也。非其时则不宜食，故不食也。"《吕氏春秋·尽数篇》云："食能以时，身必无灾。"今人杨伯峻等亦从此说。《学而篇》释"有朋自远方来"句中之"朋"字，《集注》云："朋，同类也。"梁氏汇集各家之说："包氏咸曰'同门曰朋。'郑氏玄曰'同师曰朋。'皇氏曰'同处师门曰朋，同执一志为友。'"两者互参比较，朱注无疑显得模糊，"同类"指称什么？且以什么作为分类标准？粗疏无当，旁生歧见。梁氏《古解》辑录诸家之说，则具体恰当，"朋"与"友"之区别一目了然。

第三，平心陈述。

桂氏此书其主要目的是"证其所长，考其所短"，但亦有不论"短长"，只作陈述者。

如：《子路》篇"吾不如老农"句，释曰："皇氏云：农者，浓也。是耕田之人也。言耕田所以使国家仓廪浓厚也。文灿谨案：礼纬含文嘉云：神者，信也；农者，浓也。始作耒耜，教民耕种，美其衣食，德信浓

---

① 《四部要籍注疏丛刊·论语》，第 586 页。

厚若神。故为神农也。书农用八政，郑君农读为醲。《说文》凡从农得声之字，如醲为厚酒，襛为衣厚。盖字义生于声者，乃最始之义。耕田之人使衣食浓厚。故曰农先有浓厚之义，后名为农夫也。犹田夫谓之啬夫，先有爱濇之义，后名为啬夫也。皇氏之说古义也。"①

如《子张》篇"虽小道必有可观者"句云："何平叔曰：小道谓异端也。皇氏云：小道谓诸子百家之书也。文灿谨案：郑注云：小道如今诸子书也。见《后汉书》注。皇氏本诸郑说也。"

又如《学而》篇"贫而乐富而好礼"句，桂氏考之曰"是古论乐下有道字"，"鲁论当无道字"。

以上三例，均是客观陈述，具体考出皇说之出处，或为古义，或本郑说，或采古论。至于孰是孰非，孰优孰劣，则不置可否，不做评判。充分体现桂氏治经能平心客观，不妄加判断、不随意议论、不存墨守之见。

梁廷枏《论语古解》亦常不作判断，仅仅指出"某说与某说同"。《论语古解》中，梁氏专辑与朱子《集注》相异之汉唐古解。汉唐诸儒相异于朱子《集注》之注解可能有一解或多解之分。对此，梁氏均将注解之具体内容简要列出。但也有可能出现汉唐诸儒之说与朱注相异而本身相同或相近之情况，此时，梁氏盖取"某说与某说同"之方法。如"按皇氏邢氏说同""按郑氏邢氏说并同""按包氏邢氏说并同""按包氏马氏皇氏说并同"等等，此类按语较多。按理，梁氏在《论语古解》中，仅列出异说即可，为何不厌其烦地指出"某说某说并同"呢？这类按语实为举例，具有论据之功用。无形中增强了梁氏所辑古解之代表性和说服力。汉唐古解去古未远，自有其真实性和可信度，而且这些古解并非一家之言，不仅汉儒如此说，魏晋诸儒也如此说，甚至唐乃至北宋之大儒还作如此说。由此，人们不禁要问：《集注》相异于汉唐古解之说出自何？据之何？梁氏生活在晚清时代，清初反对宋学之潮流已被汉宋合流所取代。

潘衍桐以考证为主，对朱注之当否，不做判断，只是考出异文。如《先进篇》"柴也愚"章："家语记其足不履影，启蛰不杀，方长不折，执亲之丧，泣血三年，未尝见齿。"潘氏按语曰："《家语弟子篇》文，无

① 桂文灿《论语皇疏考证》卷七。

'泣血三年'四字。"① 只陈述事实，不作判断。

平心陈述，表面上不作判断，但实际上体现出求是的倾向。孔子虽"述而不作"，但隐含着微言大义。

三　开新改制

岭南学派之《论语》诠释，彰显出开新改制的时代精神。

岭南大儒陈献章为了摆脱明代初期文化危机、打破程朱理学逐渐僵化之格局而开创了"白沙学派"，体现了强烈的创新精神。岭南东塾学派代表人物陈澧中年以后提倡一种具有近代科学精神的"新学风"，被公认为汉宋调和的主将和集大成者。朱次琦比较敏锐地察觉到了当时主流学说的种种弊病，渴望出现大批操守高洁、才干卓越的通才，以应对当时的内忧外患，担当起天下的重任。岭南学派经世致用、改制图强的文化精神一代代传承发扬。最终，朱次琦将他的学生康有为等人推上了新旧思想交汇的风口浪尖。

康有为 18 岁时拜广东著名学者朱次琦为师。朱氏崇宋学，视朱熹为汉宋学术的集大成者，施教以修身与读书并重，认为读书的目的全在于经世致用。康有为深受教益，并确立经世思想。1888 年，康有为 31 岁时初至京师，上书变法，为守旧派所不容。1891 年，在广州长兴里开堂讲学，潜心著述，撰成《新学伪经考》等书。1895 年，甲午战争、《马关条约》签订后，康有为联络 18 省举人上书朝廷，要求拒和、迁都、变法，受到光绪帝的赏识，授工部主事，但又被守旧势力排挤，不得已回广州谋生，在万木草堂执教，其间著成《孔子改制考》。1897 年，康有为以更高的热情投身变法维新运动，1898 年戊戌变法失败后，逃往香港，转赴日本。1899 年赴加拿大，转往英国。1901 年赴马来亚，1902 年居印度大吉岭，时康氏 45 岁，成《论语注》。欲张孔学大道绘改制蓝图。

第一，否定守约之学。

康氏认为：孔学被曾学遮蔽，曾学即为守约之学。故必须纠谬补漏，正本清源，还其本来面目。

---

① 《无求全备斋论语集成》下卷，第 3 页。

首先，康氏指出孔学被曾学遮蔽。康氏认为：《论语》"辑自曾门"，"《论语》只为曾门后学辑纂"①。但"曾子之学专主守约，观其临没郑重，言君子之道而乃仅在颜色容貌辞气之粗，及启手足之时，亦不过战兢于守身免毁之戒，所辑曾子之言，凡十八章，皆约身笃谨之言，与戴记曾子十篇相符合"。康氏将这种观点前推至宋代，其云："宋叶水心以曾子未尝闻孔子之大道，殆非过也。"康氏认为曾子之学"为一家之学说而非孔门之全"。"曾学既为当时大宗，但传守约之绪言，少掩圣仁之大道，而孔教未宏矣！"② 可见，康氏认为曾子之学皆"守约"之学，而《论语》为曾子门人编撰，故"《论语》之学实曾学也"，《论语》之学"不足以尽孔子之学也"，"不足大彰孔道也"。③

康氏认为曾子守约之学还体现在子路身上。其解释《阳货篇》第七章"吾岂匏瓜也哉，焉能系而不食"时云："吾自东西南北，不能如不食之物，系滞一处也。张敬夫曰'子路昔者之所闻，君子守身之常法；夫子今日之所言，圣人体道之大权也。然夫子于公山佛肸之召，皆欲往者，以天下无不可变之人，无不可为之事也。其卒不往者，知其人之终不可变而事之终不可为耳！一则与物之仁，一则知人之智也，佛肸公山之召，孔子皆欲往救时之急，拯溺之仁，行其心之安，而绝无人间名义之绊系。非圣人孰能为此？子路勇于守义，故见南子，赴公山佛肸之召，皆不悦而力谏。子路之守节，孔子之达权，子路之守身，孔子之行仁，贤圣之大小广狭经权，皆可见矣。'"④ 子路为"守身"之人，孔子乃"体道"之人。"守身"之人守义、守节，品德高尚，但拘谨僵化，狭隘局促；而"体道"之人，不仅品德高尚，具有"坚白"之美质，而且行仁达权，自如洒脱，进入无可无不可之境界。子路与孔子之区别盖在"守身之常法"与"体道之大权"之间。康氏对子路的评价，显然是欲彰显孔学与时俱进、因益损革的改制变法思想。

康氏贬抑曾学专主守约，主要出于对学术作用和功能方面的考量，并

①　康有为《论语注》序。
②　康有为《论语注》序。
③　康有为《论语注》序。
④　康有为《论语注》卷十三。

非否定守约之学。此可在其解释《里仁》篇23章"以约失之者鲜矣"时得到明证。其云："鲜，少也，约，即曾子守约之谓。纵横儌荡者必多失，《曲礼》所谓敖不可长，欲不可从，志不可满，乐不可极。守约也，失亦少矣。"这里，康氏并不否定守约，守约不仅有利于修身，还能保证少犯错误。只是康氏认为在守约之外还有其他更丰富的内容，更开阔的视野，更重要的担当。

康氏贬讽守约之儒寄寓其社会变革理想。在解释"苟有用我者"章时云："孔子改制仁政，以拨乱反正，若行之一年则规模可立，三年则治教大成。……自信自任而言之如此，确有把握可守，确有条理可行。所谓乐则行则行在，此圣人不妄自任，其次序期限可玩也。愚尝诵之，然用我必三年乃可，十年有成。益叹圣人之神化也。圣人日以天下纬画于中如此。固非兢兢守身守约之儒所能窥矣。"① 康氏认为孔子此言在卫灵公不用之时，康氏注释《论语》也在变法失败后，共同的命运、共同的理想十分自然地将康氏和孔子联系在一起，故康氏尝诵之玩之，圣人之自信亦即康氏之自信，圣人之自任亦即康氏之自任，圣人之不妄亦即康氏之不妄。康氏确实不妄，自觉与圣人拉开了距离，圣人能"一年可立""三年大成"，而康氏则"三年乃可""十年有成"，但康氏毕竟能窥出可守之把握，可行之条理，可变之规律，远非一般守身守约之儒并论比拟。

其次，康氏对宋儒尊奉曾学提出批评。其云："宋贤复出求道，推求遗经，而大义微言无所得，仅获《论语》为孔子言行所在，遂以为孔学之全，乃大发明之。冀以《大学》、《中庸》、《孟子》，号为四子书，拔在六经之上，立于学官，日以试士，盖千年来，自学子束发诵读，至于天下推施奉行，皆奉《论语》为孔教大宗正统，以代六经。而曾子守约之儒学于是极盛矣。"② 康氏认为宋儒仅仅发明了孔子言行，未能弘扬孔学之大道；宋儒以《论语》代六经，导致曾子守约之儒的兴盛。

康氏对宋儒的批评还体现在对子张的评价上。康氏认为："子张说乃深得圣道宏奖风流，贤则尊之，善则嘉之，又推施仁恕众则容之不能则矜

---

① 康有为《论语注》卷十三。
② 康有为《论语注》序。

之，有万物一体之量，有因物付物之怀。"① 但朱熹则不然，云"其（子张）所言亦有过高之病"②"子张行过高而少诚实恻怛之意""子张外有余而内不足"③。故康氏斥之曰："朱子以为过高，妄议子张则是妄议孔子也，盖朱子亦守约之人。"④"朱子误尊曾子过甚，于是不考而轻子张为行过高，而少诚实恻怛之意，则大误矣。"⑤

康氏甚至将宋朝亡国的原因与宋儒联系起来。如"宋贤妄攻管仲，宜至于中原陆沉也"。"宋贤不善读之乃鄙薄事功，攻击管仲，至宋朝不保，夷于金元左衽者数百年，生民涂炭，则大失孔子之教旨矣。"⑥"程子攻公羊权义，此程子所以终身仅为可与立之人欤！己所不知削孔子之大义，令圣人之大义日亡。此则宋儒之割地偏安也。"

可见，康氏批评宋儒主要是因其诠释理念上的极大差异。此在康氏与朱熹解释《微子》第七章"使子路反见之"章时，能够得到最直观的反映。康氏云："孔子使子路反见之，盖欲告之以行道救世之义。"而朱熹则认为是欲"告其君臣之义"。宋儒仅为"拘儒小儒"，守约守节之儒，十分重视人格修炼，强调"内圣"之德。而康氏则更加开明博大，认为经学要经世致用，经邦救国，十分重视与时俱进，变法改制，强调"外王"之道。故康氏对缺少进取变革精神的佛老思想亦予以猛烈抨击，云其"割人道之鸿宝以自沉伦"⑦，"开魏、晋清谈放诞之风，乖谬尤甚"。⑧

再次，康氏在否定守约之学的基础上，提出孔学之核心是"托古改制"。强调孔子思想不仅仅是守约思想，曾子及曾门弟子守约、笃谨、狭隘之学，仅为孔学一宗。此外还有颜子、有子、子赣、子游等孔学之大宗。故曾子之学非孔门之全，非孔学之大道。康氏云："孔子之道之大，

---

① 　康有为《论语注》卷十九。
② 　《四部要籍注疏丛刊·论语》，中华书局，1998，第 680 页。
③ 　《四部要籍注疏丛刊·论语》，第 684 页。
④ 　康有为《论语注》卷十九。
⑤ 　康有为《论语注》卷十九。
⑥ 　康有为《论语注》卷十四。
⑦ 　康有为《论语注》卷十四。
⑧ 　康有为《孔子改制考》卷九。

孔门高弟之学术之深博如此，曾门弟子之宗旨学识狭隘如彼，而乃操采择辑纂之权，是犹使僬侥量龙伯之体，令鄙人数朝庙之器也。其必谬陋粗略，不得其精尽而遗其千万不待言矣。假颜子子贡子木子张子思辑之，吾知其博大精深必不止是也，又假仲弓子游子夏辑之，吾知其微言大义之亦不止此也。"① 康氏认为孔子之学，盖因曾门弟子"操采择辑纂之权"，导致"谬陋粗略""不得其精""遗其千万"。若假孔门诸弟子而辑之，必显其博大精深，必知其微言大义。

康氏提出在孔门诸弟子中，应以子游为大宗。"小康之制尚礼，大同之世尚乐。令普天下人人皆敦和无怨，合爱尚同，百物皆化。子游尝闻大同，其治武城先以为治。故孔子喜极，美其以大道治小也。子思、孟子皆出于子游，故多能言大同之道。孔门自颜子、有子、子赣以外，应以子游为大宗矣。"② 可见，孔子推崇子游，盖因其"尝闻大同"，并以"大同之道"治理武城，且其弟子子思、孟子"多能言大同之道"。

《论语》不是孔学之全部，"守约"不是孔子思想之大宗。康氏认为：孔子思想的核心是"三统""三世"，是"大同小康"，是"托古改制"。"孔子之道主于时，归于权"。然被曾门后学遮蔽，被刘歆伪乱，被宋儒拘闭。这种状况若不予以彻底的清算，则会僵化保守，故步自封，"割地偏安"，祸国殃民。

康氏作《论语注》，以否定守约之学，以纯正孔子思想，弘扬孔学大道，为其变法维新扫平道路。

第二，提倡托古改制。

康氏认为：孔学除守约之学外，还有大同之道，还有变法改制精神。孔子否定守约之学，即为提倡改制之学开辟道路。

在康氏心目中，孔子兼备万法，与时变通，为受命之素王，度世之宝筏，乃集仁智勇于一身之化人神人。康氏在《论语注》中，极尽赞美之词，表达对孔子崇拜景仰之情。

如《微子》"我则异于是，无可无不可"章，康氏云："孟子曰孔子

---

① 康有为《论语注》序。
② 康有为《论语注》卷十七。

可以仕则仕，可以止则止，可以久则久，可以速则速。所谓无可无不可，七子皆周时创教之人。故各立特行，造作论说，有名于时。孔子虽尊称之，而无一从之。盖孔子兼备万法，其运无乎不在，与时变通而得其中，声色之以化民，皆末。无声无臭，乃为天载，如五色之珠，说青道黄，人各有见，而皆不得其真相者也。所谓圣而不可测之谓神，孔子哉。"① 在康氏心目中，孔子是神秘莫测、变幻无穷之神。

相似的赞扬在《论语注》中还有，康氏解释《子罕篇》"叩其两端"章时云"知两端，竭尽无余蕴矣，若夫语上而遗下，语理而遗物，则岂圣人之言哉。有若无，实若虚，至极则相反，物从无而生有，理从有而归无，非有非无，亦有亦无，声色之以化民末也，有知乎哉？上天之载，无声无臭，至矣无知也，故如天之空浑，如镜之空明，物来顺应因而附之。真空则一物不著，至诚则鄙夫必尽，大智则两端并竭，两端者：有无阴阳上下精粗终始本末，凡物必有对待，故两端尽之，盖语上而不遗下，语理而不遗物，语精而不遗粗，语本而不遗末，四照玲珑，八面完满，此孔子所以为神圣也。"② 在康氏心目中，康氏是无所不知、无所不能之神。

康有为几乎将所有的赞美之词都馈赠给了孔子。孔子是一个有法无法、有形无形之人，是一个亦虚亦实、若有若无之人，是一个知天感地、玲珑完满、不可度测之神人化人。当然，康氏对孔子的赞美不是盲目崇拜，而是言之有据。康氏先引古代贤哲对孔子之赞颂。"古今为孔子赞者多矣。宰我则称贤于尧舜，子赣则称百王莫违，子思则称发育万物，峻极于天。庄子则称配神明、醇天地，育万物，六通四辟，小大精粗，其运无乎不在。颜子则称仰弥高，钻弥坚，瞻之在前，忽焉在后。五子皆善言德行者，然虽极力铺写，终不若颜子之形容矣。……若颜子之所形容，所谓圣而不可测之谓神。"接着，康氏强调了孔子对后世社会的影响和意义，孔子不仅令古代"赞者"不可测之，孔子更有"无穷无尽新理"令后人包括康氏不能测之。康氏云："今者于《春秋》得元统三世，读《礼运》知小康大同，读《易》而知流变灵魂死生阴阳。二千年钻仰未得者，

① 康有为《论语注》卷十八。
② 康有为《论语注》卷九。

今又新出，尚不知孔子更有几许无穷无尽新理为我所钻仰未得之者耶？……天生大圣，以庄子颜子之聪明不可测知，吾亦只得曰不可测知而已。""孔子之为化人神人。"①

孔子不忧、不惑、不惧，极乐、大明、无畏，乃神明之至，人道之极。孔学博大精深，得其道者则能"原始反终，游魂为变"，随入何地皆欢喜自得而永解苦恼，随入黑暗皆光明四照而永无迷失，随入危险皆安定从容而绝无畏惧。② 康氏认为，孔子是"坚白之至"之人，"坚白（其意参照《论语》原文）之至，乃可不畏磷缁，若皎日显现，黑暗皆明。若莲华出水，污泥虽染，皓皓自由，无所不可"。③ 显然，在康氏的视野中，孔子具有超人的智慧和无限的神性，进入自由、空灵之境界。

康氏崇拜孔子盖因其为托古改制，开新变法。

康氏认为六经为孔子修正新制。其在解释《子罕篇》"自卫返鲁，然后乐正，雅颂各得其所"章云："孔子年六十九自卫返鲁，见道不行，决不再出。乃始撰定六经，以垂教后世。而先修诗乐。盖必先正乐，雅颂乃得所。……《汉书·礼乐志》云周衰王宫失业，雅颂相错，孔子论而定之。故曰吾自卫返鲁，然后乐正，雅颂各得其所。班氏所谓雅颂相错者，谓声律之错，非谓篇章错乱也。所谓孔子论而定之者，谓定其声律，非谓整齐其篇次也。……古诗三千余篇，孔子删之定之，既取其义之合于人道者，又协其声使合韶、武、箾、濩之音，盖皆孔子修正或新制。"④

康氏认为孔子正名号，订礼制，定历法。"盖今中国一切名号皆孔子所正也。"⑤ "天时周转，其道本原，无月不可为正。中国在大地赤道之北，（上是左石右戈，下为石）蛰生长在冬至之后，顺时授民，夏时最宜。周建子以十一月为正月，殷建丑以十二月为正月，孔子并立三正以待后王之变通，而以夏时便民，故取之。"康氏认为孔子所定历法，不仅影响了中国古代社会，而且对后来的欧美社会也产生了重要的影响，乃至后

---

① 康有为《论语注》卷九。
② 康有为《论语注》卷十四。
③ 康有为《论语注》卷十七。
④ 康有为《论语注》卷九。
⑤ 康有为《论语注》卷十三。

来有些国家皆从孔子所定之历法。"今大地文明之国，仍无不从孔子之三正者。若印度则与中国同行夏时矣，其余秦以十月则久不行，波斯以八月则亦微弱，马达加斯加以九月、缅甸以四月，皆亡矣。益见大圣之大智无外也。近诸经所称自春秋外皆夏时也，盖孔子改制所定历法。"①

康氏认为孔子盖因改制贤于尧、舜。孔门弟子中即有孔子贤于尧舜的议论。如宰我曰："以予于夫子，贤于尧舜远矣！"子贡曰："见其礼而知其政，闻其乐而知其德，由百世之后，等百世之王，莫之能违也。自生民以来，未有夫子也！"但康氏之崇拜孔子与宰我、子贡不同。康氏云"孔子、尧、舜，后世疑其差等。王阳明有'尧、舜万镒，孔子九千镒'说，固为大谬。朱子谓孔子贤于尧、舜，在事功似矣；然不知孔子改制，洽定百世，乃为功德无量。"② 可见，康氏更加侧重和强调其改制之无量功德。

可见，康氏称赞孔子之其目的，意欲藉孔子之道变革社会现实也！康氏强调变革旧制旧政，因为他对政治制度有深刻的认识。其解释《颜渊篇》"君君臣臣父父子子"时云："人道纲纪，政事之本。据乱世以之定分而各得其所安，上有礼而下能忠，老能慈而幼能孝，则可以为治。否则，君骄横而臣抗逆，父寡恩而子悍悖，则国乱而家散矣。《礼运》小康之义，以正君臣，以笃父子是也。二千年间可以为鉴，时，齐家国皆乱。故父子以此告之。若夫天下为公，选贤与能，人人不独亲其亲，不独子其子，此须待大同之世。苟未至其时不易，妄行则致大乱生大祸。"③

康氏云："孔子之言，处处皆以大同为本。"④ "《论语》素王受命，忄大圣不虚生，必有所制法垂教而天瑞又必应之。"⑤ 圣人事穷而更为，法弊而改制。圣人救弊扶衰，黜淫济非，以调天地之气，顺万物之宜也。孔子之学乃改制之学、大同之学、权变之学。其核心或精髓是托古改制。康氏著《论语注》之前曾作《孔子改制考》。康氏在《孔子改制考》中，认定《春秋》是孔子为改制而作。不但《春秋》一书，六经也都是孔子

---

① 康有为《论语注》卷十五。
② 《孔子改制考》卷九。
③ 康有为《论语注》卷十二。
④ 康有为《论语注》卷十三。
⑤ 康有为《论语注》卷九。

为托古改制论述自己的义理制度的巨著。《公羊传》留下了孔子的"张三世""通三统""受命改制"的微言大义。"三统"意味着夏、商、周三代不同，当随时因革；"三世"指明了据乱世、升平世、太平世，愈改愈进步。康有为所说的托古改制，字面上讲的是孔丘和孔丘学说，事实上讲的是中国社会的现实，是说清政权要在政治、经济、思想文化上进行改革，才能统治下去；清政权统治下的中国，需要由封建主义的衰乱世，改为他所设想的资本主义的升平世。《孔子改制考》表面上是一部讲今文经学的书，实际上是一部宣传资产阶级变法维新的动员书。资产阶级的民主、议院以及男女平等都一一出现在书上。它穿起古人的服装，是为了演出现代的戏剧。康有为说，孔丘主张改制，而又托诸古圣人的行事。那有两个原因：一是"无征不信，不信民不从，故一切制度托三代先王以行之"，即要打着古代圣王的招牌才易于使人们接受。二是"布衣改制，事大骇人，故不如与之先王，既不惊人，自可避祸"，即要披上合法外衣以免遭受政治迫害。康有为这种对孔丘托古改制的解释，正是他自己心理和实际活动的写照。

孔子改制，尚须托古，况乎康氏？由此足可窥出康氏景仰、神化孔子的企图。康氏欲凭借孔子之力量，高举清代社会变革之旗帜。

第三，描绘改革蓝图。

康有为将孔子打扮成"变法"圣人，将孔子思想纯正提升为"变法"思想。康氏面对僵化的封建政体和强大的守旧势力，亦不得不依托孔子、重塑孔子，为其变法维新寻找合法性依据。故康有为以《论语》为载体，通过诠释《论语》阐述自己的变法改制思想，绘制清代社会的理想画图。

首先，康氏描绘了拯救衰败社会的政治体制，即实行君主立宪制。康氏对旧制旧政有深刻的认识。其解释《颜渊篇》"君君臣臣父父子子"时云："人道纲纪，政事之本。据乱世以之定分而各得其所安，上有礼而下能忠，老能慈而幼能孝，则可以为治。否则君骄横而臣抗逆，父寡恩而子悍悖，则国乱而家散矣。……若夫天下为公，选贤与能，人人不独亲其亲，不独子其子，此须待大同之世。苟未至其时不易，妄行则致大乱生大祸。"① 此在解释"近者说，远者来"时有更生动的揭示和精辟的阐述。其曰："墨子《耕柱篇》引着'远者近之，旧者新之'，当是齐论原本。盖民患于隔远而不通，则疾苦不知，情形不悉，如血气滞塞则为疾。……器莫若旧，政莫若新，盖旧则塞滞，新则疏通；旧则腐坏，新则鲜明；旧则颓败，新则整饬，旧则散漫，新则团结；旧则窜落，新则发扬；旧则形式徒存，人心不乐，新则精神振作，人情共趋。……中国之俗，向患于远而不近，旧而不新，失此灵药，致成痼疾，可以为鉴也。"②康氏将远近与新旧关联起来虽显牵强，但其用心在于揭示旧政的危害和弊端，强调新政的作用和意义。

康氏依据西方进化理论阐述了社会发展与变革的自然性与必然性，并将其巧妙地融入汉代今文学派的"三世"说。所谓"十世之失""百世之失"，盖由"乱世而至升平，则君主或为民主矣。大地各国略近三千年皆大变，亦自然之数也"③，其在解释《为政》篇时提出"自据乱进为升平，升平而进为太平，进化有渐，因革有由"④ 的观念。康氏认为"三世"进化，当因时而变，选择相应合宜的政治制度，否则必生大害祸乱。他说："孔子之法，务在因时。当草昧乱世，教化未至，而行太平之制，必生大害；当升平世而仍守据乱，亦生大害也。譬之今当升平之时，应发自主自立之义，公议立宪之事，若不改法，则大乱生。"康有为将清代社会纳入世界发展进程，亦步入升平之世，"今者，大地既通，欧美大变，盖进至升平之世矣"。⑤ 而社会步入升平之世，就必须顺应世界各国竞相开议院、立宪法、实行君主立宪的潮流，而不能再墨守君主专制政体。否则，必然导致国内大乱不止，外侮接踵而至。因此，变更政体已成为中国生死存亡的关键。

康氏不仅提出了君主立宪的政体，还将其纳入孔子思想体系中，认为当今西方君主立宪之政体"皆行孔子之政"，或皆为孔子所"预言"。其

---

① 康有为《论语注》卷十二。
② 康有为《论语注》卷十三。
③ 康有为《论语注》卷十六。
④ 康有为《论语注》卷一。
⑤ 康有为《论语注》卷一。

解释《卫灵公》第五章"无为而治者其舜也与?"时云:"盖民主之治,有宪法之定章,有议院之公议。行政之官,悉由师锡,公举得人。故但恭己无为而可治。若不恭己,则恣用君权,挠犯宪法,亦不能治也。故无为之治,君无责任而要在恭己矣!此明君主立宪及民主责任政府之法。今欧人行之,为孔子预言之大义也。"① 解释《尧曰》篇第二章"因民之所利而利之"时云:"今美国利民之道仁民之制劳民之方平等之制,皆行孔子之政。"② 康氏甚至将西方议会制度引入经典,解释《八佾》篇"其争也君子"时,则附会经义,将"君子"之争理解为议院中的党人之争。进而断言:"两党迭进,人道之大义,孔子之微言也。""故议院以立两党而成法治,真孔子意哉。"③ 康氏援西入儒,对传统儒家经典予以改造或重铸,从而使传统儒学披上君主立宪制的合法外衣提供了经典依据和思想武器。

其次,康氏对君主立宪制的结构关系作出了具体的描述。康氏在《孟子微》中,利用卢梭的社会契约理论对君民关系作出了新的解释。他说:"所谓君者,代众民任此公共保全安乐之事。为众民之所公举,即为众民之所公用。""民为主而君为客,民为主而君为仆","民贵而君贱"④。在《论语注》中,康氏作出更具体的阐述。"为政者,但代民经理而已。"⑤ "为政以益民为主,若其益民则萧规曹随,千古以为美。何待父也。若其非也,则禹之治水,尽易鲧道及其用人,乃为孝耳。大孝以喻亲于道为义。"⑥ 康氏为了阐述自己的观点,不惜改动经文。其在疏解《论语》中"天下有道,则政不在大夫;天下有道,则庶民不议"时,武断地认为该句中的"不"字纯系不明孔子真意的后人妄增,因此必须删去,并解释说:"政在大夫,盖君主立宪。有道,谓升平也。君主不负责任,故大夫任其政。大同天下为公,则政由国民公议。盖太平制,有道之

---

① 康有为《论语注》卷十五。

② 康有为《论语注》卷二十。

③ 康有为《论语注》卷二。

④ 康有为《孟子微》卷一。

⑤ 康有为《论语注》卷二十。

⑥ 康有为《论语注》卷十九。

至也。此章明三世之义，与《春秋》合。"① 这些充分表明了康氏民权、民本之思想。

康氏认为，理想政体社会中人与人之间应该和睦相处，自由平等。西方的自由平等学说，并非什么新奇事物，源于儒家经典之中，"大发自由之旨，盖孔子极深之学说也"。② 康氏阐述孔子自由思想时注意在人己关系中讨论深化，在解释"子贡曰：我不欲人之加诸我也，吾亦欲无加诸人"时，曰："不欲人之加诸我，自立自由也，无加诸人，不侵犯人之自立自由也……"③ 此将自由问题放在更开阔的视野中思考认知，强调自由问题不仅仅是个人一己之自由，而且要考虑到别人之自由。自由是人己之间互相创造的一种氛围和境界。人己之间，自然有一定之分界，各人必须心中有数，把持分寸，做到"无加诸人""不侵犯人"，如此则别人当能自立自由，亦能给自己带来自立自由也！康氏进而将自由平等学说与"天赋人权"关联起来，曰："人为天之生，人人直隶于天，人人自立自由。不能自立，为人所加，是六极之弱而无刚德，天演听之，人理则不可也。人各有界，若侵犯人之界，是压人之自立自由，悖天定之公理，尤不可也。"康氏将自立自由提升为天赋之人权，呼吁社会要顺天应人，尊重每个人的自立自由的权利。

康氏还将自由与修身联系起来思考。他解释"修己以安人""修己以安百姓"时云："安人，小康之治也；安百姓，大同之治也。而必始于修己以敬，自明其明德而后明明德于天下也。为治无论如何务在安之而已。安之必养其欲，适其性，因其情。束缚压制则不能安，自由自立而后能安，圣人所以为圣，日思所以安人者而已。"④ 无论是安人还是安百姓，皆欲"养其欲，适其性，因其情"，不能"束缚压制"，而要做到这一点，必须"修己以敬"，"自明其德"而后"明德于天下"。否则将"不能安"，不能安则祸乱生。

再次，康氏十分重视民主社会的经济发展和物质生活。他在解释

---

① 康有为《论语注》卷十六。
② 康有为《孟子微》卷三。
③ 康有为《孟子微》卷三。
④ 康有为《论语注》卷十四。

《子路篇》第九章时，深入讨论了庶、富、教三者之间的关系。其云："庶而不富，则民生不遂，富而不教，则民德不育。富以养其生，教以善其性，二者备矣。夫教化废，则推中人而坠于小人之域；教化行，则引中人而纳于君子之途。然饥寒切肤，不顾廉耻。孔子虽重教化，而以富民为先，管子所谓治国之道，必先富民。此与宋儒徒陈高义但言饿死事小失节事大者，亦异矣。宋后之治法，薄为俸禄而责吏之廉，未尝养民而期俗之善，远为期而责不至，重为任而责不胜。弱者为伪而强者为乱，盖未富而言教，悖乎公理、紊乎行序也。"① 康氏具体深入地阐述了物质文明和精神文明之间的关系，将"富民为先"当着重要的治国方略，具有鲜明的唯物论色彩。

康氏重视技艺农耕，在解释"樊迟请学稼，孔子鄙之为小人"章时亦有明确倾向。其云："学各有专门，老农老圃，皆专门为种植之学，有心得有阅历有传方，其益于世甚大。"康氏认为孔子虽是圣人，虽有圣人之智慧，但圣人无须精通一些专门技艺。圣人但求问道成德，不必偏执一技一艺。樊迟可以向孔子求道问德，但学稼圃等小人之事，则应向专门技师请教。② 由此足可见康氏开放的社会分工思想和开明的就业观念。此外康氏解释《泰伯篇》"卑宫室而尽力乎沟洫"时认为，禹之卑宫室，乃据乱世之现象，而文明日进，则当峻伟宫室，以壮国体，无疑是进化论视野下的消费观念和经济思想。

小　结

岭南学派自陈献章、湛若水开创，至清代发扬光大。在近 400 多年的进程中，随着社会的发展，学术的演进，不断嬗变创新，吁合着时代的需求。推动着晚清学术现代化的进程。

岭南学派之《论语》诠释，经梁廷楠、桂文灿、潘衍桐、刘明誉、康有为等诸家爬梳剔抉，取舍演绎，在实事求是的基础上解放思想，锐意进取，在融合汉宋的视野下整合建构，多元探索，终将汇聚成与常州学派

---

① 康有为《论语注》卷十三。
② 康有为《论语注》卷十三。

呼应、对接西学文化制度的现代思想浪潮。其在清代《论语》诠释版图上独树一帜，成为古今传承、中西交汇点上最亮丽的风景。

岭南学派源远流长，采中原塞外之精华，纳四海之新风，融会升华，自成宗系，在中华大文化体系中独树一帜。始终覆盖和延伸我国学术园地各个角落。

岭南学派植根于丰腴璀璨的岭南文化。岭南文化是在土著南越文化基础上，与中原文化、荆楚文化、吴越文化、巴蜀文化，以及海外文化长期交流、整合而成的一种区域文化。

先秦时期，南越文化已经孕育和发生，具有种植水稻，嗜食水产，断发文身，笃信鬼神等文化特质。秦汉以后，开始了汉越文化大融合时期。它虽然是以中原汉文化为主体，但其本底仍是南越文化，并涵摄了印度文化和阿拉伯文化等成分，产生强烈的地域特色。鸦片战争以后，中西文化却在岭南大交汇、大碰撞，岭南文化最终形成一个多元、复杂、开放性文化体系，比其他区域文化更有生机和活力。

岭南学派有着悠久的经世致用的实学传统，重视学术与社会的关联。1247 年，宋慈著《洗冤集录》，是世界上最早一部比较系统的法医学专著，彰显学术的实践性。1261 年，胡颖等著《名公书判清明集》，成为中国古代最早的司法实践"实判"著作。张维屏撰《治蝗述略》《西水防患说》，关注社会经济民生。① 至鸦片战争前后，岭南学界"经世致用"思潮进一步发扬光大。一些学者不再皓首于古籍考据，沉溺八股文，专从科举中找出路，而注意一些务实的"新学"。梁廷楠编纂中国第一部海关志——《粤海关志》，另著《东行日记》，体现其对自然探索的实学精神。1884 年，国子监司业潘衍桐上《奏开艺学科折》。主张推广制造、算学、舆图等新学，此在当时是非常先进的见解，可谓凤鸣九霄。虽被当时守旧势力奏驳而作罢，但毕竟为推广实学起到了推波助澜的作用。如此环境、如此探索形成了岭南学派兼采包容的开放境界，故在经学研究上不拘执一端，能够融合汉宋，平心求是。

岭南学者利用广州口岸之便，首得海外风气之先，在接受中原和其他

---

① 《社会科学家》2011 年第 5 期，第 144 页。

文化之同时，大量引入海外文化，使之成为岭南文化一部分。据统计，清咸丰三年到宣统三年（1853~1911），共有468部西方科学著作被译成中文，其中地理方面著作58部，天文气象12部。① 道光四年（1824）两广总督阮元在广州创建"学海堂"。"学海堂"开设地理科比1867年京师同文馆设地理为必修课要早四十多年。1864年广州开设我国最早一所外语学校——广州同文馆，其天文地理为必修课之一。梁廷楠亲身经历了两次鸦片战争的全过程，为了了解西方，为林则徐决策提供依据，梁氏写下了我国近代第一批介绍欧美的专著，如《海国四说》等；还撰写了中国第一部关于美国史地著作——《合众国说》，简要介绍美国历史、地理和政治制度。潘衍桐思想开通，提倡新学。戊戌新政初新，1898年2月10日，他在广州与黎国廉创办了《岭学报》，有识之士纷纷响应。该报系广东较早介绍西学的报纸。内容分国政、邦交、文教、武备、史学、民事等栏。自称"凡有西学西政，皆考其源流，详其得失"。凡自撰论说外，间译刊德、英、日等国报刊文章或论著。

岭南学派的土壤、岭南学派的传统、处于古今中西交汇点上的晚清社会现实铸就了康有为的经学思想及《论语》诠释视域。康氏《论语注》一书，用西方的进化论思想、政治理论、经济观念等对《论语》进行了创造性诠释，试图将其与当下的社会现实联系起来，为变法维新建构理论依据。

千百年来，《论语》为曾学遮蔽，被刘歆篡伪，导致《论语》之真义"上蔽于守约之曾，下蔽于杂伪之刘说"，历代解经者多言"内圣"之学，鲜及"外王"之道。至宋儒则将"守约""内圣"之学发挥到极致，一味重视人格修炼，强调"内圣"之德，最终落得"割地偏安"、祸国殃民的悲惨下场。故康氏必须挺身而出，担当改铸经典的重任。在康有为看来，《论语》及孔学是内圣与外王的统一，是守约笃敬与经邦济世的统一，是修身齐家与治国平天下的统一。孔学思想的核心是"大同小康""变法改制"。但《论语》及孔学中的"外王"之学、"大同"之道、变法改制之思想等，或被忽视，或被扭曲，或是隐而未发，或是发而不彰。

---

① 王洪文：《地理思想》，（台湾）明文书局，1988，第273页。

故康氏本着古为今用、洋为中用的立场，将儒家经典放在近代西学与近代中国社会系统中宏观观照，对《论语》经典进行了创造性诠释，将孔学"外王"之道及"变法改制"思想发展到一个新阶段。

康有为将《论语》诠释与政治文明、社会进步联系起来，必然涉及国家机器、政治体制、管理模式等具体内容，这在当时处于强势地位的西方文化无疑成为康有为的重要参照。康有为站在中西文化的交汇点上吐故纳新，交融整合，将西方进化论、自由平等思想、君主立宪制之政治制度纳入儒家经典体系及中国当下的社会现实中，将中国传统文化与西方近代社会政治体制关联起来，这无疑对转变诠释观念、反思传统文化形成了巨大的冲击力量。康有为是"二十世纪中国思想史上，一位从折中中西思想中从事儒学现代化伟业的思想家，也是一位从儒家新解释中努力调融中西思潮的学者"。① 故康有为的《论语注》在《论语》诠释史及儒学发展史上有着十分重要的意义。

岭南学派代表人物康有为开启了传统经学近代转型的风尚，使古老经学焕发了青春。

---

① 黄俊杰：《从〈孟子微〉看康有为对中西思想的调融——近世中国经世思想研究会论文集》，台北中研院近代史研究所编，1984，第 578 页。

第八章　湖湘学派《论语》诠释特点论

　　湖湘学派，又称湖南学，清代经学家王闿运则称之为"湘学"或"潭学"。

　　湖湘学派之源头，可追溯到北宋湖南人周敦颐。其大力弘扬孔子思想，打下理学基础，成为湖湘文化的开山之人。但其生前影响不大，未能形成独立的学派。至南宋，著名学者胡安国与儿子胡寅、胡宏等，因不满南宋朝廷的黑暗政治和投降政策，由福建迁往湖南衡山附近定居，潜心研究理学并授徒讲学，创建碧泉书院、文定书院，积极从事理学传播工作，吸引了众多湖南士人前来求学，开创了湖湘学派。

　　湖湘学派经朱熹、张栻等发扬光大，泽润了一代代学人，熏陶着湖南的文化及乡风，如在晚清洋务运动中一批湘籍人士担任着重要的角色。从某种意义上说，湖湘学派推动了中国社会、历史的发展，在中国社会从农业文明向工业文明及现代文明的转变过程中发挥着重要作用。

　　湖湘学派的《论语》诠释主要有王夫之《读论语大全说》，王闿运《论语训》，谢崧岱、谢崧岷《论语章数字数表》，姚绍崇《论语衍义》，聂镐敏《论语说约》等，形成了崇尚公羊、尊古求新、经世致用的鲜明特点，在清代论语诠释版图上放射璀璨的光彩。

一　崇尚公羊

　　公羊学为解释《春秋》之一脉，由战国齐人公羊高所创，开始仅以口说流传，至汉景帝时《春秋公羊传》成书。公羊学一度独霸学界，后"谷梁学"亦立于官学，东汉时"左传学"渐成热点。何休作《春秋公羊解诂》，博采众家精华，集两汉"公羊学"之大成，延缓了公羊学衰退之势。公羊学之核心是通三统、张三世、变法改制等微言大义。

汉魏以降，公羊学火焰熄灭了千载以上。直至清代中后期才重新燃起。先由常州学派庄存与、刘逢禄揭竿而起，踵其后者为湖湘学派龚自珍、魏源、王闿运、廖平等。

其实，湖湘学派有着浓厚的春秋公羊情结。

湖湘学派的奠基人胡安国，其用毕生精力研治《春秋》，成《春秋传》一书，是中国理学史上占有重要地位的代表作。元仁宗时诏行科举新制，以胡氏《春秋传》定经文，与《春秋》三传并行于世，成为以后科举取士的标准。至明代，其他三传弃而不用，唯以胡氏《春秋传》为据。明朝修《春秋大全》，其经文也是以胡氏《春秋传》为蓝本。

胡安国反复强调《春秋》大一统、三纲为人伦大本。在他看来，《春秋》绝不只是记载鲁国242年历史的普通史书。孔子整理《春秋》，缘于强烈的传承中华文化的历史责任感，这种责任感就是"传心"，以复兴儒学为标志。胡安国通过华夷之辨来说明儒家义理的重要性，阐发《春秋》大义。对华夷之辨的强调正是胡氏《春秋传》独具特色之处。认为华夷之辨就是《春秋》的主旨。

胡安国的春秋公羊学思想对以后湖湘学派的其他学者产生了重大影响。明末清初，湖南大思想家王夫之，深得《春秋》家学熏陶。父王朝聘对春秋研治颇深，为了借经术以议政，他命王夫之记录其关于《春秋》之阐述。王夫之乡试时即以《春秋》试卷列第一。其撰《春秋家说》三卷、《春秋世论》五卷。前者主要述其父王朝聘对《春秋》的见解，后者则为藉春秋时代的"合离""盛衰"的变化，为后世提供"守经事"而"知宜""遭变事"而"知权"的经验。

嘉道时期，湖南邵阳人魏源继承发展了春秋公羊学思想。魏源的公羊学，源自常州学派之刘逢禄，但并不机械墨守，而是有所变化，其将目光投射至西汉大儒董仲舒。在他看来，董仲舒《春秋繁露》对三科九旨等义例均有充分的说明，从阐发微言大义这个角度来看，《春秋繁露》的价值远在胡毋生与何休之上。故此，魏源对其重加整理，易名"董子春秋"，撰《董子春秋发微》七卷。诸篇之中，魏氏最看重的又是《三代改制质文》。

因其最集中发挥了公羊三统循环改制的思想，与魏氏变法主张契合。

湖湘学派崇尚《春秋》公羊之倾向在《论语》诠释中有具体的呈现。

第一，重夷夏之辨。

古代中国常以华夏族居住地为世界中心，对周边民族及国家称之为夷狄。早在商代就有"四夷"之分，至春秋时期，随着边疆各民族大规模内迁，与文化先进的中原各诸侯国杂处。其文化、心理、认知上的巨大落差驱使中原各国自然滋生出"夷夏大防"之民族意识。秦朝统一六国后，中国历史上第一次出现民族大融合和诸夏大认同，较为稳定的民族共同体基本形成，夷夏之辨逐渐消解。但在"天下一家"的政治格局下，夷夏大防观逐渐被新的民族意识取代，即"华优夷劣"论、"华正夷偏"论。

先秦儒家的大一统思想决定了历代士人始终关注夷夏之辨这一重要论题。夷夏之辨成为汉代公羊学理论的重要组成部分。《公羊传》将礼义文化作为区分夷夏的标准，继承了先秦儒家严夷夏之别的思想，董仲舒强调"从变从义"，从王者一统的角度肯定德化四夷的必要性，进一步发展了《公羊传》的思想，何休将"三世"说与夷夏之辨相结合，从历史发展视域思考夷夏关系，构建一个没有夷夏之别的天下一统的"太平"社会。

明朝灭亡后，大批知识分子沉浸在神州荡覆的苦痛之中及夷狄统治的羞辱之中，王夫之在清兵南下时，曾在衡山举兵抵抗。且决意不仕清朝，得"完发以终"。故华夷之辨成为明亡之后王夫之全部著述中注目的中心问题，其在《春秋家说》《春秋世论》《读通鉴论》中阐述的尤为突出和深刻。涉及何为夷狄、对待夷狄的态度与方法、夷狄对于中国的危害、华夷之辨的意义等问题。他提倡王霸，同情中原地区的弱小之国，斥吴、秦、楚为夷狄，批评秦改分封为郡县，目的皆在退夷狄，进中国，退小人，进君子，维护中华民族的统一和尊严，延续中华文化的慧命。

王氏诠释《公冶长篇》"道不行，乘桴浮于海"章云："程子曰'浮海之叹，伤天下之无贤君也'，只此语最得。庆源不省程子之意，而云'愤世长往'，则既失之矣。至胡氏又云'无所容其身'，则愈谬甚。无所容其身者，则张俭之望门投止是已，而夫子岂其然！道虽不行，容身自有余地也。若云'愤世长往'，则苟其欲隐，奚必于海？自卫反鲁以后，夫子固不仕矣，何至悻悻然投身于无人之境而后遂其志哉？"① 王氏赞同程子之解而否定庆源、胡氏之说，主要是强调"道虽不行"，世无贤君，但"容身自有余地"。然一旦"愤世长往"，则有可能苟难夷地，隐于异邦。王氏接着作出更具体的阐述。"程子传春秋，于鲁桓公及戎盟而书'至'，发其意曰'此圣人居夷浮海之意'。盖谓圣人伤中国之无君，欲行道于海滨之国也，岂长往不返如管宁之避兵耶？海值鲁东费、沂之境，其南则吴、越，其北则九夷、燕，其东则朝鲜、追貊。圣人不轻绝人，故亦聊致其想望。然夷之于越，终视诸夏为难化，斯反覆思之，要不可轻舍中华以冀非常之事，则裁度事理，不得徒为苟难者也。子路勇于行道，不惮化夷之难，故曰'好勇过我'。或谓好勇为勇退，则仕卫辄、使子羔之子路，岂勇退者哉？"王氏指出，圣人因"伤无贤君"，遂萌生"浮海之意"，但不可能"长往不返"，因夷狄之地，圣人不轻绝人，只能"聊致其想望"，况夷狄蒙昧，切不可"轻舍中华以冀非常之事"，"不得徒为苟难者也"。为了强调夷夏之别，甚至将子路之"好勇"解释为"勇退"，虽显牵强，却透视出不入夷地的坚强意志。

关注夷夏之辨，湖湘学派姚绍崇在《论语衍义》中亦有具体论述。其解《八佾》"夷狄之有君，不如诸夏之亡也"时，引南轩张氏曰："夷狄虽正教所不加，然亦必有君长以统莅之，然后可立也。春秋之世，礼乐征伐自诸侯出，降而自大夫出，又降而陪臣窃国命。是以圣人伤叹，以为夷狄且有君不如诸夏之无君也。夫诸夏者，礼义之所出也。今焉若此其变亦惨矣！此《春秋》所为作也。"② 此为典型的"华优夷劣"论，为何"夷狄之有君，不如诸夏之亡也"？"夫诸夏者，礼义之所出也"，文明之渊薮也。此乃春秋之微言大义也。而且，姚氏区隔夷夏时，不从种族上划分，而是从文化礼仪上辨析，体现出进步的社会发展观。

第二，尚素王之说。

公羊学的源头在于《公羊传》对《春秋》的解释。《公羊传》从义理层面解释《春秋》的宗旨与着重从史实角度解释《春秋》的《左氏

---

①　王夫之：《读四书大全说》，岳麓书社，1982，第 263 页。
②　姚绍崇：《论语衍义》卷三，大华印书馆影印，1968。

传》迥异其趣。《春秋》寄托着孔子的政治理想，孔子因目睹王室衰微，原有的政治秩序崩坏紊乱，他要挽狂澜之既倒，无奈之下只能通过针砭世事以纲纪天下、垂法后人，虽无天子之位，而行"天子之事"。故欲凭借《春秋》微言，代王者立法，明是非，别善恶，张三世，实现"天下有道"的政治抱负。孔子为素王说，在董仲舒《天人三策》中亦有具体申述："臣谨案《春秋》之文，求王道之端，得之于正。……"并直接阐发《公羊传》论述《春秋》"行天子之事"，"制《春秋》义法，以俟后圣"的意义。其云"孔子作《春秋》，先正王而系万事，见素王之文焉"。

由此，自汉代以后，孔子的形象日益高大，由人而王，由圣而神，孔子的素王神话也层出不穷。谶纬学与今文学中的孔子具有感生、异表、符命、先知、制法等天降神圣的特征。《论语·撰考谶》："叔梁纥与征在祷尼丘山，感黑龙之精，以生仲尼。"《春秋·演孔图》："孔子长十围，大九围，坐如蹲龙，立如牵牛，就之如昂，望之如斗。""孔子之胸有文曰：制作定，世符运。"孔子是素王，有德而无位，但天不空降素王，天之所以降生素王是有特殊使命的，《孝经·钩命决》云："圣人不空生，必有所制，以显天心。丘为木铎，制天下法。"孔子的天命意义在于为汉代立法，孔子的制法就是其《春秋》义法。《春秋》鲁哀公十四年记载："西狩获麟。"对此，汉儒如获珍宝，大加渲染，毫无顾忌地将孔子与天命、获麟紧密关联起来，《公羊传》："麟者仁兽也。有王者则至，无王者则不至。……"《春秋纬·元命苞》："麟出周亡，故立《春秋》制素王，授当兴也。"《说苑·贵德》："孔子历七十二君，卒不遇，故睹麟而泣，哀道不行，德泽不洽。于是退而作《春秋》，明素王之道以事后人。"

总之，孔子作《春秋》为素王之说，在今文学及谶纬神学那里近乎泛滥成灾，直至晚清康有为几乎将所有的赞美之词都馈赠给了孔子。在康氏心目中，孔子为受命之素王，度世之宝筏，乃集仁智勇于一身之化人神人。如《微子》"我则异于是，无可无不可"章，康氏云："……盖孔子兼备万法，其运无乎不在，与时变通而得其中。声色之以化民，皆末；无声无臭，乃为天载，如五色之珠，说青道黄，人各有见而皆不得其真相者也。所谓圣而不可测之谓神，孔子哉。"① 在康氏心目中，孔子是神秘莫测、变幻无穷之神。孔子贤于尧、舜。其曰："古今为孔子赞者多矣。宰我则称贤于尧舜，子赣则称百王莫逮，子思则称发育万物，峻极于天。庄子则称配神明醇天地育万物，六通四辟，小大精粗，其运无乎不在。颜子则称仰弥高钻弥坚，瞻之在前，忽焉在后。五子皆善言德行者，然虽极力铺写，终不若颜子之形容矣。……若颜子之所形容，所谓圣而不可测之谓神。"为了突出孔子贤于尧舜，康氏甚至对王阳明厉声呵斥，其曰："孔子、尧、舜，后世疑其差等。王阳明有'尧、舜万镒，孔子九千镒'说，固为大谬。朱子谓孔子贤于尧、舜，在事功似矣；然不知孔子改制，治定百世，乃为功德无量。"②

湖湘学派在《论语》诠释中，具体申述了孔子素王说。

王闿运崇尚公羊学。邓实在《国学今论》中评论说，王闿运"以公羊并注五经，而今文之学愈光大"。今文学"盛于龚、魏，而集其大成者王氏"。③ 王闿运之公羊素王倾向在《论语训》中有直接阐述。其云："《春秋》恶君之专也，称天以治之，故天子诸侯皆得施其褒贬，而自立为素王。又恶君之专也，称元以治之，故《易》、《春秋》皆以元统天。《春秋》授之公羊，故《公羊传》多微旨。……彼君之不善，人人得而戮之，初无所谓叛逆也。"④ 其解释《为政》第18章"言寡尤、行寡悔，禄在其中矣"。王氏云："所谓禄者，尊荣之事也。寡尤则见尊，寡悔则见荣。圣人无位以此为禄。言干禄，非必为君相。"⑤ 可见其发挥公羊素王之说，体现对《春秋》微言、《春秋》义例的认同。

王夫之在《读论语大全说》中亦有精辟析论。其解《雍也篇》"博施济众"章云："《朱子语录》以有位言圣，却于《集注》不用。缘说有位为圣，是求巴鼻语，移近教庸俗易知，而圣人语意既不然，于理亦碍，故割爱删之。宁使学者急不得其端，而不忍微言之绝也。"王氏指出朱子

① 康有为《论语注》卷十八。
② 康有为《孔子改制考》卷九。
③ 邓实：《国学今论》，《国粹学报》，第一年，第一册。
④ 王闿运《论语训》，第56页。
⑤ 王闿运《论语训》，第15页。

《集注》何以不承《语录》"有位言圣"之说，盖因不符圣人语意，有碍经典义理，故"割爱删之"，其本质和宗旨是"不忍微言之绝也"。王氏之微言谓何？乃公羊学无位之"素王"说也。王氏接着云"子曰'若圣与仁，则吾岂敢'，又曰'圣则吾不能'，岂以位言乎？下言尧、舜，自是有位之圣。然夫子意中似不以圣许禹、汤、夷、尹以下，则亦历选古今，得此二圣，而偶其位之为天子尔。程子言圣仁合一处，自是广大精微之论，看到天德普遍周流处，圣之所不尽者，仁亦无所不至。且可云仁者大而圣功小，其可得云圣大而仁小乎？""盖仁之用有大小，仁之体无大小。体熟则用大，体未熟则用小，而体终不小。体小，直不谓之仁矣。于物立体，则体有小大。于己立体，则体无可小，而亦安得分之为或小而或大？若海水之大，瓶水之小，则用之小因乎体之小，而岂仁之比哉？将吝于施而鲜所济者，亦可谓之仁与？亦失圣人之旨矣。子贡所云者，体不立而托体必小。夫子所言者，用不必大，而体已极乎天地万物，更何博与众之云乎？知此，则有位无位之说，曾何当耶？"① 王氏通过"圣""仁"之辨，强调仁圣合一，体用结合，不可纯以位言，仁圣无大小，有位无位不重要，最重要的是济施实用。王氏最后对有位无位之否定，当是对素王说之宗奉和坚守。

第三，主三世三统论。

《春秋》公羊学的核心是"辨夷夏""明素王""张三世""通三统"等微言大义。

《公羊》学三世说，是将《春秋》上自隐公元年，下至哀公十四年"十二公"242 年的历史划分为"有见三世，有闻四世，有传闻五世"三个阶段。"所见者，谓昭、定、哀，己与父时事也；所闻者，谓文、宣、成、襄，王父时事也；所传闻世者，谓隐、桓、庄、闵、僖，高祖曾祖时事也。异辞者，见恩有厚薄，义有浅深，时恩衰义缺，将以理人伦，序人类，因制治乱之法……"② 三世说是一种人为设定的理想模式。其目的是正人伦纲常，明王道教化，制治乱之法。在今文学《论语》诠释中，多

---

① 王夫之：《读四书大全说》，第 301~302 页。
② 李学勤：《春秋公羊传注疏》，第 25 页。

有充分展开。如刘逢禄在《论语述何》一书中，常援何氏三世义来说明《论语》之微言。《述而》第 28 章"多闻，择其善者而从之，多见而识之，知之次也"。《论语述何》言曰："不知而作谓不肯阙疑也。多闻谓兼采列国史文，择善而从，取其可征者，寓王法也。多见谓所见世，识其行事，不著其说也。"① 刘氏取"多闻""多见"，而以何休张三世的义例，来说明《论语》中寓寄孔子修《春秋》的微言要旨，显然是将公羊释义的方式引入《论语》之中。

公羊学"三统论"，即西汉董仲舒提出的黑、白、赤三统循环的神秘主义历史观。"三统"也叫"三正"，《尚书大传》云："夏以孟春月为正，殷以季冬月为正，周以仲冬月为正。夏以十三月为正，色尚黑，以平旦为朔。殷以十二月为正，色尚白，以鸡鸣为朔。周以十一月为正，色尚赤，以夜半为朔。不以二月后为正者，万物不齐，莫适所统，故必以三微之月也。"即每一个朝代都有一"统"，朝代的交替则为"黑统""白统""赤统"三"统"之循环。新王朝建立，为了表示自己是"受命而后王"，是天命所归，就必须"改正朔，易服色"，就必须遵循新"统"，其"礼乐征伐"就得按照新"统"的定制去办理，自成一统，以应天命。制定新朝纲，开启新时代，从而有效地实行"一统于天下"。否则就是"不显不明"，违背天志。

何休《公羊传》明显地发挥了"通三统"之意义，其解释鲁隐公元年"王正月"时云："元年者何？君之始年也。春者何？岁之始也。王者孰谓？谓文王也。曷为先言王而后言正月？王正月也。何言乎王正月？大一统也。"其将"大一统"提升到开宗明义、引领宗旨的地位，由此可见何休"通三统"之强烈倾向。

王夫之《读论语大全说》对三世三统均有涉及。其诠释《卫灵公篇》"行夏之时"云："三正者，其本在历元，而岁首其末也。岁首之建子、建丑、建寅者，以历元之起于此三辰者异也。其法，以日月如合璧、五星如连珠，所起之次、七合之时为元，因以推步七政行躔之度，上推其始，而以下极其终。其说备于刘昕《三统历》。古固迭用此法，夏则改尧、舜

---

① 刘逢禄：《论语述何》，第 13 页。

所用颛顼之地正，而复上古之人正也。"　"夏历历元，甲寅岁，甲子月，甲寅日，平旦冬至朔。商历历元，甲辰岁，乙丑月，甲辰日，鸡鸣冬至朔。周历历元，甲子岁，甲子月，甲子日，夜半冬至朔。其算：积二人统为一地统，三人统为一天统，愈远则疏，愈近则密。故夫子以夏历之简密为合天，于《春秋》讥日食之失朔，而此曰'行夏之时'，不专谓岁首也。岁首之三建，因历元而取其义，以岁配一元耳，于历无大关系。"①

值得注意的是：王氏提倡损益改革，从三纲五常一直到三统均有涉及，但有所区隔，"三纲亦有损益也"，"五常亦有损益也"，但"至如正朔三统为损益，则尤其不学无识之大者"。王氏强调"三统"之损益不同于"三纲""五常"。王氏云："夫三统者，天统以上古甲子岁，春前仲冬月，甲子朔夜半冬至为历元；地统以次古甲辰岁，春前季冬乙丑月，甲辰朔鸡鸣冬至为历元；人统以又次古甲申岁，孟春丙寅月，甲申朔平旦立春为历元。历元者，日月合璧，五星连珠，七曜复合，一元之始也。由此而步闰、步馀、步五星之法生焉。古之治历，有此三法，其间虽有小异，归于大同。特人统寅正，以历元近步法差易而密耳。三代以其受命之数相符合者，循环迭用，而于推步之法，未尝有所损益也。推之者人，而历元实因天体之自然。天其可以损益之也哉？"②

王氏强调损益变革，但在礼与历之间存在区隔，王氏认为变在"礼"，"历"不可随意损益。这一主张和董仲舒"改制""易道"观如出一辙。董仲舒强调，"王者有改制之名，无易道之实"，认为正朔、服色随朝代的改变可作必要的改变，但作为社会的根本大"道"，诸如三纲五常，是永远不能改变的。

此外，王闿运《论语训》中对三世三统说亦有具体阐述。如《子路》第12章"如有王者，必世而后仁"。王氏云："《春秋》以二百四十年当三世，率八十年而一世。必世者拨乱，不能即太平。"如《卫灵公》25章"斯民也，三代之所以直道而行也"，王氏曰："言当时则有贵贱亲疏既往同于民也。张三世以直道治之。故可以行己之意。是以祖无尊卑，远

①　王夫之：《读论语大全说》卷六，第436页。
②　王夫之：《读论语大全说》卷四，第221页。

则不讳也。"王氏之"己意",虽然有点费解,似有牵强之嫌。但恰是其认同公羊三世说之明证。又如《卫灵公》11 章"颜渊问为邦。子曰:行夏之时,乘殷之辂,服周之冕"。解云"此三者以微言示意,所谓损益三代也。民事法夏,行政法殷,自治法周,则文质份份。"且后解"乐则韶舞"时云"《春秋》不言乐,故补其义也。专取韶者,述而不作。言则者,功成不必作也。孔子去文从质,且欲改家天下之法,亦知后世不能复乐。"再解下句"放郑声,远佞人"时云"此又制作外事"。① 显然,王氏建构了三代损益变革之政体结构。

值得注意的是:王闿运为了强化其公羊学倾向,有时甚至有意往《春秋》微言大义上牵连。《公冶长》第 9 章"回也闻一知十"句,王氏曰"知《春秋》之例各相通也"。解"赐也闻一知二"时云"但知例有正变"。《卫灵公》26 章解"吾犹及史之阙文也"句,云:"言己作《春秋》,无所增改。"解"有马者借人乘之"句时云:"假人调马,贵人之体制不亲其事也。制《春秋》以俟后圣,如为人调马也。"② 如此解释,虽显牵强,但清晰地透视出其认同《春秋》公羊微言、义例的情结。

二　独立根性

"独立根性"之表述,源自湖南长沙人杨毓麟。早在 1902 年,其于《新湖南》撰文指出:"(湖湘学术)其岸异之处,颇能自振于他省之外。自濂溪周氏(敦颐)师心独往,以一人之意识经纬成一学说,遂为两宋道学不祧之祖。胜国以来,船山王氏以其坚贞刻苦之身,进退宋儒,自立宗主;当时阳明学说遍天下,而湘学独奋然自异焉。自是学子被服其成俗。二百年来,大江南北相率为烦琐之经说,而邵阳魏默深治今文《尚书》、三家诗,门庭敞然。及今人湘潭王氏(王闿运)之于公羊,类能蹂躏数千载大儒之堂庑而建立一帜。道咸之间,举世以谈详务为耻,而魏默深首治之;湘阴郭嵩焘远袭船山,近接魏氏,其谈海外政艺时措之宜,能发人之所未见,冒不韪而勿惜。至于直接船山之精神者,尤莫如谭嗣同。

---

① 王闿运:《论语训》,第 49 页。
② 王闿运:《论语训》,第 56 页。

无所依傍，浩然独往，不知宇宙之圻埒，何论世法！其爱同胞而甚仇虐，时时迸发于脑筋而不能自已，是何也？曰：独立之根性使然也。故吾湖南人之奴性，虽经十一朝之栽培浸灌，宜若可以深根而固蒂也，然时至今日，几乎迸裂爆散有冲决网罗之势。"①

杨毓麟（1872~1911），少年时代聪慧异常，好学深思。早年曾入长沙城南、校经书院。遍览文学、历史典籍，留心经世之学，尤其注重时事。甲午战后倾向维新，为《湘学报》撰稿，并担任时务学堂教习。1900 年赴日本留学，在早稻田大学专攻法政。1902 年与黄兴等创立"湖南编译社"，任《游学译编》主编，奋笔撰写《新湖南》一书，是辛亥革命准备时期最具鼓动力的著作之一。1903 年于上海组织爱国协会，任会长。1905 年于上海成立了同盟会联络机关，次年与陈家鼎等创《洞庭波》和《汉帜》杂志，1907 年与于右任创《神州日报》，1909 年在英留学，后闻广州黄花岗起义失败，痛心不能自持，遂于 1911 年 8 月 10 日投利物浦大西洋海湾，以身殉国。特殊的经历、阅历、学识、志向，使杨氏能够高屋建瓴地对湖湘学派作出切中肯綮的解释与归纳。杨氏认为湖湘学派独立之根性，是在绍承传统的基础上，连接中西，关注现实，能够穿越数千载大儒之堂庑而浩然独往，在几千年栽培浸灌中打破常规，发人之所未见，敢于冒不韪而奋然自异。

湖湘学派"独立根性"在《论语》诠释之"迸裂爆散""冲决网罗之势"，主要体现在体例灵活、解经率性、包容创新等方面。

第一，体例灵活。

中国的经学诠释，若从西汉初年算起，已近两千两百年的历史了。在这两千多年中，经学研究不断发展，经学诠释文本可谓"汗牛充栋"，不同的文本在结构、语体、形态上的区别，形成不同的注疏体例。

汉代《论语》诠释的主要文本形式当为章句体和传注体。所谓章句体就是"离章辨句"，刘师培《国语发微》云："章句之体，乃分析经文之章句者也。""章句"除解释字词外，还串讲文章大意，还常常在每章串讲句意末尾概括章指。汉代《论语》章句体可能源自张禹。张禹善《论语》，成

---

① 杨毓麟：《新湖南》，载《湖南历史资料》1959 年第 3 期，湖南人民出版社。

帝为太子时为其授《论语》，成帝即位后仍以张禹为师。张禹"著《论语章句》献之"。踪其后者，"包氏、周氏章句出焉"。张禹、包氏、周氏皆尊《鲁论》，宗今文经学。所谓"传注体"，是一种以解释词义为主的古注类型，主要包括诂、训、传、注、笺等名称。诂、训侧重于字词、名物解释。通常认为诂是以今言释古言，侧重于解释单词的意义；训是对古代词语作形象性的描绘与说明，侧重于解释由两个相同的单音节词构成的词语，并兼言其比兴意义。"传"的本义是古代传递公文信件的驿车和驿马，引申为"传通、传述"的意思。秦汉时，把儒家的"六经"称为"经"，把解释经的叫做"传"。"注"者，灌也，即通过注释，使经典文意如水之流注，畅通明晓。约从东汉开始，对古书的注解一般不称"传"而称"注"。孔安国、马融皆为古文《论语》作注，其《论语训解》《论语训说》亦以训诂为主，或训诂字词，或考据名物，或解释制度，或阐述经义。郑玄意主博通，融汇古今，以古文经学为主，兼采今文经说，"就《鲁论》篇章，考之《齐》、《古》"，作《论语注》。郑玄《论语注》当属传注体，虽亦解释字词，但更多是对经文意旨的阐述，其注文或下己意，或加申发，或作解说，目的重在阐发经文大义，使经义更加著明显豁。

魏晋六朝时期，产生了"集解体"和"义疏体"。何晏《论语集解》首次创造了古籍注释中的集解体例，较为集中地保存了《论语》的汉、魏古注，且注中凡征引他人之说皆"记其姓名"。其次，此书在汇集汉儒"善说"的基础上，亦融入了未标举姓名、实为何晏等人的新注。新注部分注重训解和串释，无疑有补阙纠谬之功，增强了《论语集解》的价值。黄侃《论语义疏》开创既疏解正文，又疏解注文之风。此书吸收江熙《集解论语》中十三家之说外，还采纳其他诸说，内容丰富，援引详博。其不破何晏等《集解》之说，但亦兼存异说，彰显其兼容开明的诠释思想。它是南北朝时期义疏体著作唯一完整流传至今的一部书，故其对义疏体诠释著作的研究有着特别重要的意义。

隋唐宋明时期，柳宗元《论语辨》对《论语》编撰者予以专门考订，开专题研究先河。陆德明《论语音义》既解本文，又疏注文，仍是魏晋义疏体的拓展和延续。邢昺《论语注疏》在体例上有所突破，其与皇疏之最大不同，在于对《论语》的正文不是逐句训释，而是按章整体阐释。

皇疏对正文出句作疏是标准义疏体例，而邢疏以"章"为单位作疏则属变通。值得注意的是《论语注疏》中，邢昺不再停留于训诂章句，而是勇于陈述己意。庆历年间，刘敞《论语小传》采取"直书经文而夹注句下如注疏体"的体例。南宋最有代表性且影响最大的《论语》注本是朱熹的《论语集注》。从注释体例看，《论语集注》与义疏体《论语》注的不同在于摆脱了经、注、疏三层结构，直接注释经文，避免了义疏体的繁琐。必须注意的是，朱熹的《论语集注》大量引用了汉魏古注，这些引注与朱熹自注、按语一起解释《论语》文本，同时又与《论语》文本一起构成一个有机整体。

综上，《论语》诠释史上，因时代发展、文化宗尚、个体倾向等各种因素，遂使《论语》诠释体例丰富，色彩斑斓。

清代湖湘学派之《论语》诠释灵活多样、自由洒脱。

谢崧岱、谢崧岷《论语章数字数表》，纯为校勘之作。此书原为崧岱令其弟崧岷校《论语》章字，以为温习之课。因《论语》章字，版本异同，章句分合，各说不一，故宜定其所本。崧岷校毕，崧岱详加复核。友人见之，谓有益童蒙，遂令付梓。此作《凡例》云："章数以《义疏》（黄侃）、《正义》（邢昺）、《集注》（朱子）三本为主，亦间采诸儒之说，然非确有证据，义理极长者，亦不敢从；问答之算一章，以问为主，答因问而有也，并问者从重，递问者并书；每章下仿《疏》例注明起止，互有多寡，各注于下，确为原有之字，后人脱漏者，据古本算入字数，原无而后人误增者亦据古本不入字数，字之异同不注。"依此例定其章数字数。其内容则以孔子及诸弟子依序分列，各章亦以其名而分属之。如"子""有子""曾子""子夏""子禽""子贡"……章目清晰，字数可稽，是编之作，便于检索。

聂镐敏《论语说约》二卷，当为阐述义理之作，融合汉宋之倾向较为显豁。拈出有关章句或名物、制度加以阐述论说。如"千乘之国说""君子怀德章说""君子喻于义章说""瑚琏说"等。统观全书，多为就说传抄，然江瀚认为"较胜所著《大学通释》"①。此书虽名曰

---

① 《续修四库全书总目提要》，第 873 页。

"说约"，然其自序却显得冗繁。序中多言鲁论、齐论、古论之分合异同，却又将陆德明《释文》所载鲁论二十条，一一详列，未加剪裁中透出率性意气。

王闿运《论语训》之体例较为特别。共分两卷，每卷各注经文十篇，采用全注形式。其体例与何晏《论语集解》、邢昺《论语注疏》相似。其经文以大字突出，注文以小字别之，经文与注文之间、经文章节之间，不再分行，没有分隔，一篇一部分，一部分一贯到底。大多一句一注，极少一章一注，偶有将一句拆开加注的。王氏之注文，大致分为两个部分：一是采集诸注，主要源于《集解》，另有他说，可见其比勘择善之努力。二是间下己意，或直接发表意见，或引他经互证或经内互证以阐述观点，均具简洁。此种体例虽显零乱，不够清晰，然体现其融合汉宋的治经倾向及重视经解创新的追求。

姚绍崇《论语衍义》，按《论语》篇目两篇一卷，共十卷。此书没有音韵训诂、名物制度之考据，纯为经义讲解阐说。姚氏先高一字大字列出每章经文，再低一字小字讲解经义。如《学而篇》共16章，仅有第15章两"子贡曰"分条列出；如《为政篇》共24章，姚氏尊其例列出24条分别解说。此书之成因，盖由姚绍崇佐胡文忠（林翼）戎幕，彼此讨论研习笔记而成。姚氏为学，出自朱子，尤长于《论语》。胡氏治军鄂皖时，以宾师之礼，邀姚氏随营讲述《论语》，彼此相得，虽在戎马倥偬之中，亦乐此不疲。郭嵩焘于本书序中，对当时情景有具体描述："文忠公治军鄂皖之交，练兵筹饷，日不暇接，而读书自课甚严，夜与桂轩会讲《论语》，亦有专程。自英山移营太湖，冒风雪行二百余里，日夕，支帐为邸舍，烧烛席地以讲。"① 这样的情境决定了此书特殊的体例。全书没有旁征博引，直接解说经文大义，但为增强说服力和可信度，时常意引诸家之说，且广引史传，求合近事，以史证经。其中文公之说，约占一半。全书深入浅出，条达晓畅，读来剀切著明，兴趣盎然。

王夫之的《读四书大全说》，以读书札记形式，按《四书》原来的篇章次序，对《四书》文本提出自己的解释，同时对《四书大全》

① 姚绍崇：《论语衍义》，第3页。

中的各家注解再作分析。《读四书大全说》全书十卷。卷一说《大学》，卷二、三说《中庸》，卷四、五、六、七说《论语》，卷八、九、十说《孟子》。

此书说《论语》部分共分四卷，每卷五篇，计二十篇。每卷五篇按《论语》篇序列出篇名，按篇解说。每篇分成若干部分，不用小标题，仅以"一、二、三、四、……"序数序出。但每一部分并不和《论语》篇下各章对应，即王夫之并未对《论语》每篇各章逐一论说。如卷四"学而篇"共分"七"个部分，其中第一、二部分对应《论语》第一章，第三、四部分对应第二章，第五部分对应第七章，第六、七部分对应第十二章。而《论语》"学而篇"共有十六章，王夫之只对其中四章加以论说，其余十二章则未加阐述。且对论说各章原文不作完整具体的标引，不作逐句、逐字的具体解说。而是标出关键语、词，加以论述。如卷四第四部分我们可从"鲜也""未之有也"等关键词及论述要旨而识别其对应于"学而篇"第二章；又如卷五"雍也篇"第一、二、三、四部分，我们可从"居敬""行简"等关键词来判断它的论述对象是《论语》"雍也篇"第二章。可见，王夫之是抓住问题，有感而发，严加裁别，深入析论。这种体例，常州学派宋翔凤与其近似。宋翔凤《论语说义》十卷，于每卷卷首列出所说《论语》两篇篇目，然后对此两篇经文中相关内容，有感而发，直接议论，不再列出经文章次。有时是直接引出经文，有时是引出经文关键词句，难得完整引一章经文，更多的是先征引其他经文或历史背景，然后再诠释《论语》经文。读者只能根据宋氏议论释语之关键词，稽考辑出刘氏所言论之《论语》对应经文。

第二，解经率性。

湖湘学派《论语》诠释灵活之体例，催生出自由率性之解经格局。

湖南地处洞庭湖以南，北隔大江，东南西高山环绕，与四周悬绝。加之毗邻贵州、两广之地，是多民族杂居地，民族矛盾复杂尖锐，洪涝旱灾，饥民聚掠。独特的地域环境和文化传统，铸就了湖湘学者独特的气质禀赋和学术品格，使其士人形成了踔厉敢死、勇为天下先的士风民俗。①

---

① 丁平一：《湖湘文化传统与湖南维新运动》，湖南人民出版社，1998，第74页。

王夫之4岁时，随长兄介之入塾问学。自幼天资聪明，7岁时就初步通读了文字艰深的十三经，10岁时父亲做监生，教他学五经经义，少读儒典，关注时局，喜问四方事，凡江山险要，士马食货，典制沿革，皆极意考究。14岁考中秀才。23岁，王夫之与兄王介之共赴科举考试，一起中榜。王夫之为世界上著名的思想家、哲学家，是湖湘文化的精神源头，与黑格尔并称东西方哲学双子星座、中国朴素唯物主义思想的集大成者、启蒙主义思想的先导者，与黄宗羲、顾炎武并称为明末清初的三大思想家。

王夫之极富民族气节。李自成攻克北京，夫之闻变，数日不食。清兵南下进逼两湖，夫之只身赴湘阴上书南明监军、湖广巡抚章旷，提出调和南北督军矛盾，并联合农民军共同抗清。上书未被采纳后，遂于衡山组织武装，举兵抗清，失败后赴肇庆。曾连续三次上疏弹劾东阁大学士王化澄等贪赃枉法，结奸误国，几陷大狱。后隐遁归衡阳之石船山，筑土室曰"观生居"，潜心著述四十年，不仕清朝，得"完发以终"。

王闿运，少孤，为叔父教养。自幼资质驽钝但好学，9岁能文。《清史稿》说他"昕所习者，不成诵不食；夕所诵者，不得解不寝"。"经、史、百家，靡不诵习。笺、注、抄、校，日有定课。"曾周旋于湘军将领间，受曾国藩厚待。赴京师应礼部会试落第后，应肃顺聘，在其家任教读，甚受礼遇。然治世之理想屡遭挫折，无法施展抱负，遂绝意仕进，归而撰著授徒。先后担任成都尊经书院山长，主持长沙思贤讲舍，衡州船山书院，主办南昌高等学堂。光绪二十三年，清政府授予他翰林院检讨官职，宣统三年又加封他为翰林院侍讲。民国三年受聘为国史馆馆长。

王闿运属于那种才大志高、目无余子的人物，连曾国藩、左宗棠都不放在眼里。讨厌当时官场的一切，尤其讨厌春风得意的大人物，平时喜笑怒骂，讥弹嘲弄，无所不至，人常惮怕而避之。一切厌恶，从嘲谑出之，在近乎恶作剧的戏谑中，发泄着自己的不平。命运不济，只好去做名士，心中块垒难平，非得有点惊世骇俗之举不足以自显。王闿运亲近、抬举老妈子，带着没有任何名义、没有任何名分的粗鄙仆妇出入大场合，笑骂官绅、贬损官场，捉弄达官贵人、夫人名媛，包括民国总统。

胡林翼出身官宦之家。从小受到较好的教育。6岁时，他爷爷教他认字，读《论语》。他"于书无所不读，然不为章句之学，笃嗜《史记》、《汉书》、《左氏传》、司马《通鉴》暨中外舆图地志，山川厄塞、兵政机要，探讨尤力"。① 道光十六年中进士，被选为庶吉士，授编修。1840 年先后充会试同考官、江南乡试副考官。1855 年，胡林翼受命署理湖北巡抚。

在中国近代史上，胡林翼曾与曾国藩、李鸿章、左宗棠并称为晚清四大名臣。其一生不仅表现出坚定的匡正时弊的决心、勇气、毅力和举措，也展示出极富感染的真性情，真人格，是一位个性十足极具人气备受世人瞩目的杰出历史人物。其"少年有公子才子之目，颇豪宕不羁"。早年赈灾，就既显示了踔厉风发的刚毅，又体现了尚武斗狠的悍鸷之气。治军理政，好用"霹雳"手段，获得"爱人才如命，杀坏人如麻，挥黄金如土""三如"称号。

湖湘士人独特之个性决定其注疏风格。

王夫之不按传统套路和体例注疏《论语》，采用抓住问题、有感而发的笔记体形式，体现出不拘一格、不落窠臼的率性洒脱品格。这种体例不仅可以对《论语》经文提出自己的见解，同时还有利于对《论语大全》之各家注解再作论析。

王夫之爱憎分明，其经学诠释就是为了纯正儒学。为了突出致用之学，坚决反对程朱理学。自谓："六经责我开生面，七尺从天乞活埋"。在《读论语大全说》中，屡屡对朱注提出批评，如"北辰之说，唯程氏、复心之言为精当。朱子轮藏心、射镝盘子之喻，俱不似，其云'极似一物恒亘于中'尤为疏矣"。"《集注》未免徇曾氏太过，将'举直错枉'作知，'能使枉者直'作仁，便成大渗漏。"

此外，王夫之诠释《论语》时，其排老辟佛倾向十分鲜明。他说："《史记》称黄帝'生而能言，幼而徇齐，长而敦敏'，其说出于《内经》。《内经》者，固周、秦之际精于医者之赝作耳。史氏据之以为贵，诞矣。……至云'生而能言'，则亦佛氏'堕地能言，唯吾独尊'之猥说也。""《集注》兼采众说，不依一端，可谓备矣。然亦止于此而已矣。他

---

① 梅英杰：《胡林翼年谱》卷一，上海大陆书局，1933。

如双峰所云'说'之深而后能'乐','乐之深而后能''不愠',则'时习'之'说',与'朋来'之'乐',一似分所得之深浅;而外重于中,以'朋来'之'乐'遣'不知'之愠,尤为流俗之恒情,而非圣人之心德"。"……以为无思无为而天明自现,童年灵异而不待壮学,斯亦释氏夸诞之淫词。学者不察,其不乱人于禽兽也鲜矣。""孔子既没而道裂,小儒抑为支言稗说以乱之,如《家语》、《孔丛子》、《韩诗外传》、《新序》、《说苑》诸书,真伪驳杂,其害圣教不小。学者不以圣言折之,鲜不为其所欺。""《家语》、《说苑》称子路鼓瑟,有北鄙杀伐之声,说甚猥陋。"凡是怪诞虚妄之说,王夫之一概不取。

王闿运对乾嘉学者专习注疏、只对经书作解但没有纪述、只重考证而忽略论辩的局面甚为不满。其云:"文者圣之所托,礼之所寄,史赖之以信后世,人赖之以为语言,词不修则意不达,意不达则艺文废。……今若此,文之道几乎息矣。"所以他作经籍注解,既不效宋儒的侈谈义理,也不效乾嘉学者的专尊古注,而是根据自己的体会作简要的诠释。而且,他对古书文字连自己都实在难弄懂的地方,他也就不强作解释。王闿运曾表明自己治经的目的只在"寻其宏旨",用以"佐治道,存先典,明古训,雄文章"。为使读者有所解悟,发蒙悦心,他的著作文字汪洋纵肆,颇具庄子散文的风格。

王闿运的经学诠释,很像文学上的浪漫主义。章炳麟说王闿运以文学语言讲经,其学盖非为己,是为了装饰穿戴,向别人炫耀。此论并非空穴来风。王氏虽对《论语》较为尊崇,其《论语训·序》曰:"《论语》者,盖六艺之菁华,百家之准的,其义多本于《春秋》,其言实通于上下。"但对历代经师注家似有不满。其续曰:"儒学既盛,传注益繁,汉晋分其章,宋明衍其理。皇儒考其典,经历广远,庶几备矣。然以词句易瞭,读者忽之,兼经师质实未达修辞,弟子庸下,罕知诘难,言皆如浅则思不暇详。"王氏谓其"未达修辞""罕知诘难""质实""庸下""言浅"。由此之断语,可窥出王氏轻率之治经倾向,故江瀚于《续修四库全书总目提要》亦讥之云"其辞不逊"。①

---

① 《续修四库全书总目提要》,中华书局,1993,第876页。

　　然认真阅读、仔细审视《论语训·序》，则可发现王氏尊崇《论语》文本之余，又指出其存在的问题。如"身有至德而欲人好之如色，则其言亵"。"吾不与祭如不祭，则其言拙。""冠者五六、童子六七，同浴于沂，其言近戏。"此外，还有"言悖""言诞""言歧""言复""言固""言陋""言愚"等等，共有"十蔽"。此"十蔽"无疑指向《论语》文本。这等于说《论语》根本不能称其为圣人经典，而是一叠浅薄矛盾的零散记录。值得注意的是，王氏对这些问题不从《论语》文本探求质疑，还是在历代经师中找"麻烦"。王氏直陈"十蔽"后续曰"训诂乖互，有伤宏旨，其余疵罅，又益猥多，鲜克致疑，岂诚不惑，盖务大遗小，好博不研，缪解相传，问津无日。"显然，王氏认为《论语》文本的问题无关紧要，问题是历代经师"鲜克致疑""好博不研"，不能作出正确的训释。故王氏作《论语训》，就是对这个问题所作的解释。他极尽牵强附会之能事，表现了今文学派惯用的手脚。

　　此外，王氏时以文学手法诠释经典，虽偶受讥讽，但丰富了诠释文本的个性。如训《为政》第 1 章"为政以德，譬如北辰居其所而众星拱之"。其云："北辰，燿魄宝地之全体也。众星各有轨度，地之运行四时不忒，则众星依地行而各可测，若共地而居也。"《公冶长》第 7 章"子曰：道不行，乘桴浮于海"。其曰："海波汹涌，桴必败散而乘以浮海必不克济。喻以有道值无道，必见危害也。子路刚直，将不得其死。故弟子之中，惟由将从具败也。"① 此种语体不同于以往传统，其描写手法的运用，无疑增强了语言的形象性。

　　胡林翼独特个性在《论语》诠释中亦有充分体现，姚绍崇在《凡例》中有具体说明和描绘。"文忠当日言及世道，便声情慷慨，以为人心不古，由于士习不醇，士习不醇，由于读书无志。如此圣经只作敲门砖用。阅时束之高阁，岂不可惜。故书中衍说时有激切语，藉以自警，体文忠之意也。"此可见出戎马倥偬中，胡林翼与姚绍崇支帐邸舍、烧烛讲经的神情风貌。胡氏慷慨激切之神态在经解中亦可窥视。其解《学而篇》第 2 章："文忠曰：有子言孝弟而首及于犯上作乱，此春秋将为战国之机也。

---

①　王闿运：《论语训》卷一。

春秋时礼教犹存、井田未改。乡里醇朴、必无有犯上作乱者。至于食毛践土而忍自负其生成。斩木揭竿，竟乃横行于乡邑。卒之父母为戮，同气无存。其原皆自不孝不弟始。昔王莽之末，中原鼎沸。逆党所至，杀人如麻。有蔡顺者拾桑椹供母，赤眉赠之以粮。赵礼、赵孝兄弟，遇贼争死。贼义之，得两释。人而孝弟，虽犯上作乱者，莫不起敬起爱。岂有孝弟之人而身为犯上作乱之人乎？然则欲使民不为犯上作乱之人，必先使之为孝弟之人。而欲使之为孝弟之人，必先有感之以不得不为孝弟之人。若是者何也。本在故也。是以君子务本。由亲亲而仁民，而爱物。举于孝弟乎，基之，孝弟立而道无不生。凡托庇宇下者，不徒以身罹法网为忧，且以得罪名教为耻，而犯上作乱之风熄矣。安得千百孝弟之君子布列在位，为朝廷宣扬德化哉。"[①]

第三，包容创新。

湖湘文化本身就是儒学正统文化和荆楚地域文化包容渗透的产物。儒家仁义礼智、修身齐家的目标通过荆楚山民刚烈、倔劲的个性，可以更有效地实践建树；湘人质直、刚劲的性格特质，通过儒家道德精神的修炼，可以升华为一种人格魅力和时代精神。这种包容组合聚焦为曾国藩所追求的"血诚""明强"的人格修炼目标。"诚""明"的理念来自儒家典籍和儒生对人格完善的追求；而"血""强"的品格又分明涌动着荆楚蛮民的一腔血性！这种融合渗透铸就了湖湘学术兼收并蓄、博采众长的特征，能够打破门户，冲破藩篱，并且敢为人先，勇于创新。早在南宋，湖湘学者就冲破"天理"与"人欲"关系的束缚。胡宏、张栻极力反对程朱理学之"天理存则人欲亡，人欲胜则天理灭"理论，认为天理与人欲都为人之本性所有，二者同体，别于心"用"。说"人目于五色，耳于五声，口于五味，性本然，非外来也"。"小人好恶以己"为人欲，"君子好恶以道"即天理，关键在于人的价值观念取向。

湖湘学派包容创新之特点，充分体现在《论语》诠释中。

王夫之虽不满宋学空疏，对程朱理学提出尖锐批评，但并不狭隘偏执，而能实事求是，当是则从。如"唯'严而泰、和而节'以下一段，

---

① 《论语衍义》，第4页。

《集注》明切可观。"又如"在学则知行分,在德则诚明合。朱子曰'圣人自有圣人底事',不可以初学之级求,明矣"。王氏对朱子后学及其他诸儒论析具体,褒贬分明。如"双峰说慎独处大错,云峰辟之为当"。"《集注》'则心不外驰而所存自熟',是两截语,勉斋、潜室俱作一句读下,其误不小。""程子此段言语,想被门人记来不真,而以己意添换,遂成差谬。""新安云'性寓于气质之中',不得已而故如此言之可也;及云'非气质则性安所寓',则舛甚矣。"

此外,王夫之在知行关系问题上,特别重视知和行的统一,知和行不能割裂。有更加重要的意义。其云:"凡知者或未能行,而行者则无不知。""知有不统行,而行必统知。"在道器关系上,王夫之认为道不是抽象的,他总是与具体的事物联系在一起。他从伦理角度发挥道器关系:"洒扫应对,形也。有形,则必有形而上者。精义入神,形而上者也。然形而上,则固有其形矣。故所言治心修身、诗书礼乐之大教,皆精义入神之形也。洒扫应对有道,精义入神有器。道为器之体,器为道之末,此本末一贯之说也。""精义入神"指对义理了解到神妙境界,此境界无形可见。然形而上的境界离不开治心修身,以及诗书礼乐等事情和典籍。这是根据《易》的道器说对《论语》做解释。"精义入神有器",是说虽然入神有器,但道终为器之本。《读四书大全说》所说的"道",指道德修养的境界和原则。"器"指日常之事。日常生活之事也有所以然之理,它应贯以大道。此为道器本末一贯说。道器相互联系,表明道德规范不远离人,而是通过人的日常生活表现出来。因此,修养不是空洞的说教,而是具体的行动。无包容兼采之经学思想,绝无这样的经解和认知。

王闿运《论语训》,大致分为两个部分:一是采集诸注,二是间下己意。

王氏采辑诸注,其目的是"以广《集解》"。何晏《论语集解》收集了汉代包咸、周氏、孔安国、马融、郑玄及魏时的陈群、王肃、周生烈之善说,亦包括何晏认为诸家之说有不妥者而以己意加以改动之说。何晏《论语集解》首创古籍注释中的集解之体,较为集中地保存了《论语》的汉、魏古注。王氏在《论语训》中大量采集了《集解》之善说,然王氏《论语训》不是《集解》之翻版和摘编,而欲"以广《集解》",以长见闻。故王氏还大量征引了有关汉代其他经师《论语》之训解，且王氏所引诸位经师，大多分属汉代经今古文学两大阵营。王氏何以将分属经今古文学两大阵营之经师训解杂糅一起呢？此种治经态度不同于陈鳣、梁廷楠，他们专取《论语》诠释之古注、古解；不同于毛奇龄，专采古义诘难朱《注》；亦不同于江声，勘正文字时，"欲准《说文解字》"，以绳《论语》之讹误。王氏不偏废一家，不拘泥一端，在选择取舍时没有古今之壁垒及门户之藩篱，显示出开明多元之胸襟，具有明显的调融古今之倾向。

王氏调融古今之倾向，不仅在其所采之传注中得到间接的呈现，而且在其"间下己意"中时有更直接的流露。王氏所下"己意"中，时而对他注作出判断和评价。如《学而》第1章"有朋自远方来"，其云："朋，党。方，将也。私家讲习，同类者闻风而至，各以所好问于已能。此已成学有名矣。作朋友者，非也。"此当非《白虎通》之解，因《白虎通》引"有朋"作"朋友"。《泰伯》第8章"兴于诗，立于礼，成于乐"。先引"包曰：兴，起也。言修身当先学诗也。礼者，所以立身"。又引"孔曰：乐所以成性"。再引"王弼曰：言为政之次序也。……"最后断语云："王说是。"值得注意的是：王氏对诸位经师注解之评价，或肯定或否定，即不管是今文家还是古文家，当是则是，当非则非，没有门户之见。如《八佾》第22章"管仲之器小哉"句，先列"何曰""李曰""孙曰"之说，最后下"己意"云："凡言政治者皆道家。管子书重法制条教，是器也。君子不器，器则小矣。形而上者谓之道，形而下者谓之器，非谓其器量。"此言"非谓其器量"，当为否定何说，因王氏先引"何曰言其器量小也"。此说采自何晏《论语集解》。此外，《里仁》第7章"人之过也，各于其党。观过，斯知仁矣"。引孔说、殷仲堪说，最后断语曰"殷说是"。《雍也》第22章，云"董仲舒言治身非也"。《述而》第14章，云"《说苑》野说"。从以上所下"己意"，可看出其实事求是、调融古今的学术倾向。

聂镐敏《论语说约》体现出包容古今的治经倾向。台湾学者张清泉《清代论语学》将其纳入汉宋兼采派一类。此种倾向在其另外两种著述自序中可以得到进一步证明。《易理象数合解》自序言："秦汉迄今，言

《易》者凡二千馀家，而言理者多遗象数，言象数者多悖理，故以所得于心者，为图为解，故其书欲使《易》理与象数兼明，以矫汉人及宋儒之流弊。"《古本大学通解》自序曰："程朱表章发明之功诚不可泯，而更改补辑，不能融洽于后人之心，亦诚有未安者。因是体会贯解，以复古人之旧观，识经传之定界。"由此，其贯通古今、兼明象理、矫正汉宋之倾向十分清晰。

胡林翼出身翰林，科名早显，年轻时代由于自恃才智过人而狂放不羁，看不起任何人，经过一番挫折，到了中年以后，常感叹自己"闻道苦晚"于是"折节读书"，到晚年"维德日新，几乎哲圣"。其养成的包容通脱之境界，不仅渗透在《论语》诠释中，亦能自觉贯注到现实实践中，为了军政事务，为了成就大业，能够放下个人得失恩怨，做到兼听则明，择善而从。

湖湘学派包容兼采之态度，这种无适莫心、无人己见的无可无不可的境界，有助于转益多师，互参比较，能够打破常规，超越前贤，在更高的高度上创新突破。

王夫之《论语》诠释析论精辟，见解独特。《续修四库全书总目提要》云："（是书）析理极精。于《大全》所引朱子之说，有绝非出自朱子而为门人所假托者；有虽为朱子之说而专话某章、不可移之他章者；有为朱子之说，而不可从者；或意甚是而说不详者，而诸儒之说，又互有是非。皆一一为剖辨之，驳正之，引申之。至于释氏狂谬，解姚江偏见。分别尤严，曲尽洞达。词畅而理无不显。不徒为大全诤友也。"此书论世臣，议旧制，"则察于古今治乱之故。卓识宏议。非复经生所能道矣。诸所持论。多参以后代史事。盖夫之熟于论史。不觉连类及之。夫之为明遗老，茹痛易姓之际。书中于赵孟頫之仕元，许衡之讲学，深致讥诮"。①

如王夫之从"实有"和"实理"两个层面界定"诚"的定义，强调"诚"相当于"物质一般"，不依赖于人的意志而存在，对佛教和玄学的唯心主义世界观予以批判。其云"生而与世相感，虽厌之安能离之？虽

---

① 《续修四库全书总目提要》，第 949 页。

遗之，安能使之无存？"① 从事物的相互联系和相互作用层面，通过人的生活体验和生存经验角度，论证了客观世界的实在性，否定了强调世界虚无、主张"出世悟道"的唯心主义世界观的荒谬性。

又如王夫之从天道与人道的关系层面论证了人与兽的区别。其云"若人之异于禽兽者，则自性而形，自道而器，极乎广大，尽乎精微，莫非异者，则不可以仁义二字括之"。"性之并者，人道也；形之异者，天道也"。此在《思问录内篇》中阐述得更加透彻精辟，"天道不遗于禽兽，而人道则为人之独"。在王夫之的世界里，人与禽兽的根本标志在仁义道德，全盘否定了朱熹所谓豺狼、蜂蚁皆有仁义忠孝的无稽之谈。显示出王氏的批判意识和开放精神。

此外，王夫之书中不时有些简短精当的评点，给人以启发。他从阅读学角度提出读《论语》及《论语大全》的方法。《读论语大全说》开篇云："读《论语》须是别一法在，与《学》、《庸》、《孟子》不同。《论语》是圣人彻上彻下语，须于此看得下学、上达同中之别，别中之同。""《集注》'德愈全而责愈备'句，须活看。""朱子引邵康节、吴氏引蔡西山说三正，俱于此'行夏之时'训证不切。""'远虑'、'近忧'，朱子只用苏注，以无余义。蔡觉轩说'以时言，恐亦可通'，犹有慎疑之意。其云'如国家立一法度'云云，则与圣言相刺谬矣。"

王闿运勇于怀疑，其著《论语训》即为表达对历代经师注家之不满，谓其"未达修辞""罕知诘难""质实""庸下""言浅"。并敢于指出《论语》文本存在"言悖""言诞""言歧""言复""言固""言陋""言愚"等，共有"十蔽"。且接着对历代经师横加痛斥，认为其"训诂乖互，有伤宏旨，其余疵罅，又益猥多，鲜克致疑，岂诚不惑，盖务大遗小，好博不研，缪解相传，问津无日"。其敢为人先的背后，多少有点轻率，以至于梁启超在《清代学术概论》说王闿运"经学所造甚浅"。田汉云在《近代经学史》中，从三个方面考其解经之"浅"，即"词句训释之浅""义理阐释之浅""援据经典以切当世政治方面无所发明"。平心而论，就《论语》研究而言，王氏显然没有俞樾深入精湛，也没有刘台拱

---

① 《读论语大全说》卷七。

广博深邃。但若对其文本深入阅读乃至细读，尚可发现王氏之有关训解，具有一定新意。

如《宪问》第1章原宪问"克伐怨欲不行，可以为仁矣？"孔子说："可以为难矣，仁则吾不知也。"王氏解曰："未能本于礼。不克伐怨，不忮也；不欲，不求也。但自守而已。非克己复礼之仁。"①关于此章之解释，历代经师多从个人品行操守方面言说，对孔子云"难矣"及"仁则吾不知"之原因，何晏《集解》、皇侃《义疏》、邢昺《注疏》未作具体探求与解释。惟程子认为"此圣人开示之深，惜乎宪之不能再问也。或曰：四者不行，固不得为仁矣，然亦岂非所谓克己之事、求仁之方乎？曰克去己私以复乎礼，则私欲不留而天理之本然者得矣。若但制而不行，则是未有拔去病根之意，而容其潜藏隐伏于胸中也。岂克己求仁之谓哉？"②此说虽有一定深度，但仍未超越个人品行之窠臼。王氏另辟一途，强调为仁、达仁，当从礼始，仁本于礼。不行克伐怨欲，仅是自守而已，未能称仁，或不是"克己复礼"之仁。欲求仁成仁，不仅要不行克伐怨欲，还要在礼上扎实下一番功夫，以礼为本，以礼节之，以礼行之，以礼立之，方可"为仁"，方能实现"克己复礼"之仁。王氏此解打破以往之定势，显得新颖独特，给人启发。礼在王氏经学世界中占有重要地位，不仅是个人修身立德之本，亦是经邦济世之本，其解《卫灵公》33章时云"治以礼为本"。③

《颜渊》第8章"文犹质也，质犹文也。虎豹之鞟犹犬羊之鞟"句。历代之经解，纷纭复杂。试看：

"今若取虎豹及犬羊，皮俱灭其毛，惟余皮在，则谁复识其贵贱，别于虎豹与犬羊乎？譬于君子，所以贵者，正以文华为别，今遂若使质而不文，则何以别于君子与众人乎？④"

"君子野人异者，质文不同故也。虎豹与犬羊别者，正以毛文异耳。今若文犹质，质犹文，使文质同者，则君子与鄙夫何以别乎？如虎豹之皮

---

① 王闿运：《论语训》卷二。
② 《四部要籍注疏丛刊·论语》，中华书局，1998，第627页。
③ 王闿运：《论语训》卷二。
④ 《四部要籍注疏丛刊·论语》，第245页。

去其毛文以为之鞟，与犬羊之鞟同处，何以别虎豹与犬羊也。"①

"文质等耳，不可相无。若必尽去其文而独存其质，则君子小人无以辨矣。夫棘子成矫当时之弊，固失之过。而子贡矫子成之弊，又无本末轻重之差，胥失之矣。"②

"此文虎豹之鞟喻文，犬羊之鞟喻质，虎豹犬羊，其皮各有所用，如文质二者，不宜偏有废置也。"③

以上诸解，或失之于牵强，或失之于模糊。皇侃、邢昺似均有重文之偏向，仿佛去"文"则物之无别。且君子小人之别亦仅在于其"文"，君子小人其"质"之区别无关紧要。朱熹显然不满，其解无疑有反拨纠谬之功，但未作深解，不够具体透彻。刘宝楠虽将虎豹犬羊文质之移植优化，虽然富有创意，但过于牵强，仅是调融折中而已，显得笼统概括。

王氏云："虎犬生则质异，死则以文贵。使犬有虎文必贵犬矣。贵犬则虽质不如虎，而虎亦不见贵。盖重文者人情也。故貂貉贵于虎豹，然则质反附文而行。"④

王氏强调了虎豹犬羊其质天生有别，尽管使犬有虎文，则此犬必贵。然此犬之质仍不如虎。此突出了虎豹有虎豹之文质，犬羊有犬羊之文质。不同事物、不同对象有不同的文质之关联，就如同审美类文章之文质不同于应用类文章之文质一样，文质紧密相连，不可剥离。然文质之关联并非一成不变，虎豹犬羊死则以文贵。且倘使犬有虎文则此犬必贵，尽管此犬其质不如虎，然虎却不见贵。即文变而质未变，质未变却又为何产生贵贱之变？为什么？是人为的因素，是人们的认识、判断、观念，决定了客观事物的性质和价值。王氏指出"盖重文者人情也。故貂貉贵于虎豹，然则质反附文而行"。王氏此解可能有附会臆测之嫌，但他从社会生活、价值观念角度，独辟新径，揭示了"文质"之异化现象，启发人们向经义深度、广度掘进。此等深刻精辟之论，无疑敞开了《论语》的意义世界。

胡林翼敢为人先。其云："天下事只在人力作为，到水尽山穷之时，

---

① 《四部要籍注疏丛刊·论语》，第 410 页。

② 《四部要籍注疏丛刊·论语》，第 609 页。

③ 《四部要籍注疏丛刊·论语》，第 925 页。

④ 王闿运：《论语训》卷二。

自有路走，只要切实去办。"① 胡林翼创新了演义体，在军营中讲解诠释论语，且结合史传现实阐述论语，开启了崭新的诠释方式，拓展了经典的时空疆域，极大地提升了《论语》与现实的关联。

三　经世致用

湖湘学派"独立之根性"，是崇尚公羊、兼收并蓄、包容创新等多种元素浇铸合成的，其精髓是经世致用。

湖南有着悠久的经世致用实学传统。湖湘学派的开创者胡安国、胡宏十分重视治术的作用，其研究《春秋》经传，就是要从中挖掘出安世济民的良药。另外，古代湖南地区，山区、丘陵各近一半，且偏隅西南，道路崎岖，交通不便，加之多民族杂居，故在文化上受中原文化浸染较少，"与江浙士大夫隔绝"②，且深厚的经世之学传统亦让逐渐盛行的考据学"没能得以风靡湖南"③，经世致用成为湖湘学派的重要特色，自宋以降，一脉相承，绵延不绝。致使"三湘学人，诵习成风，士皆有经世之志"。④

湖湘学者具有强烈的爱国主义思想，坚决主张抗金，收复中原。如当时担任中书舍人的胡安国就建议朝廷"当必志于收复中原，祗奉陵寝；必志于扫平仇敌，迎复两宫"，张栻更以力主抗金闻名于世，并把抗金复仇作为治国大纲。"自古为国，必有大纲，复仇之义，今日之大纲也"（《南轩集·戊午谠议》）。在张栻的影响下，湖湘弟子们不仅主张抗金，且不少人投笔从戎，亲赴抗金战场，成为优秀的抗金将领。面对异常尖锐的民族矛盾，湖湘学者提出"民为邦本，本固邦宁"的重民主张。胡宏说："养民惟恐不足，此世之所以治安也，取民惟恐不足，此世之所以败亡也。"（《知言》卷三）他主张"治道以恤民为本"（《五峰集·与刘信叔书》）。张栻及其弟子还把这种重民思想体现在他们的政事活动中，他们注意问民疾苦，访求利病，改革地方弊政，减轻人民负担。为了要从根本上解决社会弊端，他们主张变法改革，从政治、经济、军事和社会风俗

① 《胡林翼集》（二），岳麓书社，1999，第499页。
② 陈浴新：《足谷录》，见《湖南文献汇编》第二辑，第405页。
③ 王兴国、聂华荣：《湖湘文化纵横谈》，第29页。
④ 萧一山：《清代通史》，第267页。

等方面提出了锄奸恶、清仕途、用贤才、明赏罚、均田地、整师旅、罢监师、易风俗等一系列革新主张。

王夫之于明崇祯年间，曾求学岳麓书院，师从吴道行，崇祯十一年（1638）肄业。在校期间，吴道行教以湖湘家学，传授朱张之道，较早地影响了王夫之的思想，形成了王夫之湖湘学统中的济世救民的基本脉络。王夫之是中国明末清初一位"百科全书"式的先哲人物，其学问渊博，对天文、历法、数学、地理学等均有研究，尤精于经学、史学、文学。其在哲学上总结并发展中国传统的唯物主义，强调"天下惟器而已矣"，"无其器则无其道"（《周易外传》卷五）。由"道器"关系建立其历史进化论，反对保守退化思想。王氏认为"习成而性与成"，人性随环境习俗而变化，所以"未成可成，已成可革"，而教育要"养其习于蒙童"。在知行关系上，强调行是知的基础，反对陆王"以知为行"及禅学家"知有是事便休"观点。政治上反对豪强大地主，认为"大贾富民"是"国之司命"，农工商业都能生产财富。可见王夫之最大的贡献，就是结束了过去那种空疏的高谈理性不切实际的学风，而开创了一种将理学与经世相结合的新学风。

魏源主张向外国学习，吸收夷的长处。传统的公羊学，三统论、三世说都讲变易，讲进化，所以他鼓吹公羊学说，实际也是抱救世目的。此时，以公羊学为核心的今文经学成了有政治改革思想的士人的武器，公羊学的影响越来越大。

王闿运治经主《春秋》而宗《公羊》，主张"通经致用"，一生致力于经书笺释和经学教学，经学和政治是他的生命关怀。其所著《湘军志》成一家之史，因被曾国藩、曾国荃认为有诋毁湘军倾向而遭毁版，后由成都尊经书院学生出资重刻。

湖湘学派经世致用之倾向，在《论语》诠释中有具体独特的体现。

王夫之之独特体例就是提倡实学、讲究效率的示范。他反对"但取经中片句只字与彼相似者以为文过之媒"，而对详略相因、一以贯之、为天德王道之全书大义，却"茫然置之而不恤"。王夫之对空疏之学的批判，扬起了清初实学思潮的风帆。王氏尽费古今虚渺之说，高举经世致用大旗，激活了传统儒学修齐治平的经世精神。

　　王夫之解释《颜渊篇》"颜渊问仁"章云:"'天下归仁',须日日常恁地见德于天下,岂一归之而永终誉乎? 如孔子相鲁时,天下归其政之仁;及致政删修,天下又归其教之仁;何曾把一件大功名盖覆一生去? '天下归仁'非一日之小效,'克己复礼'又何一日之成功耶? 自'一日克己复礼,天下归仁'之前,到此一日,则有维新气象,物我同之。"①此强调"天下归仁"绝非一朝一夕之事,不可速战速决,需要不断改革维新,且不同时期有不同的课题、不同的期待。王氏将天下归仁落实在社会发展进步层面,其经世特征十分鲜明。

　　又如,王夫之解释《卫灵公篇》"无为而治者其舜也与"章云:"三代以上,与后世不同,大经大法,皆所未备,故一帝王出,则必有所创作,以前民用。""其聪明睿知,苟不足以有为,则不能以治著。""唯舜承尧,而又得贤,则时所当为者,尧已为之,其臣又能为之损益而缘饰之;舜且必欲有所改创,以与前贤拟功,则反以累道而伤物。舜之'无为',与孔子之'不作'同,因时而利用之以集其成也。"② 此解"无为而治",饱含哲理,充满辩证法。"无为"不是"不为",而是"因时而利用之","损益而缘饰之";"有为"不是"必欲为",不是"与前贤拟功",否则会"累道伤物"。"无为""有为",皆欲因势利导,与时俱进,其"创作""改创"皆要有利"民用",以显"治著","以集其成",其本质依然落实在致用层面。

　　再如,王夫之解《学而篇》第 2 章"有子曰:其为人也孝弟"时云:"《集注》言'为仁犹言行仁',只在用上说,故小注有水流三坎之喻,言其推行有渐,而非学孝、学弟以为学仁民、学爱物之本。故注又云'学者务此',但如本文言务不言学。'学'字与'务'字,义本不同。学者,收天下之理以益其心;务者,行己之德以施于天下。知此,则知为仁也,不犯也,不乱也,皆以见于天下之作用言而一揆也。"③ 王氏首先肯定朱注强调"为仁"犹言"行仁","行仁"的重点在"用上","行仁"有流水不腐、滴水穿石之"推行"效用。"孝""弟"可以学,然"仁民"

① 王夫之:《读论语大全说》卷六,第 376 页。
② 王夫之:《读论语大全说》卷六,第 430 页。
③ 王夫之:《读论语大全说》卷六,第 196 页。

"爱物"仅通过学是不能解决问题的，关键在"为"和"行"。接着区隔"学""务"之别，凸显两者"义本不同"，"学"在穷理诚心，而"务"在行德化物，并进而指出"不犯""不乱"皆要揆之以天下之用。王氏经世致用之诠释倾向十分清晰。

王闿运诠释《论语》，经世致用之倾向十分鲜明。其解《卫灵公》31章"吾尝终日不食，终夜不寝，以思，无益，不如学也"。季氏解曰："今古阻绝，典籍无考，故劳于思。""事非思所能知，则道非思所可适也。""即今所传经而学之，通经必能致用矣"①，直接指出徒思不能致知，不可适道，"通经必能致用"。

王闿运经世致用思想，在其对孔子弟子的评价上昭示得格外清晰。《宪问》第17章，涉及管仲评价问题。王氏先引《集解》"经经死于沟渎之中也，管仲、召忽之于公子纠，君臣之义未正成。故死之未足深嘉，不死未足多非。死事既难，亦在于过厚。故仲尼但美管仲之功，亦不言召忽不当死"。然后申述云："仁人以及物为功，立君亦以为民也。苟利于民愈于仗节死义者。"② 此从"及物""利民"角度褒扬管仲，具有鲜明的经世致用色彩。

《先进》19章解"赐不受命"时，引云"何曰赐不受教命。江曰赐不荣浊世之禄，亦庶几知道者也。殷曰不受骄君命"。自下断语曰"言赐颖悟不待教也"。此处，王氏认为"赐颖悟不待教"，其拔高乃至神化子贡之情感不言而喻。解"而货殖焉，亿则屡中"时，先引《集解》："何曰：惟财货是殖，亿度是非，盖美回所以励赐也。……以圣人之善道，教数子之庶几，犹不至于知道者。各内有此害，其于庶几，每能虚中者，惟回怀道深远，不虚心不能知道。子贡虽无数子之病，然亦不知道者。虽不穷理而幸中，虽非天命而偶富，亦所以不虚心也。"接着王氏自己作出判断："货殖谓多学而识，如人之积货也。亿盈也，积学既盈，亦能中道，回虚而赐实也。"③

王氏指出"回虚而赐实"，显然打破了《汉书货殖传》云孔子"贤颜

---

① 王闿运：《论语训》，第52页。
② 王闿运：《论语训》，第38页。
③ 王闿运：《论语训》，第7页。

渊而讥子贡"的评价范式。认同"赐实",实际是对子贡热衷于经商的肯定,无疑渗透了经世之实学情怀。

胡林翼出身翰林,自幼受湖湘经世文化的陶冶。其父胡达源讲学城南书院,"祖汉称宋",教人"务实学"。胡林翼在求学过程中,所从之师多为经世致用派人物,受贺熙龄、蔡用锡、陶澍、林则徐等影响较大。遂"不为章句之学,笃嗜《史记》《汉书》《左传》、司马《通鉴》及中外舆图、地志、山川边塞;兵政机要,探讨尤力"。[①] 萌发经世改良思想。胡林翼鄙视和反对理学庸儒顽固不化,不切实际的言谈和迂腐。胡林翼认为不能用理学教条来束缚自己,不可作茧自缚,因此在政治实践中,他将理学中的哲学、儒学思想广泛应用于吏治、军事、经济、人才等各个实践方面,认为吏治、兵事、理才乃儒学致用之精髓。

姚绍崇与胡林翼讨论《论语》时,大多联系历史和当时政治军事现状,阐述其经世致用思想。

姚绍崇解释《学而篇》"与朋友交言而有信"时云:"唐王武俊与朱滔合纵而起时,朱泚僭号,德宗出奔李抱真说武俊归顺,亲诣其营持之而泣,相与约为兄弟,誓同灭贼。武俊感激,指心仰天曰:此身已许十兄死矣。遂乃连营而进,破回纥,走朱滔。卒成大功。此亦可见交友之诚,岂待学问为之哉?一心之诚,金石可贯,称先则古不出乎!此尚何俟他求也。"[②] 此处强调交友贵诚,方可立功。在他们眼里,立诚交友,建功立业,远比"学问"重要。一旦立功,则"何俟他求"?其实学思想昭然若揭。这种倾向在解释《先进篇》"公西华侍坐"章可以得到进一步的证明。其曰:"观唐自肃代,专行姑息,骄兵悍卒,辄逐主帅。至于五代,天子亦惟所推戴。故夫外交军旅内仍水旱,率饥罢之众,以战则溃,以守则乱,不知方故也。士能知方,虽一成一旅,而可以立国。"士能知方,可以备战治乱,富强立国。否则将战争频仍,天下大乱。胡氏又云:"且民者君之身也,会计之臣,专务足君,不务足民。唐太宗有言:剥民以奉君,譬如馋人自啖其肉,肉尽则身死。方六七十如五六十,悉索敝赋几,

---

① 梅英杰:《胡林翼年谱》,第5页。
② 姚绍崇:《论语衍义》卷一,第6页。

如北汉刘崇民不胜诛。求之苦而能有以足之，则地虽小而根本不僵。五代杨邠常言：国家府库实甲兵强乃为急务，至于文章礼乐，何足介意。鲁至定哀，中原多故，衣裳之会熄矣。然夹谷一相，齐不敢轻鲁，故干戈俎豆并习，而后为国有人焉。若此者，民皆忠信，甲胄不在外而在心。户庆仓箱粮储不在上而在下，卒有事变举而措之裕如也。"① 此处再次突出民足君足，国泰民富，国强兵强，乃为急务，而"文章礼乐"，何足介意？此解虽有偏颇，但在一定时期却也精辟，突出体现湖湘学派经邦济世之伟岸情怀。

此外，姚绍崇、胡林翼《论语衍义》中还贯穿着治军思想和赋税理念。胡氏云："凡务鲜衣美食之人，都不可与共事，心既务外才便不真。余迩年用人不学三国曹瞒仅取敝车羸马，亦不效吴公萧老专事文物衣冠，期实用也。士有实用而后为真才，虽遗大投艰，不难矣！戊午八年冬，大营移注英山，逼近贼垒。千里运粮，既恐被其所掠，三军夺气，或愿徙而之地。有荐奇士者，余倒屣迎之，至则见仪表不俗，周身所服，光采动人。延之饮，山珍海味，错若无足下箸者。余曰：是耻恶衣恶食之士也，不足与议道，安足与议兵？"② 胡林翼放弃如此之"奇士"，盖源于其人徒有光鲜之外表，而无经世实用之才能。胡林翼重视薄赋。"历观史册所载，唐季五代，坏乱极矣。宋齐丘劝徐知诰蠲丁口钱。由是江淮间旷土尽辟，桑柘满野。唐庄初起，军储不足，李琪劝除折纳配纽之法，以休民力而济时艰。然则彻法之行，乃足国之要道也。"③ 胡氏重视休养生息，蓄养民力，防止杀鸡取卵、损伤元气。

晚清以来，民族危机加剧，阶级矛盾激化，湖南也不例外，农民起义时有发生。在此背景下，湖南地域形成了务实、好武、狠斗的社会风气，湖湘学派崇尚经世致用和务实学风。胡林翼秉承程朱理学的"践履"精神，由内圣而外王，认真钻研政治、军事、地理等"经世之学"。蔡锷十分欣赏胡林翼，把曾国藩、胡林翼的治军用兵之道编成《曾胡治兵语录》，蒋介石将其作为黄埔军校的必读教材，并签名题词赠给学生。青年

---

① 姚绍崇：《论语衍义》卷六，第453~454页。
② 姚绍崇：《论语衍义》卷一，第3页。
③ 姚绍崇：《论语衍义》卷六，第32页。

时代的毛泽东，在岳父杨昌济先生的介绍下，仔细阅读完《胡文忠公遗集》后，也十分钦佩胡林翼的文韬武略和求才用人之道，视他为学习的楷模，将自己的名字改为毛润之。尤其难得的是胡林翼认为"用兵不如用民"，"用兵"只能治标，收一时之功，"用民"才能治本，国家才能长久安定，这些为后来毛泽东推行群众路线和全民抗日统一战线的形成产生了积极的影响。

小　结

湖湘学派源远流长，薪火相传。周敦颐发其端，胡安国、胡寅、胡宏踪其后，朱熹、张栻等发扬光大，泽润了一代代学人，熏陶着湖南的士风及文化。至清代王夫之、魏源、龚自珍、王闿运、胡林翼等儒林赤诚之子，在社会现实和民族危机的激荡下，因益损革，与时俱进，将湖湘学派推向新的高度。

湖湘学派独特的地域环境和文化传统，形塑了湖湘学者独特的气质禀赋和学术品格。如王夫之为捍卫民族气节，可以数日不食，直谏抗清，上书被拒后亲自组织武装，举兵抗清。连续三次上疏弹劾奸臣贪赃枉法，结奸误国，几陷大狱。遵母嘱不仕二姓，潜心著述四十年，得"完发以终"。如王闿运才大志高、目无余子。然命运不济，心中块垒难平，平时嘻笑怒骂，贬损官场，讥弹嘲弄，无所不至，在近乎恶作剧的戏谑中，发泄着自己的不平。如胡林翼少年时"颇豪宕不羁"，治军理政时，好用"霹雳"手段，显示了踔厉风发的刚毅，尚武斗狠的悍鸷，获得"爱人才如命，杀坏人如麻，挥黄金如土"的"三如"称号。如此之真性情，真人格，铸造了湖湘学派超越门户、打破壁垒、不拘一格的学术胸襟，形成了体例灵活、包容创新、经世致用的独特个性，在清代论语诠释版图上绽放出璀璨的光彩。

第一，拓展了公羊学空间。

湖湘学派有着久远的公羊学积淀。胡安国用其毕生精力研治《春秋》，成《春秋传》一书。胡安国认为《春秋》绝非只是记载鲁国的普通史书。孔子整理《春秋》，其大义就是"传心"，其主旨就是华夷之辨，就是以复兴儒学为标志，就是强调《春秋》大一统、三纲为人伦大本。

胡安国的春秋公羊学思想对王夫之、魏源产生了重大影响。王氏深得《春秋》家学熏陶，乡试时即以《春秋》试卷列第一。其撰《春秋家说》三卷、《春秋世论》五卷。魏源的公羊学，源自常州学派之刘逢禄，但并不机械墨守，而是有所变化。

湖湘学派公羊学较之常州学派有更具体深入的探讨。常州学派率先点燃东汉后期熄灭了近两千多年的公羊学火焰。其奠基之人庄存与认为《春秋》有王道，有"大一统"之微言大义，其外甥刘逢禄、宋翔凤将其引向深入。其《论语述何》《论语注》集中阐述公羊学"大一统"思想，具体申述三科九旨、张三世、通三统、正名分、以内外等公羊学微言大义。当然，常州学派只是利用公羊学"三统"变易学说作为政治改革的理论依据。湖湘学派则在此基础上有所深化，拓展了更多义项。

首先，湖湘学派将公羊学思想从何休转向董仲舒。如王氏提倡损益改革，从三纲五常一直到三统均有涉及，但王氏强调"三统"之损益不同于"三纲""五常"，且礼与历之损益变革亦存在区隔，王氏认为变在"礼"，"历"不可随意损益。这一主张与董仲舒"改制""易道"观如出一辙。董仲舒强调，"王者有改制之名，无易道之实"，认为正朔、服色随朝代的改变可作必要的改变，但作为社会的根本大"道"，诸如三纲五常，是永远不能改变的。魏源将目光投射至西汉大儒董仲舒。在他看来，董仲舒《春秋繁露》价值远在胡毋生与何休之上，因为其对三科九旨等义例均有充分的说明。故此，魏源撰《董子春秋发微》七卷。其《三代改制质文》集中发挥了公羊三统循环改制的思想，与董氏变法主张契合。

其次，湖湘学派重视夷夏之辨，王夫之在《春秋家说》《春秋世论》《读通鉴论》涉及何为夷狄、对待夷狄的态度与方法、夷狄对于中国的危害、华夷之辨的意义等问题。为了强调夷夏之别，王氏甚至将子路之"好勇"解释为"勇退"，虽显牵强，却透视出不入夷地的坚强意志。姚绍崇在《论语衍义》中解《八佾》时指出：为何"夷狄之有君，不如诸夏之亡也？"云："夫诸夏者，礼义之所出也，文明之渊薮也。此乃春秋之微言大义也。"而且，姚氏区隔夷夏时，不从种族上划分，而是从文化礼仪上辨析，体现出进步的社会发展观。

再次，申述了孔子素王说。王夫之解《雍也篇》"博施济众"章时，王氏指出朱子《集注》何以不承《语录》"有位言圣"之说，盖因不符圣人语意，有碍经典义理，故"割爱删之"，其本质和宗旨是"不忍微言之绝也"。王氏之微言谓何？乃公羊学无位之"素王"说也。接着，王氏通过"圣""仁"之辨，强调仁圣合一，体用结合，不可纯以位言，仁圣无大小，有位无位不重要，最重要的是济施实用。王氏最后对有位无位之否定，当是对素王说之宗奉和坚守。王闿运云："《春秋》恶君之专也，称天以治之，故天子诸侯皆得施其褒贬，而自立为素王。"其解释《为政》第18章"言寡尤、行寡悔，禄在其中矣"。王氏云："所谓禄者，尊荣之事也。寡尤则见尊，寡悔则见荣。圣人无位以此为禄。言干禄，非必为君相。"此对公羊素王之说加以发挥，体现对《春秋》微言、《春秋》义例的认同。

第二，创新了注疏风格。

湖湘学人率性不拘之独特个性，表现在《论语》诠释上不守成法，勇于突破，没有框框条条，大胆怀疑批判。

王夫之注释《论语》，不守传统体例，不按传统套路，采用抓住问题、有感而发的笔记体形式。其目的就是既可以不拘一格地对《论语》经文提出自己的见解，又可以自由率性地对《论语大全》之各家注解再作论析。其在《读论语大全说》中，屡屡对朱注提出批评，排老辟佛倾向十分鲜明。

王闿运治经目的只在"寻其宏旨"，欲"佐治道，存先典，明古训，雄文章"。为使读者有所解悟，发蒙悦心，他的著作文字汪洋纵肆，颇具庄子散文的风格。王氏对乾嘉学者专习注疏、只对经书作解但没有纪述、只重考证而忽略论辩的局面甚为不满。其云："文者圣之所托，礼之所寄，史赖之以信后世，人赖之以为语言，词不修则意不达，意不达则艺文废。……今若此，文之道几乎息矣。"所以他作经籍注解，既不效宋儒的侈谈义理，也不效乾嘉学者的专尊古注，而是根据自己的体会作简要的诠释。王氏虽尊崇《论语》文本，又指出其存有"十蔽"。值得注意的是，王氏直陈"十蔽"后，不从《论语》文本批判质疑，而是在历代经师中找"麻烦"。王氏认为《论语》文本的问题无关紧要，问题是历代注家不能作出正确的训释。故王氏作《论语训》，就是对历代经师之训解作出纠偏训诂。王氏极尽牵强附会之能事，表现出今文学派惯用的技法。

姚绍崇、胡林翼《论语衍义》诞生于军营。胡氏在军旅生涯中，以宾师之礼，邀姚氏随营讲述《论语》，虽在戎马倥偬之中，亦乐此不疲，由此足可见出胡氏将帅的人格操守和境界品位。其《论语》诠释的不拘一格、自由洒脱，讨论式、体会式、帐篷式将永远成为《论语》诠释史上一道独特风景。那"自英山移营太湖，冒风雪行二百余里，日夕，支帐为邸舍，烧烛席地以讲"，将永远成为中国军事史上最经典的画面。比起那些觥筹交错、纸醉金迷的军旅生活，不啻最有警示意义的真实案例。

第三，突出了致用倾向。

经世致用成为湖湘学派重要的经学特色，有着悠久的文化传统。胡安国、胡宏十分重视治术的作用，其研究《春秋》经传，就是要从中挖掘出安世济民的良药。胡宏主张"治道以恤民为本"（《五峰集·与刘信叔书》）。张栻在其政事活动中践行重民思想，注意问民疾苦，改革地方弊政，减轻人民负担。主张变法改革，从政治、经济、军事和社会风俗等方面提出了锄奸恶、清仕途、用贤才、明赏罚、均田地、整师旅、罢监师、易风俗等一系列革新主张。加之古代湖南偏隅西南，道路崎岖，山区、丘陵各近一半，交通不便。独特的地理环境使得湖湘士人在文化上受中原文化浸染较少，乾嘉盛行的考据学风潮"没能得以风靡湖南"。

王夫之是中国明末清初时期一位"百科全书"式的先哲人物，其学问渊博，尤精于经学、史学、文学。在道器关系上强调"天下惟器而已矣"，"无其器则无其道"，由"道器"关系建立其历史进化论，反对保守退化思想。在知行关系上，强调行是知的基础，反对陆王"以知为行"及禅学家"知有是事便休"观点。王夫之最大的贡献，就是结束了过去那种空疏的高谈理性不切实际的学风，而开创了一种将理学与经世相结合的新学风。其解释《卫灵公篇》"无为而治者其舜也与"章时，饱含哲理，充满辩证法。指出"无为"不是"不为"，而是"因时而利用之"，"损益而缘饰之"；"有为"不是"必欲为"，不是"与前贤拟功"，否则会"累道伤物"。"无为""有为"，皆欲因势利导，与时俱进，其"创作""改制"皆要有利"民用"，以显"治著"，"以集其成"，其本质依然落实在致用层面。

王闿运诠释《论语》，经世致用之倾向十分鲜明。其解《卫灵公》31章"吾尝终日不食、终夜不寝以思，无益，不如学也"时，直接指出徒思不能致知，不可适道，"通经必能致用"。解释《宪问》篇时，从"及物""利民"角度褒扬管仲，具有鲜明的经世致用色彩。《先进》19章解"赐不受命"时，王氏指出"回虚而赐实"，显然打破了《汉书货殖传》云孔子"贤颜渊而讥子贡"的评价范式。认同"赐实"，实际是对子贡热衷于经商的肯定，无疑渗透了经世之实学情怀。

胡林翼鄙视和反对理学庸儒顽固不化，不切实际的言谈和迂腐。胡林翼认为不能用理学教条来束缚自己，不可作茧自缚，因此在政治实践中，他将理学中的哲学、儒学思想广泛应用于吏治、军事、经济、人才等各个实践方面，认为吏治、兵事、理才乃儒学致用之精髓。其与姚绍崇讨论《论语》时，大多联系历史和当时政治军事之论。阐述其经世致用思想。在解释释《先进篇》"公西华侍坐"章，突出民足君足，国泰民富，国强兵强，乃为急务，而"文章礼乐"，何足介意？此解虽有偏颇，但在一定时期却也精辟，突出体现湖湘学派经邦济世之伟岸情怀。

魏源鼓吹公羊学说，实际就是抱救世目的，传统的公羊学、三统论、三世说都讲变易，讲进化。魏源主张向外国学习，吸收夷的长处。湖湘学派的经世致用思想直接催生了洋务运动。

总　论

　　本书从各种文献中检索出清代《论语》诠释的学人及著述，具体考证了有关学者的籍贯、占籍及成书年代。从空间维度将有关注家纳入不同的地域学派，立体多元地分析揭示不同地域学术群体《论语》诠释之个性孕育及品格形成的过程、特点，在地域、师承、经学主张等不同视角，直观呈现清代《论语》诠释的地域版图。在此视域下，清代地域学派的《论语》诠释，交织成一幅色彩各异的诠释景观。吴派"求古"，皖派"求是"，扬州学派"最通"，浙东学派经史兼擅，择善而从，常州学派转型公羊，汇通拓展，岭南学派平心求是，开新改制，湖湘学派根性独立，经世致用。可谓五彩缤纷，璀璨夺目。

　　任何事物从某一特定角度观察，便能揭示出某种独特的规律和特点，但若换一种视角考量，常常又能发现新的个性及品质。因此，要全面科学地反映研究对象的本质属性，需要变换角度，打破一端一隅的单一思维模式，立体多元地比勘、思考、选择。何况地域学派不是静止不变的，有些地域学派经过几百年的演变过程，其学术宗尚、治学方法很难保持一成不变。且即使是某一独立学人主体在一生的治学进程中，随着年龄的增长，阅历的拓展，思想的深邃，其学术主张、治学倾向也会发生相应的变化。

　　因此，本书最后需要从时间视域切入，审视清代地域学派《论语》诠释的面貌特征。在这一视域下，可以清晰地透视出清代同一时期、不同地域学派之《论语》诠释会呈现出相同或相近的面貌。如清初涌动的诘难宋学空疏学风之主将不仅仅有皖派的顾炎武、浙东学派的毛奇龄，还有湖湘学派的王夫之；又如晚清时期，不仅常州学派崇尚公羊学，岭南学派、湖湘学派公羊学倾向亦十分鲜明。当然，在这一视域下，亦可发现某一地域学派《论语》诠释之特征并非固定不变或纯粹统一，尽管其底色常常相近乃至一致，但在时代进程、社会变迁、学术规律、主流意识形态、知识精英倡导等多种因素作用下，在不同的时期会或多或少发生这样或那样的变化，呈现异质，改变色彩。

一 清初地域学派《论语》诠释与文化诘难

1644 年，清军入关，结束了 200 多年的明王朝统治。面对这一"天崩地解""鼎迁社改"的大事件，清初学术版图上，从苏州、安徽、湖南、浙东等不同地域，一批深受华夏大一统文化泽润的明朝遗老悲愤不已。他们有的直接参加反清复明的斗争，以枪杆子恢复故国；有的"隐忍史局"，用笔杆子修国史以报故国。就连离明朝灭亡六十二年后的全祖望还"痛星移而物换"，为晚明义士而"流涕""长恸"①。然而，当"潮息烟沈"、复明无望时，在民族主义情感和立场的激荡下，他们怀着学术救国的担当意识，退而握笔以文化诘难代替情绪宣泄，以此作为反清斗争的一种手段。

第一，诘难宋学的空疏。

吴皖两派之最大共性，就是不满宋儒说经的"凿空"，故而追求去古未远的汉代经注。吴派顾炎武是富有民族气节的学者。清兵南下，他在苏州、昆山等地参加抗清斗争。中年以后，一意撰述。遵母嘱"勿事二姓"，多次拒绝清朝的征召与网罗。顾氏集亡国之恨及文化沦丧之忧患于一身，冷峻思考，认为明朝之所以亡国的重要原因是崇尚玄虚、屏弃实学。故其以考据实证的解经路径对抗宋儒之"离开经传去发挥悟性"，《四库全书·日知录提要》云："炎武学有本原，博赡而能通贯。每一事必详其始末，参以证佐，而后笔之于书。故引据浩繁，而抵牾者少。"顾氏将"圣人之道"与"洒扫进退"关联起来，认为"天道""心性"皆在"文行忠信""人伦日用"中，皆在夫子之文章中。其《日知录》解释"夫子之言性与天道"时，对当时学者的好高之病、躐等之病、堕于禅学之病提出了批评。再次强调"性与天道"本自平易，在于孝弟忠信、

---

① 全祖望：《鲒埼亭集》卷十四《中条陆先生墓表》，商务印书馆，2000。

居处执事等人伦日用之间。如果"推之使高","凿之使深","借以谈禅","堕于禅学",则"其害深也"。顾炎武占籍昆山,从地域上看,其经学旨趣最容易泽被熏染吴皖学人。惠栋认为宋儒之祸"甚于秦火",江声认为"性理之学,纯是蹈空"。在诘难宋学空疏的风潮下,吴派学者尊信汉儒家法、师法,"唯汉是信"而不复甄别,甚至引来"株守汉学、嗜博泥古"之讥。江永《乡党图考》,从《朱子语类》中辑出朱熹"路寝庭朝为内朝"之解说,指出宋儒不得以秦制解说周制的治经原则,告诫今人治经若"不考古人宫室之制",必然导致"一知半解,贻误后学"。

浙东学派毛奇龄诘难朱注、反对宋学之空疏,在清初"不失为一冲锋陷阵之猛将"。① 皮锡瑞云:"其不染宋学者,惟毛奇龄,而毛务与朱子立异。"为了跟朱熹唱对台戏,毛氏甚至变本加厉,把自己推向尴尬的境地,如"朱子疑伪孔古文,而毛以伪孔为可信;朱子信《仪礼》,而毛以《仪礼》为可疑"。然"此则朱是而毛非者"。毛氏著《论语稽求篇》,其目的便是攻驳"宋儒之书"而达"夫子之书",追求《论语》去古未远之真义与本意。《四库提要》指出此书:"皆辩驳朱子《集注》之说,盖元陈天祥《四书辨疑》之类也。朱子《集注》研究文义,期于惬理而止,原不以考证为长,奇龄学博而好辨,遂旁采古义,以相诘难。"② 毛氏在《论语稽求篇》中,共辑出《论语》91条加以考释,大多从文本、释义、训字角度直接攻驳朱注,如释"盍彻乎"(《颜渊篇》)云:"朱注'通力合作,计亩均分'八字,不知出自何书。""耕则通力而耕,收则各得其亩。未可知也。"引《周礼》《孟子》《左传》《公羊传》《谷梁传》等古义,诘难朱熹无所依据,杜撰自疏,碍理之甚,可怪之极。

第二,批判王学的狂禅。

王学主要指以王阳明、王艮、李贽为代表的明代中后期的重要学术思潮,其哲学命题为"心外无物""心外无理",故又称为"心学""心性之学"或"性理之学",具有浓厚的唯心主义色彩。王学产生于社会矛盾尖锐、危机加深的明代中后期,有识之士怀着改造儒家传统的经邦济世情

---

① 梁启超:《梁启超论清学史二种》,复旦大学出版社,1985,第13页。
② 《四库全书》二一〇册,上海古籍出版社,1987,第133页。

怀，主张"各从所好，各骋所长"，充分发挥个人的才能和个性，反对等级限定、文化专制、精神压制，无疑具有进步意义。但王学以"吾心"作为评判真理、评价人物的标准，极易陷入既不读经，也不读史，束书不观，游谈无根的死胡同；且李贽把六经与童心对立起来，认为读六经义理愈多便童心愈失，斥责"六经、《语》、《孟》，乃道学之口实，假人之渊薮也"①，导致"粪土六经"成为明末一时之风气；此外，王学"不以孔子之是非为是非"，李贽变本加厉地发挥为"颠倒千万世之是非"，贬低儒臣"名为学而实不知学"，"托名为儒，求治而反以乱"。②在李贽影响下，袁中道竟然提出"要能于众是之中而断人非，于众非之中而得人是"。③这些惊世骇俗的言论，将王学引向怪诞狂禅，显然具有"惑世诬民"的作用，无疑给晚明思想文化带来负面影响。

王学末流的面目特征自然难逃清初诸儒的声讨笔伐，黄宗羲抨击其"狂子缪民，群起粪扫六经，溢言曼辞"④。顾炎武不仅批判程朱理学，对晚明王学也加以鞭挞。他反对讲心讲性，主张经世致用，对王学"明心见性"予以彻底否定。其释"夫子之言性与天道"时云：

> 刘、石乱华，本于清谈之流祸，人人知之，孰知今日之清谈有甚于前代者。昔之清谈谈老、庄，今之清谈谈孔、孟，未得其精而已遗其粗，未究其本而先辞其末。不习六艺之文，不考百王之典，不综当代之务，举夫子论学、论政之大端一切不问，而曰"一贯"，曰"无言"，以明心见性之空言，代修己治人之实学。股肱惰而万事荒，爪牙亡而四国乱，神州荡覆，宗社丘墟。昔王衍妙善玄言，自比子贡，及为石勒所杀，将死，顾而言曰："呜呼，吾曹虽不如古人，向若不祖尚浮虚，戮力以匡天下，犹可不至今日。"今日君子得不有愧乎其言？⑤

---

① 李贽：《焚书》卷三《童心说》。
② 李贽：《藏书·世纪列传总目后论》。
③ 袁中道：《珂雪斋集》卷二十《论史》。
④ 黄宗羲：《南雷文定》卷七《张元岊先生墓志铭》。
⑤ 顾炎武：《日知录》卷七。

显然，在顾氏眼里，晚明之社会风貌和魏晋相似，崇尚清谈，空疏浮虚，不习六艺之文，不考百王之典，不综当代之务。可悲的是，魏晋王衍将死时尚能有所醒悟，而今日之"君子"却仍以"明心见性之空言，代修己治人之史学"。最后导致神州荡覆，宗社丘墟。一句"得不有愧乎"的呐喊给人醍醐灌顶之感，催人思索惊醒。顾炎武通过文献与史实的观照比勘和理性思索，从安邦兴国的高度揭示了"明心见性之空言"的危害。

湖湘学派代表人物王夫之，在清兵南下时，曾于衡山举兵抵抗。后隐遁衡阳之石船山，潜心著述，不仕清朝。他写《读四书大全说》，自称是为了反对"异端"和"俗学"，力图总结历代王朝特别是明王朝灭亡的教训，提出自己的政治改革主张。王夫之首先从哲学高度对王学唯心主义予以批判。在道器问题上，王夫之认为，道指事物的一般规律和普遍法则，器则是具体的事物，也是具体的存在。道器二者相依相存，密不可分，道寓于器，器则体现道。在知行关系上，王夫之指出，知与行不仅是统一的，还是相互作用，相互促进，不断深化的。显然，王夫之在道器关系、知行关系的辨析中，高度重视"器"的存在、十分强调"行"的作用，具有十分鲜明的反对王学空言心性的实践唯物主义思想。在认识论上，王夫之为了否定王学的"圣人生知说"，采取了釜底抽薪式的连孔子一并否定的方法。孔子宣扬有所谓"生而知之"的"上智"，孟子宣称自己是"先知先觉"的人物，朱熹、王阳明宣扬"圣人"可以"不待学而了然于胸中"。王夫之则痛斥所谓"圣人生知，固不待多学而识"完全是"荒唐迂诞之邪说"，认为"推高尧、舜、孔子，以为无思无为而天明自现，童年灵异而不待壮学"，实际就是唯心主义的"顿悟"论。他反对孔子"生而知之，上也；学而知之，次也"的说法，认为"生而知之"实际是不存在的，他说"或道或艺，各有先后难易之殊，非必圣人之为上，而贤人之为次"。王夫之认为人的知识不是天生就有的。人只有用自己的耳朵、眼睛等感官和客观事物的声音、颜色等接触，并用头脑去研究、思考事物的道理，才能取得知识。他说："耳有聪，目有明，入天下之声色而研其理者，人之道也。聪必厉于声而始辨，明必择于色而始晰，心出思而得之，不思则不得也。"这无疑是对王学唯心主义"心学"的有力批判。

第三，申讨佛老的杂糅。

　　佛老是佛教、道教的缩写或专称。道教是本土宗教，佛教自汉代传入中原。自此，儒、佛、道相激相荡，交融渗透，演绎着辉煌灿烂的中华文化。但在学术、文化发展史上，由于门户壁垒、学术宗尚、文化使命等复杂原因，儒、佛、道存在摩擦和斗争。如唐朝的韩愈、柳宗元就举起排佛大旗。在明末社会矛盾激化之际，"反佛道、批宋儒"，已渐成"趋向"。① 至清初，裹挟着神州荡覆的亡国之痛，则演变得更加激烈。

　　顾炎武从社会学层面揭示了禅学之虚空对社会进步的负面影响，将明朝亡国的原因部分地归结到禅学对儒学的浸润上。这具体表现在其对"古之理学"与"今之理学"的明确区隔，顾氏认为，"古之理学"当属"经学"；而"今之理学"则已遁入"禅学"。且古之理学缘于五经，取之《春秋》；而今之禅学"但资之语录"，"校诸帖括之文"。禅学如无源之水，几生吞活驳而来，对人心社会其害大也。此在解释"夫子之言性与天道"时有更加明确的阐述，其曰："夫子述《六经》，后来者溺于训诂，未害也；濂洛言道学，后来者借以谈禅，则其害深也。"② 顾氏强调，诠释经典，即使溺于训诂，却也未必有害，然一旦"借以谈禅"，"则其害深也"。

　　王夫之纯正儒学、排老辟佛之倾向更加突出与鲜明。其著《读四书大全说》，自称是为了反对"异端"和"俗学"。"异端"指佛教和道家，"俗学"则指"淫于异端"的"俗儒"之学。王氏将儒学受道释污染上推到汉代，认为汉代有关学术被"小儒""俗学"割裂，为"支言稗说"所乱，真伪驳杂，"说甚猥陋"，欺罔学者，危害圣教。王氏从哲学高度批判了佛教的唯心主义色彩。其曰："至云'生而能言'，则亦佛氏'堕地能言，唯吾独尊'之猥说也。"并进一步指出道家无为思想与释家之"堕地能言"如出一辙，盖属荒诞淫词。"以为无思无为而天明自现，童年灵异而不待壮学，斯亦释氏夸诞之淫词。学者不察，其不乱人于禽兽也鲜矣。"此外，王氏还从生死与始终的哲学范畴对佛老的生死观予以批判。指出生死与始终不同，生死只是气的聚散与屈伸，佛老的错误是多谈

---

① 湛晓白、黄兴涛：《清代初中期西学影响经学问题研究述评》，《中国文化研究》2007 年第 1 期，第 74 页。
② 顾炎武：《日知录》卷七。

死而少言生，其实"昧其所以生，则不知所以死，妄欲销陨世界以为大涅槃，彼亦恶能陨之哉，彼有此妄想以惑世诬民而已"。王夫之与顾炎武有别，不是直接剖析佛道对现实社会的危害，而是从哲学高度揭示道释的唯心主义本质，深刻认识道释对人们思想的腐蚀和精神的摧残。

毛奇龄明确肯定，"程朱理学非儒学，而是属于'异端'的道学"。① 其著《论语稽求篇》之缘起，就是反对何晏《集解》"本老氏之学，不习众说"，不满朱熹《集注》"仅见何氏一书，别无他据"②，必须攻驳"宋儒之书"，清除"老氏之学"。毛氏认为，汉代儒学受道释污染远不及魏晋强烈深入，且汉代"去古未远"，汉代儒学有马、郑、向、歆的师承传授，故"黄老之言"对"儒术"无关大局，构不成威胁，无法撼动儒学的主流地位。但至魏晋时期发生变化，此时的"黄老之言"已经"浸淫"儒学腹地，况何晏"本习老氏"，故"援道释儒"则十分自然，不可避免。因此，毛氏自觉地将《集注》与《集解》中的"黄老之言"清除出来，汰洗干净。并注意将儒学于道家加以区分切割。如解释"舜禹之有天下也而不与焉"（《泰伯》）时云："言任人致治不必身预。所谓无为而治是也。若谓视之若无有，则是老氏无为之学，非圣治矣。"此明确指出儒家之圣治与道家之无为不可相提并论，同日而语。

由此，我们可以清晰地聆听到清朝初期，从不同地域聚集交汇的诘难宋学空疏的滚滚浪潮，触摸到他们声讨王学狂禅的强烈呐喊，捕捉到他们抨击佛老浸淫的一腔忧愤之情。只是，他们诘难叩问、声讨笔伐时常常将宋学、王学、佛老连在一起、不加细分。事实上，三者之间存在密切的联系，如都重视形上建构，强调性理分析，注重内心感悟。空洞、杂糅、狂诞是其共同的文化面目，且在学术脉络上呈现出合流趋势。如王学代表人物李贽就曾为黄老之学平反，认为将黄老之学"谓之异端"，这一看法乃"前人（儒生）之糟粕"。③ 当然，在清儒看来，三者之间亦有差异：宋学推高凿虚，空疏无根；王学溢言曼辞，极端狂禅；佛老驳杂猥陋，添设浸淫。而恰恰就是这些文化弊端吞噬着社会，腐蚀着人心，导致了明朝灭

① 陈德述：《儒学文化新论》，巴蜀书社，2005，第590页。
② 《四库全书》二一〇册，上海古籍出版社，1987，第135页。
③ 李贽：《藏书》卷三《孝文皇帝》。

亡，激起了他们强烈的文化批判精神。

二　乾嘉时期地域学派《论语》诠释与经世风潮的关联

乾嘉中期，不同地域学派《论语》诠释之间是否存在某种关联？是否具有经世品格？是否完全疏离孤立于经世学风之外？其在清初向晚清的漫长进程中扮演了什么角色？发挥了何种作用？与社会政治文化有何关联？

第一，乾嘉时期《论语》诠释特点。

长期以来，论及乾嘉学术，近乎众口一词，几成定论。即乾嘉学者大多为考证而考证，为学问而学问，只钻故纸堆，不讲求经世致用，不关心社会现实。即考据的繁荣，思想的荒原，或学术的辉煌，经世的凋零。梁启超云："清代学派之运动"，乃"研究法的运动"，非"主义的运动"。① 钱穆认为乾嘉学术远离明清之际"不忘种姓，有志经世"的倾向，而"一趋训诂考订，以古书为消遣神明之林囿"的格局。② 牟宗三十分沉痛地说："明亡以后，经过乾嘉年间，一直到民国以来的思潮，处处令人丧气，因为中国哲学早已消失了。"③ 朱维铮指出"十八世纪中叶到十九世纪初叶的乾嘉时期，思想界的沉闷也曾达于极致"，不仅"学问与思想殊途而不同归"，而且"学者与思想家判然有别"。④ 葛兆光将清代学术高度概括为一种普遍的思想"失语"状态，强调其"思想与学术的对立"，以及"义理与考据的对立"。⑤

这一时期的《论语》诠释，吴皖学派占据学术主场。其特色是重名物训诂、考证辨伪，鲜言通经致用明道救世，恪守汉儒经注而少创新发挥，脱离现实社会，流于烦琐沉闷。如江永《乡党图考》"取经传中制度名物，有涉于乡党者分为九类。曰图谱、曰圣迹、曰朝聘、曰宫室、曰衣服、曰饮食、曰器用、曰容貌、曰杂典"。"自圣迹至一名一物，必稽诸

---

① 梁启超：《清代学术概论》，上海古籍出版社，1998，第 43 页。
② 钱穆：《中国近三百年学术史·自序》，中华书局 1986 年重印本，第 1 页。
③ 牟宗三：《中国哲学十九讲》，上海古籍出版社，1997，第 423 页。
④ 朱维铮：《清学史：学者与思想家》，《光明日报》1999 年 3 月 26 日。
⑤ 葛兆光：《中国思想史》第二卷，《七世纪至十九世纪中国的知识、思想与信仰》第三编第三节，《考据学的兴起：十七世纪中叶至十八世纪末知识与思想世界的状况》，复旦大学出版社，2000。

经传，根诸注疏，讨论源流，参证得失。宜作图谱者，绘图彰之，界画表之。"① 如惠栋《论语古义》，共辑出《论语》原文 55 条加以考证训诂，强调"古训不可改""经师不可废"②。大多是"缀次古义，鲜下己见"，明显体现出疏离理学、回归汉代经学的特点。江声《论语俟质》共勘正《论语》172 条，除考证人物、地名、历法、礼仪、官制、史实等少数条目外，大多为勘正文字。此外，扬州学派阮元《论语注疏校勘记》，以何晏《论语集解》为模本，不但校勘《论语》经文，且对汉代诸家诠释经文之内容亦作出考订。还将其与汉石经、唐石经、宋石经、皇侃义疏、高丽本、十行本、闽本、北监本、毛本等，比较观照，考其同异，勘出增字、脱字、误字等。

关于乾嘉时期学术繁荣、思想凋零的原因，20 世纪 80 年代以来，学术界进行了诸多研究，有以下主要观点：一、康乾盛世经济上的繁荣，为乾嘉学派的形成奠定了雄厚的物质基础。二、相对安定的社会，为乾嘉学派的形成提供了宽松的治学环境。三、清统治者软硬兼施的文化政策，使聪明才智之士堵死了关心现实政治的道路，只好转向学术考证。四、宋学开创之疑古辨伪风气，明末清初的学人痛感宋明理学空谈误国，唯物主义哲学思想和数理逻辑方法的输入等，为乾嘉学派提供了学理依据和现实土壤。在此基础上，有人提出要突破"单一说""为主论"的模式，必须从远因、近因、内因、外因等层面多元透视、立体分析乾嘉学术面目，要"在把握学术内部嬗变规律的同时，兼顾对当时政治、经济、文化等社会环境以及乾嘉学者自己言行的探寻，力图得出合乎历史事实的解释"。

毋庸置疑，乾嘉时期不同地域学派之《论语》诠释呼应了乾嘉学术崇尚考据实学、弱化经世精神的治经特点。

第二，乾嘉考据学与清初经世风潮的学理对接。

为何清初地域学派《论语》诠释文化诘难之经世火焰未能形成燎原之势，竟然演变为乾嘉时期经世凋敝、考据繁荣的格局？

宋明以来，理学一统天下。然一旦面临清廷入主中原、明清鼎革变迁

① 《四库全书》二一〇册，上海古籍出版社，1987，第 716 页。
② 《四库全书》一九一册，第 362 页。

的巨大事件时，清初不同地域的遗老大儒愤懑痛苦地将明朝灭亡的原因瞄准了游谈无根、空疏误国的宋明"理学"。对宋明理学进行全面的清算，发出了严厉的诘问和声讨。他们在民族主义情感的撞击下，与清朝统治者在政治上不合作，在文化上唱对台戏，毅然决然地以批判统治者提倡的程朱理学作为反清斗争的一种手段。然激情呼喊、愤懑宣泄过后，学术朝着什么方向发展？以什么方式、何种内容取代现有学术？既然宋明理学空疏误国，那么什么样的学术才能救国？对抗"空疏浅陋"之学，最锐利的武器无疑是"尚考订""重校勘"的"实证考据"之学，除此之外还有什么更好的方法？反对遭到后儒曲解或异端侵蚀的宋明理学，最好的路径应该在宋代以前探寻正宗儒学，舍此之外还有什么更宽广的坦途？所以，毛奇龄著《论语稽求篇》，欲攻驳"宋儒之书"而达"夫子之书"，追求《论语》去古未远之真义与本意；余萧客《论语钩沉》主要从唐前有关文献中辑佚《论语》散失之重要经解。其辑佚内容，大多出自汉魏经师，如马融、包咸、孔安国、王肃、周生烈、谯周、郑玄、何休、范宁、栾肇、卫瓘、缪协、缪播、蔡谟、王弼、李充、孙绰、江熙、陈群等。"自诸家经解所引，旁及史传类书，凡唐以前之旧说，有片语单词可考者，悉著其目。虽有人名而无书名，有书名而无人名者，亦皆登载。"① 可见，清初的文化诘难为乾嘉时期《论语》诠释的考据繁荣创造了条件，乾嘉时期《论语》诠释的考据特征是清朝初期文化诘难的必然趋势。

此外，随着历史的发展，清廷软硬兼施文化政策的推行，乾嘉时期经济的发展，社会的相对安定，由"华夷"之辨至"天下一统，华夷一家"大中国观的逐步确立，宗社丘墟的耻辱日趋淡忘，文化诘难的火焰逐渐熄灭，朝野对立的状况逐渐缓解，更多的儒者愿意与统治阶层合作，感性的声讨终将被理性的实证取代。这些为乾嘉考据学的繁荣提供了社会土壤和外部动力。

再者，清初对理学的批判、文化的诘难，打破了宋明以来理学对思想界的高度束缚，成为清初经世思潮向乾嘉汉学转型的先导。清初士大夫抨击佛老的倾向，"在学术界蔓延的结果，便是佛氏连带着喜好玄妙的形而

① 《四库全书总目》卷三十三，中华书局，1965。

上学思辨学风同时遭到了学术界的摈弃，而学风愈趋于实证"。① （乾嘉年间，一般考据学家排斥佛氏的立场遂沿清初余波而起。如洪亮吉、武亿、朱筠河、洪榜、阮元皆辟佛氏）加之清初经学家崇尚"凡汉皆好"，"凡古必真"，其文化诘难具有浓厚的法古倾向，他们用以诘难宋学空疏的武器是更为古老的汉代经学，其结果必然导致经学研究走向朴实考经证史的途径。此为乾嘉学派的形成提供了内在逻辑依据。②

至此，清初《论语》诠释文化诘难的现实关怀，迄于乾隆中叶何以经世宗旨继响乏人，而考据学终于风靡朝野！其因果关联十分清楚，我们无法否认也无法割断清初《论语》诠释对乾嘉时期《论语》诠释在治经范围、诠释方法、价值取向的关联。

第三，乾嘉考据学与晚清改制实践的关联。

乾嘉考据学与晚清经世思潮是否具有关联呢？

从学理上看，一代有一代之学术，一种学术走向高峰后必然转型。乾嘉考据学浩荡繁荣后耸然挺立，后人只能望而却步。对圣迹、朝聘、宫室、服饰、器用、饮食的考证，有谁还能超过皖派江永的《乡党图考》？有谁还能画出比江永更具体精核的《天子外朝图》《宗庙制度图》《车轮图》？《论语》诠释史上，对"鲁读"的训诂考订，有谁能比浙东学派徐养原的《论语鲁读考》更加翔实完备？对《论语》古义的搜集、探寻、稽考、挖掘，还有谁能超越吴派惠栋的《论语古义》和余萧客的《古论语钩沉》？故从考据学向公羊学的迁移是一些敏锐学者在望尘莫及、无法超越的学术高山面前的巧妙腾挪，钱穆概括为"凑泊而成"，实际上是学术理路的必然规律。而且，从宏观上看，从西汉到清末经学的发展大体表现为一种否定之否定的进程：从西汉今文经学到汉唐古文经学，至宋明理学进而清中期古文经学，最后为晚清今文经学。这一演进轨迹尽管是一种外在的表象，但从哲学论和历史观上揭示了学术发展的嬗变规律。

从现实层面看，乾嘉后期，特别是道咸年间，盛世景象不再，朝纲混乱，吏治腐败，白莲教、捻军等起义不断，西方列强对中国的军事和经济

---

① 路新生：《排拒佛释：乾嘉考据学风形成的一个新视角》，《天津社会科学》1996 年第 2 期。

② 陈祖武：《清初学术思辨录·附录一》，中国社会科学出版社，1992。

的侵略与日俱增，国家和民族陷入了空前的危机，一些有识之士对清政府的腐败无能有所感悟，希望进行社会改革的呼声日益强烈。现实社会变法改制的呐喊与内在学理转型的期待一拍即合。一些先进的思想家，为了挽救民族危机，为了寻求国家振兴，不得不抛弃了专究名物训诂的烦琐考据之学，向倡导变法救世的公羊义理转型。

从学术实践看，乾嘉考据学的繁荣为向今文学转型提供了方向引导。首先，乾嘉考据学为了纯正儒学，消除佛老的杂糅和浸淫，通常以汉说为依据，以古义为准的。惠栋《论语古义》引经据典，几乎均采汉说或汉前论说。江声对宋儒多有批评，对六朝与唐代学者则每每提出质疑。其"嗜古"几近偏执，"固以复古为职志，然生平不作楷书，即与人往来笔札皆作古篆，见者诧以为天书符箓，人非笑之亦不顾也"。余萧客嗜古籍，擅辑佚，他认为唐以前的经籍注疏后世多有散佚，于是根据史传、类书等记载，继武其师，广搜群书，采辑唐以前经籍训诂，编成《古论语钩沉》三十卷。这种"节节复古"的纯正儒学之势，遂至西汉今古文旧案，"终必须翻腾一度"①。汉代今文学，久封的尘埃终将拂去。其次，乾嘉时期因多种因素合成了"家家许郑，人人贾马"的汉学勃兴之势，却给古文经学本身带来了危险。如阎若璩著《古文尚书疏证》，论定了东晋晚出的《古文尚书》十六篇及同时出现的孔安国《尚书传》均系伪书，由此引起了学界疑经辨伪之风。姚际恒著《古今伪书考》，怀疑《周礼》《诗序》《孝经》《易传十翼》并非先秦著作。《古文论语》为汉景帝时孔子旧宅壁中发现。何晏《论语集解》云："《古论》，唯博士孔安国为之训解，而世不传。"陈鳣的《论语古训》已有怀疑，沈涛的《论语孔注辨伪》认为是何晏有意难郑，"于是托西京博士阙里之裔孙，以欺天下，其也伪书"。② 丁晏的《论语孔注证伪》则认为出于王肃之手。于是古文经书的地位日渐动摇，长期被冷落的今文经学又走到前台，并引起人们的关注与认同。

从最新研究成果看，余英时、张寿安等人的研究成果已经打破了乾嘉

---

① 梁启超：《清代学术概论》，上海古籍出版社，1998，第74页。
② 陈鳣：《论语孔注辨伪·自序》，《丛书集成初编》本。

考据学无经世的固有判断。

余英时指出：清儒排斥宋人义理，从事于经典考证，"却在不知不觉之中受到儒学内部一种新的义理要求的支配"。他深入地剖析："如果我们坚持以'心性之学'为衡量儒学的标准，那么不但在清代两百多年间儒学已经僵化，即从秦、汉到隋、唐这一千余年中儒学也是一直停留在'死而不亡'的状态之中。相反的，如果我们对儒学采取一种广阔而动态的看法，则有清一代的'道问学'传统正好可以代表儒学发展的最新面貌。"① 其在《清代思想史的新解释》中进一步指出：清代考证学兴起的背景是儒学由宋明时期的"尊德性"向"道问学"的转换。这种"道问学"的学统积累，既是对"尊德性"的反拨和补充，也为变法图强的"治统"提供理论武器。

张寿安女士对乾嘉学术"有考据无义理""有考据无经世"的传统定论，作出了颠覆性的阐述，挖掘出清儒在经学考证后面蕴含的丰富思想内容。她敏锐地觉察到清中叶以来中国传统社会内部新型文化价值的躁动，从而揭示了"乾嘉新义理学"的近代指向。②

张丽珠教授在《清代义理学新貌》中，提出了"形上思辨义理学"和"形下经验领域的义理学"两种不同的义理类型说。张丽珠认为考据学是建立在时代课题要求基础上的从"形而上之'道'到形而下之'器'"的价值转换，带来了"从主观思辨到客观考证"的方法论的变异。其隐含的思想意义应该被肯定，即使"在后来走上了'辨'、'证'、'校'、'补'的考证之途中，其'进求义理'的考据本旨，也必然还是潜伏在儒者心中，随时等待机会发芽"。③ 乾嘉考据学所务力发扬的经验价值，是中国迈向现代化进程所必需的"价值转型"，是儒学得以完成早期现代化的内在依据。④

李泂先生认为，无论中外，考据学派都是产生于资本主义萌芽的历史阶段中，本身应该是近世启蒙运动的一部分。乾嘉学派产生的社会根源主

---

① 余英时：《论戴震与章学诚》，三联书店，2000，第7页、349页、67页。
② 张寿安：《以礼代理——凌廷堪与清中叶儒学思想的转变》，河北教育出版社，2001。
③ 张丽珠：《清代义理学新貌》，里仁书局，1999，第369页。
④ 张丽珠：《清代新义理学——传统与现代的交会》，里仁书局，2003。

要不是由于康、雍、乾的"盛世",乾嘉时期的许多学者亦并非沉湎于故纸堆,而是为了社会改革才去考据的。

凡此种种,足以说明考据学与晚清今文学的关联。

三 晚清地域学派《论语》诠释与制度反思

晚清时期不同地域学派之《论语》诠释,呈现出从初期的文化诘难向晚清制度反思的格局。

第一,变法改制的呼唤。

清中后叶,盛世格局急剧衰落,社会危机日益加深。常州学派率先举起"震荡摇撼"的旗帜,打破了文化诘难后的考据僵局,开始从制度层面寻求纠治时弊的"药方",毅然举起汉代今文学大旗,通过"公羊学"微言大义阐发变法思想。发出了变法改制的时代强音。

公羊学,即专门研究以《公羊传》解释《春秋》的学问。《公羊传》,即《春秋公羊传》。相传为战国齐人公羊高所著,以"张三世""通三通""变法改制"等微言大义专门阐释《春秋》。董仲舒适应汉武帝时期的政治需要,对公羊学大加发挥。东汉末何休撰成《春秋公羊解诂》,进一步推演阐释,形成比较完备的"公羊家法"。公羊学可以根据现实需要,比附《春秋》之"微言大义",发挥自己的政治见解。在政治上讲"改制",宣扬"大一统",拨乱反正,为后王立法。在历史观上将春秋十二公划分为"所见世""所闻世""所传闻世",表明春秋时期的242年不是铁板一块,而是不断发展变化的,变异和改革是社会发展的普遍法则,形成了一套"三世说"历史哲学理论体系。这种解经方式因其在时代激烈变动之际更便于容纳新思想,更易于激发新火花。故盛行于汉武帝、宣帝之间,在儒学中独树一帜,成为西汉的"显学"。然自东汉以后,随着封建社会结构趋于稳定,主张"尊古"的古文经学逐渐取代了今文公羊学说的霸主地位。公羊学从此销声匿迹,沉潜地下一千多年。

直至清代中叶,庄存与著《春秋正辞》,深入阐发《公羊传》及何休《解诂》的微言大义。其论述"张三世"时说:"据哀录隐,隆薄以恩;屈信之志,详略之文。智不危身,义不讪上,有罪未知,其辞可访。拨乱启治，渐于升平，十二有象，太平已成。"①，发出了变法改制、由乱世进入太平世的时代呼唤。庄存与究竟是政治的原因还是学术的远见，能够使他具有"众人皆醉惟他独醒"的时代意识，恰在乾嘉考据学鼎盛之时，能够不重于名物训诂，"于六经皆能阐扶奥旨"，"独得先圣微言大义于语言文字之外"②，这是一个令人好奇却又难以说清的话题。但经其率先点燃熄灭千年的西汉公羊学火焰，由其外甥刘逢禄接过火把，经宋翔凤、戴望、龚自珍、魏源等人鼓风加油，汇成燎原之势。

刘逢禄著《春秋公羊何氏释例》《公羊何氏解诂笺》《发墨守评》《谷梁废疾申何》《箴膏肓评》《左氏春秋考证》《论语述何》等书，在庄存与三世说的基础上，进一步发挥了公羊学派"张三世""通三统"的思想。"三统"亦称"三正"。上古三代之时，夏以十三月为正，色尚黑；殷以十二月为正，色尚白；周以十一月为正，色尚赤。即每一个朝代都有一"统"或一"正"，朝代的交替则为"黑统""白统""赤统"三"统"之循环。不同的朝代有不同的历法和制度。何休《公羊传》更加鲜明地发挥了"通三统"之意义，其解释鲁隐公元年"王正月"时，直接将"大一统"提升到开宗明义、引领宗旨的地位。刘逢禄将《公羊》微言运用于《论语》经解中，屡屡以"三统"思想诠释《论语》经文。如释《为政》第 23 章"子张问：'十世可知也？'……其或继周者，虽百世，可知也"时，云："继周者，新周故宋，以《春秋》当新王，损周之文，益夏之忠，变周之文，从殷之质，百世以俟圣人而不惑者也，循之则治，不循则乱，故云可知。"显然，刘氏强调王朝更替，王者必通三统，改正朔，变文质。再如释《八佾》第 14 章"子曰：周监于二代，郁郁乎文哉，吾从周"时，曰："正朔三而改，文质再而复，如循环也。故王者必通三统。周监夏殷而变殷之质、用夏之文。夫子制春秋变周之文从殷之质，所谓从周也。乘殷之辂从质也，服周之冕从文也。"直接指出新王朝建立，必须遵循新"统"。新统必将取代旧统，王朝更替必然带来制度的变化。此外，刘氏《论语述何》亦常常以"正名"义理诠释《论语》章

---

①　刘逢禄：《刘礼部集》卷四《释三科例》。

②　阮元：《庄方耕宗伯经说序》，见《味经斋遗书》卷首。

句；多取何休"张三世"之义例，并依据《易经》的变通理论及《礼运》"小康""大同"说，将历史分为所谓"衰乱世""升平世""太平世"三世，寄托其变法"改制"思想。

宋翔凤从宇宙循环论的高度，进一步阐述王朝更替，必须损益变革。这是"十世"乃至"百世"不能违背的客观规律。指出"孔子作《春秋》，以当新王而通三统"。"见其礼而知其政，闻其乐而知其德，由百世之后等百世之王，莫之能违也。盖以春秋继周，而损益之故遂定，虽百世而远，孰能违离孔子之道变易《春秋》之法乎？"①此外，宋氏在《论语说义》中，多次论及"明堂"。其在解释《卫灵公》第 11 章"颜渊问为邦"时强调"明堂之法"当为"五行四时"之法，亦是礼制之法。新朝立国，必须改正朔，故有"夏以孟春月为正，殷以季冬月为正，周以仲冬月为正"，但四时应该合于正朔，要符合"春生冬终"的规律。而且，关于"明堂"之解，亦有除旧布新之说。宋氏认为每当王朝更替，天必有彗星显示其除旧布新之象。其解释《阳货》第 5 章"如有用我者，吾其为东周乎"时云："于此之时，天必示以除旧布新之象，而后知《春秋》张三世之法。圣人所为，本天意以从事也。北斗运于中央，中官之星也，盖除旧布新于内而未遑治外也。大辰房心，明堂也。明堂之位，公侯伯子男，至九采之国，内外秩如所谓治升平之世，内诸夏而外夷狄，故见除旧布新之象于明堂，有星孛于东方，文王房心之精在东方。孔子作《春秋》，明文王之法度，将兴周道于东方。而天命集，仁兽至。故天所以三见其象而《春秋》之法备矣。"②可见，无论"明堂"是指"五行四时之令"，还是"除旧布新之象"，"明堂之法"亦即"《春秋》之法也"。"明堂"亦有微言大义，"明堂"实为变法改制之符号和象征。

戴望曾从宋翔凤为庄、刘之学。在经学内容上特别重视《春秋公羊传》和《论语》，在治学方法上热衷于探寻"圣人之微言，七十子之大义"。戴望认为《齐论》"问王""知道"二篇"当言素王之事，改周受命之制，与春秋相表里"。③其在《论语注》反复申述"三世说"，如

---

① 宋翔凤：《论语说义》卷一。
② 宋翔凤：《论语说义》卷九。
③ 戴望：《论语注·序》。

"多闻谓所传闻世、所闻世也"，"多见谓所见世也"，值得注意的是，戴望之"三世说"在刘逢禄、宋翔凤的基础上有了进一步的发展，其释《雍也》第30章"己欲立而立人，己欲达而达人。能近取譬，可谓仁之方也已"时指出："能近取譬""有张三世之法"，"于所传闻世治起衰乱，录内略外；于所闻世治升平，内诸夏，外夷狄；于所见世治太平，天下远近大小若一。皆由能近取譬横而充之"。① 这一解释和历代注家不同，戴望的创新意义在于将"所传闻世、所闻世、所见世"与"据乱世、升平世、太平世"两种社会形态对应统一起来，而在《春秋》公羊学的理论中，"三世说"的两重含义是分离的。可见，戴望将"三世说"两层含义合为一体，"构成一代政治教化的发展规律论，这对《春秋》公羊学的历史观可说是巧妙的改造"。②

　　龚自珍、魏源从哲学高度论述变法改制的必然性。龚、魏二人曾一起在京师从刘逢禄，接受公羊学熏陶。自此，他们抛弃考据学主张，接受今文学思想，以公羊学说唤醒世人，倡导变革。龚自珍不仅认为春秋可以分为三世，甚至认为"通古今亦可以分为三世"，"春秋首尾，亦为三世"，"大挠作甲子，一日亦用之，一岁亦用之，一章一蔀亦用之"。③ 龚自珍的"三世"实际是强调了世间万事万物的发展变化。"万物之书括于三，初异中，中异终，终不异初。一匏三变，一枣三变，一枣核亦三变。"④ "古人之世，倏而为今之世，今人之世，倏而为后之世，旋转簸荡而不已。"⑤ 龚自珍强调"变"，认为社会发展的历史趋势是不断变化的，社会的法令制度也必须随着社会的变化而不断变化。其在一系列重要政论中，反复论证"自古及今，法无不改，势无不积，事例无不变迁，风气无不移易"⑥。魏源敏锐地将公羊学"三世""三统"及《论语》"周监于二代"的历史嬗变与现实加以关联，深刻地认识到既然夏、商、周三代有因革损益，那么当前的政治为什么不能改革呢？其曰："以三代之盛，而殷因于夏礼，

① 戴望：《论语注》卷六。
② 田汉云：《中国近代经学史》，三秦出版社，1996，第 292 页。
③ 龚自珍：《龚自珍全集·五经大义终始答问八》，上海人民出版社，1975，第 48 页。
④ 《龚自珍全集·壬癸之际胎观第五》，第 16 页。
⑤ 《龚自珍全集·释风》，第 128 页。
⑥ 《龚自珍全集·上大学士书》，第 319 页。

周因于殷礼，是以《论语》'监二代'，荀卿'法后王'，而王者必敬前代二王之后，岂非以法制因革损益，固前事之师哉!"① 魏源认为自然界和人类社会无时无刻不在变化之中，"三代以上，天皆不同今日之天，地皆不同今日之地，人皆不同今日之人，物皆不同今日之物"。② "五帝不沿礼，三王不袭乐。"③ 他根据《史记·天官书》的记载，考出有些星古有而今无，有些星古无而今有，充分论证古之天不同于后世之天；他列举长江、湘江、鄱阳湖、洞庭湖等水道变迁情况，反复证明"经中之地理异于今日地理"④，他继承了龚自珍"史例随代变迁，因时而创"⑤ 的理论，认为史书的编写体例亦随着时代的变化而变化，"地气天时变，则史例亦随世而变"。所以，不论是自然界，还是人类社会，不论是物质方面，还是文化制度方面，整个世界都在不停的变化之中。

第二，腐朽制度的抨击。

冯友兰先生说："春秋公羊学出现在中国社会的两次大转变时期，而不在其他时期，这是很有意义的。汉初出现的春秋公羊学，为第一次大转变时期结尾，清末出现的春秋公羊学为第二次大转变开头。这不是偶然的，这是因为春秋公羊学的基本精神是'改制'。"⑥ 此深刻道出了经学与时代的密切关联，不同的时代呼喊不同的经学，不同的时代需要经学承担契合时代的经世使命，不同时代的经学家必须在传统经典中挖掘探索，锻造出适应时代发展的思想武器。汉初学者操起公羊学大旗，主要是论证汉代取代秦制的合理性，而清代今文学举起公羊学大旗，则旨在呼喊改变旧制的迫切性。

庄存与遥接汉代"三世""三统"公羊学之因缘，学界解读迥异。钱穆认为因考据学陷入绝境，庄存与"凑而偶泊"；美国汉学家艾尔曼指出

---

① 魏源：《魏源集·明代食兵二政录叙》，中华书局，1976，第 161 页。
② 《魏源集·默觚下·治篇五》，第 47~48 页。
③ 《魏源集·圣武纪·雍正西南夷改流记下》，第 295 页。
④ 《魏源集·通释禹贡》，第 569 页。
⑤ 《龚自珍全集·与人笺》，第 337 页。
⑥ 冯友兰：《春秋公羊学与中国封建社会》，见《廖季平学术思想研究》，《成都科学研究》1984 年第 2 期，第 102 页。

是"反对18世纪80年代的和珅","表达对和珅的不满",①"老人晚年政治上失意后转向今文经学，寻找一种战胜现实腐败的武器"。王俊义对此予以否定，从他们的生平、经历、进退、际遇，乃至当事人发生之事件入手，翔实考证庄存与同和珅之间不存在矛盾、对立和斗争，庄氏治"公羊学"主要是"维护其大一统的统治合法性问题"。②事实上，庄存与在乾隆盛世倡导公羊学时，更多的是强调公羊学的"大一统"思想，借此表达的是其"拱奉王室"的政治倾向，并未特别渲染社会变易和政治改革的"微言大义"。然庄存与之学术随着时代之变迁，逐渐成为日后变法维新运动的思想资源！

庄氏之族人庄绶甲、庄述祖、刘逢禄、宋翔凤等将其祖学进一步推波助澜，发扬光大。并着力强化其救乱治平、变革改制、除旧布新的政治目标。通过《论语》诠释传达春秋之微言。春秋时期，礼崩乐坏，道德沦丧，必须新周故宋、王鲁改制，依托新王，施行新政。公羊学思想转化为一种有力的杠杆，撬开了清朝统治阶级"祖制不能改"的铁板思维。

庄存与长期在南书房、上书房行走，乃皇子成亲王的师傅，深得乾隆帝信任。且与和珅难以形成矛盾和斗争，然而庄述祖受和珅打压排挤③。且乾隆朝后期，和珅之结党营私，贪赃枉法，处于权势冲天之地位。常州学派尽管对现政有所不满，但在《论语》诠释中并未直接揭露抨击，只是借古讽今，含沙射影，如刘逢禄《论语述何》："三桓设公庙于私家，因僭八佾，不仁之甚也。"又如：宋翔凤《论语说义》解释《八佾》第25章"韶乐尽美尽善，武乐尽美未尽善"时云："《易》乾用九。见群龙无首吉。群龙众阳之象，圣人相继有治无乱，尧舜之事也。故其乐亦以九成。六，阴数，坤用六。利永贞。贞者，正也，所以正不正者也。故上六有龙战之象，文王与纣之事也。故乐以六成。《易》曰积善之家必有余庆，积不善之家必有余殃。尧舜之时，直乾积善之家也。禅让之际，天下

---

① 〔美〕艾尔曼：《经学、政治和宗教——中华帝国晚期常州今文学派研究》，赵刚译，江苏人民出版社，1998，第6页。

② 王俊义：《庄存与复兴今文经学起因与和珅对立说辨析》，《清史研究》2007年第1期，第16页。

③ 〔美〕艾尔曼：《经学、政治和宗教——中华帝国晚期常州今文学派研究》，赵刚译，江苏人民出版社，1998，第75页。

比屋可封民之恒性无不全善。此韶之所以尽善也。商周之间，直坤其民比屋可诛，积不善之家也。征诛之后殷之馀黎陷溺其心，若在涂炭，天下未宁，余殃未去，此武之所以未尽善也。"此引《易》证《论语》，以乾九喻"尧舜之事"，坤六喻"文王与纣之事"，认为尧舜之时，为"直乾积善之家"，而商周之间，为直坤积不善之家。虽有牵强之嫌，但却也暗合了"三世"、"三统"说，道出了进化嬗变的规律，给人以启迪。尽管指出了"不善之家"必然遭到淘汰的命运，具有讽刺现实的意蕴，但并未直接揭露，只是通过《论语》诠释暗合春秋之"微言"大义。

可见，常州学派只是找到了变法的历史依据和理论武器。常州学派的改制只是"托古"，只是对明堂的寄托，对明君的期盼，对仁政的呼喊。但变法的现实土壤在哪里？改革的必要性、迫切性是什么？此不明，则变法只能成为历史考据和精神寄托，无法唤醒世人。只有对现实的深恶痛绝和彻底否定，变法才能深入人心，汹涌澎湃。庄存与的门人、后学担当了这一重任，龚自珍、魏源对现存制度予以大胆的揭露和无情的抨击。

龚自珍目睹清朝统治急剧衰落，深感社会矛盾深重，人民水深火热，大声疾呼衰世已经到来，"痹痿之疾，殆于痈疽，将萎之华，惨于槁木"，① 大胆宣称清朝社会已经到了"衰世"，"乱亦将不远矣"。他说："吾闻深于《春秋》者，其论史也，曰：书契以降，也有三等。……治世为一等，乱世为一等，衰世为一等。"他又对公羊三世说加以发挥，用"早时""午时""昏时"来形象地描述清朝社会，指出清朝社会已到"日之将夕，悲风骤至"的"昏时"，且"人思灯烛，惨惨目光，吸饮暮气，与梦为邻"，"不闻余言，但闻鼾声，夜之漫漫，鶪旦不鸣"，统治集团已到了日暮途穷的境地！预言"山中之民，将有大音声起"，"天地为之钟鼓，神人为之波涛矣"。② 龚自珍对社会现实的批判直率尖锐，打破了统治秩序天经地义、永恒不变的僵死教条，容易触发人们对现实社会的认识与思考，启发人们警醒起来勇于投身改革的时代潮流中。

龚自珍甚至利用公羊学"异内外""三统说"等"微言大义"宣传

① 《龚自珍全集·乙丙之际箸议第九》，上海人民出版社，1975，第6~7页。
② 《龚自珍全集·尊隐》，第87~88页。

反清思想。其云夷狄是"不可理者，理之而益梦，不可教者，教之而益犯"①；又说"诸侯之君与王者异，义得去，去则绝"。②暗指清王朝是夷狄入主中原，清王朝只是诸侯之君，对汉人来说不存在君臣之义。再云："王者，正朔用三代，礼备六代，书体载籍备百代，夫是以宾宾，宾也者，三代共尊之而不遗也。夫五行不再当令，一姓不再产圣，兴王圣智矣，其开国同姓魁杰寿考者，易尽也。宾也者，异姓之圣智寿考也。"③意即清朝开国本族英雄已经耗尽，"当兴王"的该轮到汉族豪杰了。实指清朝政权气数已尽。总之，"公羊学对龚自珍来说，主要是为了揭露封建统治的黑暗，提倡经世致用所披的一件合法外衣，是他表达自己社会改革的政治观点的一种依托形式"。④

魏源对腐朽社会的教育制度、科举制度提出了严厉的批评。认为以往的经学之弊在于"经术之教"与"政事之教"相互脱离相分裂，这种制度只能导致"轻事功"，造就醉心功名利禄而不懂国计民生的昏庸空虚的鄙夫，无益于挽救民族危亡。魏源对这种迂腐的俗儒进行了猛烈抨击："工骚墨之士，以农桑为俗务，而不知俗学之病人更甚于俗吏。托玄虚之理，以政事为粗才，而不知腐儒之无用亦同于异端。彼钱谷簿书，不可言学问矣，浮藻饾饤，可为圣学乎？释、老不可治天下国家矣，心性迂谈可治天下乎！"⑤

康有为对旧制旧政深恶痛绝，此在解释"近者说，远者来"时有十分生动的揭示和精辟的阐述。其曰："盖民患于隔远而不通，则疾苦不知，情形不悉，如血气滞塞则为疾。故不善为政者，堂上远于万里，善为政者万里缩若咫尺。……器莫若旧，政莫若新，盖旧则塞滞，新则疏通；旧则腐坏，新则鲜明；旧则颓败，新则整饬；旧则散漫，新则团结；旧则窳落，新则发扬；旧则形式徒存，人心不乐，新则精神振作，人情共趋。伊尹曰'用其新去其陈病乃不存。故去病全在去旧更新。《康诰》《大学》

①　《龚自珍全集·春秋决事比答问第二》，第58页。
②　《龚自珍全集·春秋决事比答问第二》，第63页。
③　《龚自珍全集·古史钩沈论》，第20页。
④　侯外庐主编《中国近代哲学史》，人民出版社，1978，第25页。
⑤　《魏源集·默觚·治篇一》，中华书局1976，第35页。

所贵作新民也，且宜日新又新，盖方以为新，未几即旧，故务在新之。惜此微言，久经沦落，中国之俗，向患于远而不近，旧而不新，失此灵药，致成痼疾，可以为鉴也。"① 康氏十分牵强地将远近与新旧关联起来，其用心在于指出旧政的危害和弊端，强调新政的作用和意义。

第三，西方制度的移植。

常州学派之先驱举起公羊学大旗，从进化论和历史观上论证了变法改制是社会发展的必然趋势，常州学派之后学继而对内忧外患、危机四伏的晚清政府给予了无情的抨击和揭露，接着，无论从学理层面还是现实层面，必须对如何变法改制予以思考或作出回答。

刘逢禄、宋翔凤主要是对三世、三统说的阐述，突出了三代的嬗变更替，其在开掘公羊学思想宝库中，将其与严峻的社会现实关联思考，意识到时代在变，治法也应该变，如果政治败坏，那么天意就要改朝换代。但是，时代如何"变"，刘逢禄心里不甚清楚，开不出理想的药方。

刘逢禄、宋翔凤虽未认真思考三代之政体的具体内容和架构。但从其对三代"圣人之治""明堂之治"的反复申述中可以窥视出改良保守的政治期待。宋氏云："圣人南面而听，天下响明而治。"其在阐述"修己以安百姓"（《宪问》）时将其与《老子》关联，寄寓其圣人之治的理想："圣人无常心，以百姓心为心。""修之于身，其德乃真，修之于家，其德乃余，修之于乡，其德乃长，修之于国，其德乃丰，修之于天下，其德乃普。"②

宋氏理想中的"明堂之治"：一是无为之治。王者当"不言之化，自然之治，以无为为之者也"，"王中无为以守至正"。二是以德为本。王者当"恭己南面，自明其德"。政者正也，德者得也，"虽有四时天地人之政，而皆本于一德"。"外得于人，内得于己。"三是"如北辰居其所"，"居其所者，谓北辰虽周四游之极，而枢星常居正中……自古明堂听政，未有不法北辰之在紫宫，正无俟求之微渺，测之虚无也"。

戴望虽从修身、齐家层面，突出了个人和他人、个人与集体利益的一

---

① 康有为：《论语注》卷十三。
② 宋翔凤：《论语说义》卷七。

致，隐含了我为人人、人人为我的价值趋向，强调了"能近取譬"的道德实践，并以此上升到"能近取譬"的政治运作，亦即"能近取譬""有张三世之法"，可以"横而充之"，扩而大之，引而伸之，从治国、平天下角度，突出了制新法、救祸乱的政治价值。但未能开出"政治运作"的具体方案。戴望之政治体制更多寄托在"礼制"框架下。"行王政，致太平，以礼让为本。"（《论语注》卷20）"知礼之本，则能通文质之变，以救世运。"① "天下莫不乱于争而治于让。"② "礼者，太平之正经，行修言道，礼之质。"③

刘逢禄、宋翔凤、戴望主要是假托经典，从公羊学理论中寄寓自己的政治理想。龚自珍、魏源、康有为等人则从西学语境中思考变法改制的政治体制。

龚自珍解释《论语》中的"齐之以礼"时云："齐者何？齐贫富也。又齐贤者过之，不肖者不及也。"④ 此解明显超越过往农民起义领袖提出的"均贫富"思想，在思考人格平等时寄寓了建立平等社会的理想。此外，其在《宥情》《论私》《病梅馆记》等文章中，含蓄巧妙地表达了对个性解放的强烈渴望，包蕴着对自由平等的社会制度的向往。

魏源在宏观上强调改革必须"乘天时人事"。"政未熟而急求治，治必乱，化未熟而急变俗，俗必骇"⑤，精辟指出客观条件成熟与否，攸关变法改革的得失成败。他对西方的民主制度大加推崇。称赞"瑞士西土之桃花源也"。其民政"皆推择乡理事，不力王侯"，"至于朝纲，不设君位，惟立官长、贵族等办理国务"；英国"设九官以治事，九官由众推选，以三年为秩满，贤则留，否则更"；美国更是"事无大小必须各官合议，然后准行，即不咸允，亦须十人中有六人合意然后可行"。甚至称赞美国的资本主义章程"可垂亿世而无弊"。魏源在西方宪政架构下提出了一系列改制对策和办法：如取法佛兰西、弥利坚，发展工业，发展海运，

---

① 戴望：《论语注》卷三。
② 戴望：《论语注》卷四。
③ 戴望：《论语注》卷六。
④ 《龚自珍全集·语录》，第421页。
⑤ 《魏源集·默觚上·学篇十三》，第30页。

发展商业，并按照西法铸造银钱，发展金融业。

康有为从世界历史进程中思考中国现实政体，强调清政权统治下的中国，需要由封建主义的衰乱世，改为他所设想的资本主义的升平世。"今者，大地既通，欧美大变，盖进至升平之世矣。"中国必须顺应历史潮流，实行君主立宪，他说："孔子之法，务在因时。当草昧乱世，教化未至，而行太平之制，必生大害；当升平世而仍守据乱，亦生大害也。譬之今当升平之时，应发自主自立之义，公议立宪之事，若不改法，则大乱生"。当今世界各国竞相开议院、立宪法，实行君主立宪，如若中国当变不变，依然墨守君主专制政体，则必生后乱，必然导致国内大乱不止，外侮接踵而至。因此，变更政体已成为中国生死存亡的关键。

康氏将《论语》中"无为而治"与西方民主宪政关联起来，其解释《卫灵公》第五章"无为而治者其舜也与"时云："舜任官得人，故无为而治。盖民主之治有宪法之定章，有议院之公议，行政之官，悉由师锡，公举得人。故但恭己，无为而可治。若不恭己，则恣用君权，挠犯宪法，亦不能治也。故无为之治，君无责任，而要在恭己矣！此明君主立宪及民主责任政府之法。今欧人行之，为孔子预言之大义也。"①

康有为对大同世界充满向往。其解释《阳货篇》第四章时云："小康之制尚礼，大同之世尚乐。令普天下人人皆敦和无怨，合爱尚同，百物皆化。子游尝闻大同，其治武城先以为治。故孔子喜极，美其以大道治小也。子思、孟子皆出于子游，故多能言大同之道。"② 解释《颜渊篇》"君君臣臣父父子子"时曰："人道纲纪，政事之本。据乱世以之定分而各得其所安，上有礼而下能忠，老能慈而幼能孝，则可以为治。否则君骄横而臣抗逆，父寡恩而子悍悖，则国乱而家散矣。《礼运》小康之义，以正君臣，以笃父子是也。二千年间可以为鉴，时齐家国皆乱。故父子以此告之。若夫天下为公，选贤与能，人人不独亲其亲，不独子其子，此须待大同之世。苟未至其时不易妄行则致大乱生大祸。"③

尽管康有为将西方民主政治体制之发明权归于孔子，"孔子于六代之

---

① 康有为：《论语注》卷十五。
② 康有为：《论语注》卷十七。
③ 康有为：《论语注》卷十二。

乐，独取民主大同之制。"① "今美国利民之道仁民之制劳民之方平等之制，皆行孔子之政。"② 此多少带有保守主义或狭隘的民族主义色彩，但毕竟康有为对晚清社会政体之思考颇为深入透彻，为中国改良主义运动建立起一套比较系统的资产阶级社会发展史观。

四　启示

综上，从时间视域考察，清代不同地域学派之《论语》诠释，呈现出与社会发展进程相近的格局。即由清初的文化诘难，至乾嘉时期的考据转型和经世潜伏，演变为晚清时期对现存制度的反思、抨击以及变法图强的设计、谋划。这一发展进程与清代学术进程近乎一致，顺应学术理路的演进脉络，切合社会政治的现实需求。从表面上看，其经世倾向呈现出"两头高中间低"的轨迹，但实际上恰恰是"两头显中间隐"的态势。

当然，清代《论语》诠释这一前、中、晚期演进脉络的特征描述，只是本质的揭示和主流的把握，实际情况并非如此单纯和集中。比如，清朝初期吴皖两派及浙东学派除文化诘难外还有制度反思与批判。顺治年间，黄宗羲在鲁阳之望已绝、"夷狄"统治中国已成定局之势，充满激情地写出了批判封建君主专制的《明夷待访录》，并粗略描绘了 20 年后到来的三代盛世的"大壮"时代轮廓。吕留良评《论语宪问篇》"子曰："管仲相恒公，霸诸侯，一匡天下，民到于今受其赐。微管仲，吾其被发左衽矣"时云："看微管仲句，一部《春秋》大义，尤有大于君臣之伦，为域中第一事者。故管仲可以不死耳，原是论节义之大小，不是重功名也。"③ 其突出管仲"尊周室，攘夷狄"，将"严夷夏之防"置于首位，民族气节当作"域中第一事"，体现出抵制异族入侵、避免发生"被发左衽"、抨击清统治者的鲜明色彩。其"不顾世所讳忌"之行为、"谤议及于皇考"之言论，终被雍正皇帝钦定为"大逆"罪名，惨遭开棺戮尸枭示之刑，其子孙、亲戚、弟子广受株连，无一幸免，铸成清代震惊全国的文字冤狱。至晚清，在常州学派、岭南学派、湖湘学派变法图强的经世思

① 康有为：《论语注》卷十五。
② 康有为：《论语注》卷二十。
③ 吕留良：《四书讲义》卷一七《论语·宪问》。

潮外，亦有不少考据训诂之作。道光朝南海人桂文灿著《论语皇疏考证》，共拈出《论语》经文约 80 条，对皇氏之疏文予以考证。其中以皇疏为是，证其所长者，约 24 条；以皇疏为非，考其所短者，约 51 条；余则或考订其篇章，或考版本之异文。桂氏此书，虽篇幅短小，但征引丰富，考证翔实，是晚清《论语》考据类著述中不可忽视的重要力作。嘉道之际嘉兴人冯登府，采用穷尽式的研究方法，将"《论语》异文所散见者，悉为搜罗荟萃"。① 共考出《论语》异文 952 条，分别从通假、避讳、脱衍、相涉、误伪、倒错、省俗等层面全面深入地考察异文现象，著成《论语异文考证》。其考订规模、时间跨度、征引范围、参考文献，是此前各种《论语》考异之作所无法比拟的。

那么，学术史上为何常常以"文化诘难"概述清初学术或以"制度反思"描述晚清学术呢？盖源于不同时期学术特质彰显的程度不同，或源于学术界通常以频率、亮度、效应为标准进而聚焦或区隔不同时期的学术面貌。正如梁启超曰："有清一代学术，可纪者不少，其卓然成一潮流，带有时代运动色彩者，在前半期为"考证学"，在后半期为"今文学"，其他则附庸耳。"② 又如萧一山将清代之思想史分为"清初之经世学""中叶之考据学""晚清之今文学"一样。③ 此外，可能还与学界的"流习"或学人的务求"新奇"乃至"争名好胜"相关，如强调学术理路的多注意乾嘉时期的"考据学"，而重视学术与现实关联的多集中于清初的"经世派"或晚清的"今文派"。我们知道：从理性上讲学术研究提倡实事求是，不主一家，应该打破壁垒，兼采融合。但学术与现实又难以绝对分离。事实上，清代"汉宋之争"中汉学内在之紧张，除了"穷经"与"进德""考据"与"义理"两层轮廓之外，还有"学术"与"现实"之第三层紧张关系。除了为学术而学术外，学术还要为治乱图强，为经世致用。经世观念是中国文化中十分重要的价值取向，虽偶有消解弱化之象，但始终植根于中国文化的深层肌理中，不仅在社会出现危机时会以强劲的势头表现出来，而且在社会相对稳定的时期也会作用于中国文化的深

---

① 《续修四库全书总目提要》，中华书局，1993，第 865 页。
② 梁启超：《清代学术概论》，上海古籍出版社，1998，第 6 页。
③ 萧一山：《清代通史》，中华书局，1985，第 1743 页。

层心理结构。清代《论语》诠释的发展脉络值得我们思考和借鉴。

清代《论语》诠释从文化诘难到制度反思的进程，充分说明了封建制度的腐朽、没落、僵化、颓败，几千年的封建大厦行将崩溃，无法解决当时的内忧外患，只有靠变法改制，才能挽民族于危亡之中，救民众于水火之中。但饶有意味的是晚清学人通过寄托三代、假借孔子实现其变法改制的救亡理想，显然有隔靴搔痒、远水救不了近火之嫌。毕竟三代之政体十分遥远，且处于原始社会时期，社会结构相对简单，其小康大同的乌托邦理想只能是晚清社会变法改制的符号式呼喊，其将西方自由民主之政体纳入孔子体系显然是神化孔子及加强变法权威性的精神性自慰，企图转变为现实运作自然是南柯一梦。铁板一块的封建旧制统治了两千多年，虽然时有损革变化，但几乎是换汤不换药。欲在晚清社会开出变法的药方几乎是"巧妇难为无米之炊"，缺少参照的形态和选择的样本。故只能在两种路径中思考寻找，一是在传统中演绎徘徊，二是向西方模仿借鉴。魏源在洋枪洋炮中意识到要发展工业，重视商贸，"师夷长技以制夷"，康有为更多地吸收整合了西方社会政治学的新理论、新思想。然随着北洋水师的毁灭和戊戌变法的失败，彻底宣告改良主义无法撼动封建旧制的庞大机构。

清代《论语》诠释漫长的演变进程，充分说明了学术发展既有自身的独特规律，又与社会发展、民族命运紧密关联。随着晚清以后阶级矛盾进一步恶化，民族危机进一步加深，社会要求改革图强的呼声越来越高，以岭南学派康有为为代表的改革派，举起公羊学的大旗，掀起了轰轰烈烈的维新变法运动。尽管维新变法的政治运动最终没有成功，但康氏对儒家经学所作的现代转化的努力，其意义与贡献不容忽视。20世纪初期，清代《论语》诠释的制度反思、经世精神逐步挣脱皇权束缚和思想垄断，由变法改制转型为轰轰烈烈、如火如荼的革命斗争和武装起义。"五四"前后形形色色的主义、道路风起云涌，粉墨登场，但均告失败，唯有中国共产党人将马克思主义与中国革命具体实践相结合，走农村包围城市的道路，推翻了压在中国人民头上的三座大山，砸碎了万恶的旧世界，建立了社会主义新中国。

可见，选择发展道路、变革制度模式必须由文化传统、民意国情、现实环境综合考量决定。穿什么鞋合适自己最清楚，只有在社会发展进程中摸索跋涉，思考斟酌，审时度势，做到不僵化，不墨守，不激进，不盲目，摸着石头过河，揣着问题探路，才能不断深化改革开放，不断推进理论创新、实践创新、制度创新。

　　清代即是我们的昨天。清代思想史已经构成现代文明的"有效历史"，它不但对 19 世纪、20 世纪产生了重大的影响，在某种条件下，还会对我们的今后发挥巨大的作用。"人类社会可以超越历史到某一程度或某一部分，但不可能超越其全部。人类只能在一个长久的过程中逐渐改变与转化自己，或逐渐学习改变与转化自己，以趋向一个理想的目标。历史是自我改变的基础，却也是自我改变的阻力。我们要学习历史，从历史中吸取营养，使我们能够庶几超越部分历史视角，展开世界眼光。"①

---

① 成中英：《从中西互释中挺立——中国哲学与中国文化的新定位》，中国人民大学出版社，2005，第 288 页。

参考文献

《二十四史》，中华书局，1959。

《二十五史补编》，中华书局，1955。

《四库全书》，上海古籍出版社，1987。

《续修四库全书》，上海古籍出版社，2002。

《四库全书总目》，中华书局，1965。

《续修四库全书总目提要》，中华书局，1993。

《四部要籍注疏丛刊·论语》，中华书局，1998。

《丛书集成续编》，上海书店，1995。

《清史稿》，中华书局，1977。

《清儒传略》，商务印书馆，1990。

《清儒学案》，中国书店，2012。

严灵峰：《无求备斋论语集成》，台湾艺文印书馆，1966。

皮锡瑞：《经学通论》，中华书局，1954。

朱彝尊：《经义考》，中华书局，1998。

江藩：《国朝汉学师承记》，中华书局，1983。

张舜徽：《清代扬州学记》，上海人民出版社，1962。

张舜徽：《清儒学记》，齐鲁书社，1991。

徐珂：《清稗类钞》，中华书局，1986。

章太炎：《国学讲演录》，华东师范大学出版社，1995。

梁启超：《中国近三百年学术史》，东方出版社，1996。

梁启超：《清代学术概论》，上海古籍出版社，1998。

钱穆:《两汉经学今古文平议》,商务印书馆,2001。

钱穆:《国学概论》,商务印书馆,1997。

钱穆:《中国近三百年学术史》,商务印书馆,1997。

黄汝成:《日知录集释》,上海古籍出版社,1984。

蒋伯潜、蒋祖怡:《经与经学》,上海书店出版社,1997。

黄寿祺:《群经要略》,华东师范大学出版社,2000。

吴雁南、秦学颀、李禹阶:《中国经学史》,福建人民出版社,2001。

朱维铮:《中国经学史十讲》,复旦大学出版社,2002。

周予同:《中国经学史讲义》,上海文艺出版社,1999。

吕思勉:《经子解题》,上海文艺出版社,1999。

李学勤:《十三经注疏》,北京大学出版社,1999。

刘宗贤、谢祥皓:《中国儒学》,四川人民出版社,1998。

张立文:《儒学精华》,北京出版社,1996。

崔大华:《儒学引论》,人民出版社,2001。

李申:《中国儒教史》,上海人民出版社,1999。

张岂之:《中国儒学思想史》,陕西人民出版社,1990。

李泽厚:《中国近代思想史论》,人民出版社,1979。

余英时:《现代儒学论》,上海人民出版社,1998。

余英时:《论戴震与章学诚》,三联书店,2000。

吴雁南:《清代经学史通论》,云南大学出版社,2001。

刘仲华:《清代诸子学研究》,中国人民大学出版社,2004。

陈祖武:《清儒学术拾零》,湖南人民出版社,2002。

钱仪吉:《清碑传合集》,上海书店影印出版,1988。

麦仲贵:《明清儒学家著述生卒年表》,台湾学生书局,1977。

汤志钧:《近代经学与政治》,中华书局,2000。

田汉云:《中国近代经学史》,三秦出版社,1996。

沈玉成、刘宁:《春秋左传学史稿》,江苏古籍出版社,1992。

洪湛侯:《诗经学史》,中华书局,2002。

蒋秋华:《乾嘉学者的治经方法》,台北中研院文哲所筹备处,2000。

朱维铮:《求索真文明——晚清学术史论》,上海古籍出版社,1996。

李宗桂：《戴震与中国文化》，贵州人民出版社，2000。

张立文：《正学与开新——王船山哲学思想》，人民出版社，2001。

张昭军：《儒学近代之境》，社会科学文献出版社，2002。

陈登原：《颜习斋哲学思想述》，东方出版中心，1989。

苗润田：《解构与传承——孔子、儒学及其现代价值研究》，齐鲁书社，2002。

洪汉鼎：《诠释学——它的历史和当代发展》，人民出版社，2001。

单承彬：《论语源流考述》，吉林人民出版社，2002。

刘建臻：《清代扬州学派经学研究》，江苏人民出版社，2004。

胡楚生：《清代学术史研究》，台湾学生书局，1988。

胡楚生：《清代学术史研究续编》，台湾学生书局，1994。

彭林：《经学研究论文集》，上海书店出版社，2002。

葛兆光：《中国思想史》，复旦大学出版社，2000。

陈祖武：《清初学术思辨录》，中国社会科学出版社，1992。

张寿安：《以礼代理——凌廷堪与清中叶儒学思想的转变》，河北教育出版社，2001。

张丽珠：《清代义理学新貌》，里仁书局，1999。

侯外庐：《中国近代哲学史》，人民出版社，1978。

萧一山：《清代通史》，中华书局，1985。

成中英：《从中西互释中挺立——中国哲学与中国文化的新定位》，中国人民大学出版社，2005。

杨念群：《儒学地域化的近代形态：三大知识群体互动的比较研究》，三联书店，1997。

〔法〕米歇尔·福柯：《知识考古学》，谢强、马月译，三联书店，1998。

〔法〕埃德加·莫兰：《方法：思想观念》，秦海鹰译，北京大学出版，2002。

〔法〕托多罗夫：《巴赫金、对话理论及其他》，蒋子华、张萍译，百花文艺出版社，2001。

〔意〕艾柯等：《诠释与过度诠释》，王宇根译，三联书店，1997。

〔德〕加达默尔:《真理与方法》,洪汉鼎译,上海译文出版社,1999。

〔德〕海德格尔:《存在和时间》,陈嘉映、王庆节合译,三联书店,1987。

〔德〕罗伯特·尧斯:《审美经验与文学解释学》,顾建光、顾静宇等译,上海译文出版社,1997。

〔日〕本田成之:《中国经学史》,孙人、良工译,上海书店,2001。

〔美〕艾尔曼:《经学、政治与宗族》,赵刚译,江苏人民出版社,1998。

戴逸:《吴、皖、扬、浙——清代考据学的四大学派》,《人民政协报》1999年9月29日。

王俊义:《庄存与复兴今文经学起因与和坤对立说辨析》,《清史研究》2007年第1期。

王俊义:《论乾嘉扬州学派的特色》,《中国人民大学学报》1990年第1期。

黄爱平:《清代汉学流派的历史考察及其评析》,《中国文化研究》2008年第3期。

黄爱平:《清代汉学的发展阶段与流派演变》,《中国文化研究》2001年第1期。

暴鸿昌:《乾嘉考据学流派辨析》,《史学集刊》1992年第3期。

路新生:《排拒佛释:乾嘉考据学风形成的一个新视角》,《天津社会科学》1996年第2期。

朱维铮:《清学史:学者与思想家》,《光明日报》1999年3月26日。

后　记

几经折腾后，按住自己写后记了。人活着，有些事情总要有所交代。

没想到，千头万绪的流动和积淀，千丝万缕的萦绕和聚焦，定格在脑海的竟是这样一个问题：时间去哪儿了？

时间去哪儿了？这究竟是一个宇宙问题，还是人生问题？笔者不是哲学家，毋需思考玄而又玄的问题。对笔者来说，时间是一个既现实，又平常，还世俗的问题。笔者没有白驹过隙的体验，也没有孔子川上的感叹。只知道，眼睛一睁，时间流动了，眼睛一闭，仿佛停止了。就这一睁一闭，时间滑了，溜了，没了。再具体点，时间在笔者的门前悄然离开了，在笔者的键盘上嘀嗒消失了，在笔者窗后的枣树上摇曳枯荣了。当然令笔者伤心的是几乎天天忙碌，没有消停，然却一无所获，一事无成。

2001 年，笔者带着范进的腼腆，开始了读博生涯，2004 年"垒成"博士论文《清代论语诠释史论》，2008 年出版。其间读过一本书，依稀记得其中"世界史是由城市史构成"的表述，于是乎从这一视角放眼中国清代学术版图，惊异一批特别炫目的古城：如浙江德清、海宁，安徽婺源、休宁，江苏延陵、吴县，广东顺德、南海，湖南衡阳、湘潭等，因为这些地方走出了俞樾、戴望、庄存与、刘逢禄、惠栋、戴震、康有为、王夫之等博学鸿儒。

自然，在指点古城、敬仰先贤时无法忽视大运河旁如明珠璀璨的学术世家：苏州吴县惠氏家族三代传经，开吴派之先河；扬州宝应刘氏家族，文脉相传，堪称"论语世家"；高邮王氏父子，严谨治学，开创训诂学新时代；常州庄氏宗族高举西汉公羊学大旗，改变了晚清经学研究方向。张舜徽先生指出："余尝深考清代学术，以为吴学最专，徽学最精，扬州之学最通。"

2008 年以后，沿着这一轨迹，开始细读清代吴派、皖派、扬州学派、常州学派、浙东学派、岭南学派、湖湘学派等《论语》注疏文本，深入思考不同地域学派《论语》诠释的鲜明个性和学术风格，偶有一孔之见陆续发表在期刊杂志上。2013 年，"清代地域学派《论语》诠释研究"获教育部人文社科规划项目立项资助。

一晃，2018 年了。按照约定，本项目 2016 年就该结项。然总有些琐事、杂事干扰，于是在时断时续、拖拖沓沓中熬到现在。最近，读到一篇文章，世界上第一位亿万富翁、美国的石油大亨洛克菲勒，他为人低调，沉默寡言、神秘莫测。全球首富比尔·盖茨甚至将其作为自己唯一的学习对象。洛克菲勒年轻时就拒绝同两种人交往：第一种人，是那些在人生的长河中完全投降和安于现状的人；第二种人，是不能将挑战进行到底的人。由此，笔者受到触动，人终不能变成被拒绝交往的人，人更不能在挑战面前胆怯懦弱。笔者不能再迷迷糊糊、浑浑噩噩了，不能再消极等待、沉沦徘徊了。于是笔者将这些大脑里生成、手指尖滑落的二十几万字，堆集一起，变成铅字，祈请同道方家批评指正。

笛卡尔说：我思故我在，然理性的思考、思考者的存在不可能是无源之水无本之木。孔子云：学而不思则罔，思而不学则殆。由此，注重学与思的结合似乎更有利于人的成长、人的发展。否则，皮之不存毛将焉附？在这一视域下，追问时间去哪儿了似乎更有意义。时间会在学习中荡漾，会在阅读中流淌；时间会将琐事、杂事逐一汰洗，时间将会更纯粹地拥抱知识、更澄澈地照亮智慧。

期待以后的时间，吹拂着盎然的春风，激荡着灿烂的涟漪，在阳光的映照下，绽放出晶莹剔透的光彩。

2018 年 7 月 15 日于瘦西湖畔

图书在版编目（CIP）数据

清代地域学派《论语》诠释研究 / 柳宏，宋展云著
. -- 北京：社会科学文献出版社，2018.12
　（优势丛书）
　ISBN 978-7-5201-3631-0

　Ⅰ.①清…　Ⅱ.①柳…②宋…　Ⅲ.①《论语》-研
究-中国-清代　Ⅳ.①B222.25

　中国版本图书馆 CIP 数据核字（2018）第 233054 号

优势丛书

清代地域学派《论语》诠释研究

著　　者 / 柳　宏　宋展云

出 版 人 / 谢寿光
项目统筹 / 王　绯
责任编辑 / 孙燕生

出　　版 / 社会科学文献出版社·社会政法分社（010）59367156
　　　　　　地址：北京市北三环中路甲 29 号院华龙大厦　邮编：100029
　　　　　　网址：www. ssap. com. cn
发　　行 / 市场营销中心（010）59367081　59367083
印　　装 / 三河市东方印刷有限公司

规　　格 / 开　本：787mm × 1092mm　1/16
　　　　　　印　张：19.25　字　数：303 千字
版　　次 / 2018 年 12 月第 1 版　2018 年 12 月第 1 次印刷
书　　号 / ISBN 978-7-5201-3631-0
定　　价 / 89.00 元